発達障害等の子どもの食の困難と発達支援

田 部 絢 子 著
髙 橋 智

風 間 書 房

目　　次

序章　研究の課題と方法

　1．問題の所在……………………………………………………………… 1

　2．研究の目的と分析の視点 …………………………………………… 4

　3．研究の方法……………………………………………………………… 5

　4．本書の構成……………………………………………………………… 7

第1章　発達障害等の子どもの食の困難と支援に関する研究動向

　1．基本的恒常性維持システムと食の困難 ………………………… 9

　2．摂食機能（咀嚼・嚥下）の発達困難と「口腔機能発達不全症」……… 12

　3．ASD児の食物選択性（偏食）と感覚情報処理（感覚過敏・低反応）
　　　に起因した食の困難 ………………………………………………… 15

　4．発達障害当事者の手記，当事者調査にみる食の困難・支援ニーズ
　　　………………………………………………………………………………… 21

　5．食の困難を有する発達障害児の保護者が抱える困難と支援ニーズ
　　　………………………………………………………………………………… 23

　6．発達障害等の子どもの食の困難・支援ニーズと学校における対応
　　　………………………………………………………………………………… 24

　7．おわりに………………………………………………………………… 26

第2章　高校生以上の発達障害当事者調査からみた食の困難の実態と
　　　　支援ニーズ

　1．はじめに………………………………………………………………… 29

　2．方法……………………………………………………………………… 29

3．結果……………………………………………………………………………31

　3.1　体の構造と食物…………………………………………………………31

　　3.1.1　摂食中枢………………………………………………………………31

　　3.1.2　感覚器系………………………………………………………………33

　　3.1.3　咀嚼・嚥下，消化器系……………………………………………36

　　3.1.4　循環器系………………………………………………………………38

　　3.1.5　免疫・アレルギー……………………………………………………39

　　3.1.6　その他…………………………………………………………………41

　3.2　食生活………………………………………………………………………43

　　3.2.1　食嗜好……………………………………………………………………43

　　3.2.2　食事量……………………………………………………………………44

　　3.2.3　食べ方……………………………………………………………………46

　3.3　食事と環境…………………………………………………………………48

　　3.3.1　食卓用品…………………………………………………………………48

　　3.3.2　食に関する場所………………………………………………………50

　　3.3.3　食に関する人の問題…………………………………………………51

　　3.3.4　食に関する状況の問題………………………………………………53

　　3.3.5　その他……………………………………………………………………54

　3.4　発達障害当事者の困難度が高い上位20項目……………………56

4．食の困難の理解・支援に関する調査の結果…………………………59

　4.1　体の構造と食物…………………………………………………………59

　　4.1.1　摂食中枢………………………………………………………………59

　　4.1.2　感覚器系………………………………………………………………61

　　4.1.3　咀嚼・嚥下，消化器系……………………………………………63

　　4.1.4　循環器系………………………………………………………………63

　　4.1.5　免疫・アレルギー……………………………………………………64

　4.2　食生活………………………………………………………………………66

目　次　iii

　　　4.2.1　食嗜好 ……………………………………………………… 66

　　　4.2.2　食事量 ……………………………………………………… 68

　　4.3　食事と環境……………………………………………………… 69

　　　4.3.1　食卓用品………………………………………………………… 69

　　　4.3.2　食事場所 …………………………………………………… 70

　　　4.3.3　食事の状況 ………………………………………………… 71

　　4.4　発達障害当事者が求める理解・支援の上位20項目 ……………… 72

5．考察……………………………………………………………………… 75

　5.1　摂食中枢系の食の困難と支援…………………………………… 75

　5.2　感覚器系の食の困難と支援 …………………………………… 76

　5.3　咀嚼・嚥下，消化器系の食の困難と支援 ……………………… 77

　5.4　循環器系の食の困難と支援 …………………………………… 77

　5.5　免疫・アレルギー系の食の困難と支援 ………………………… 78

　5.6　食生活における食の困難と支援 ……………………………… 78

6．おわりに……………………………………………………………… 81

第3章　学齢期を含む発達障害の当事者調査からみた食の困難の実態
　　　　と支援ニーズ

1．はじめに……………………………………………………………… 83

2．方法…………………………………………………………………… 83

3．結果…………………………………………………………………… 84

　3.1　発達障害当事者の属性 ………………………………………… 84

　3.2　発達障害当事者の有する各種の発達困難 ……………………… 85

　3.3　発達障害当事者の有する食の困難 ……………………………… 88

　3.4　食の困難に対する理解と支援 ………………………………… 97

4．考察…………………………………………………………………… 104

5．おわりに……………………………………………………………… 108

iv

第4章　発達障害等の子どもの保護者調査からみた食の困難の実態と
　　　　支援ニーズ

1．はじめに………………………………………………………………109
2．方法……………………………………………………………………109
3．結果……………………………………………………………………110
　3.1　保護者の属性………………………………………………………110
　3.2　子どもの有する各種の発達困難…………………………………111
　3.3　保護者が認識している子どもの食に関する困難………………115
　3.4　食に関する困難への対応と支援…………………………………125
4．考察……………………………………………………………………134
5．おわりに………………………………………………………………139

第5章　特別支援学校・学級等の教師調査からみた発達障害等の子ど
　　　　もの食の困難の実態と支援の課題

1．はじめに………………………………………………………………141
2．方法……………………………………………………………………141
3．結果……………………………………………………………………142
　3.1　回答校の概要………………………………………………………142
　3.2　食に関する注意の必要な発達障害等の子どもの在籍状況………143
　3.3　食に関する困難・気がかり………………………………………147
　3.4　学校給食に関する発達障害等の子どもへの指導・支援…………155
　3.5　発達障害等の児童生徒の食の支援体制…………………………162
4．考察……………………………………………………………………174
　4.1　発達障害等の子どもの食の困難と支援ニーズに関する実態把握
　　　………………………………………………………………………174
　4.2　食に関する困難・気がかり………………………………………176
　4.3　学校給食に関する発達障害等の子どもへの指導・支援…………179

目　　次　　v

　　4.4　発達障害等の子どもが有する食の困難・ニーズへの支援体制…181
　5．おわりに……………………………………………………………186

第6章　特別支援学校等の学校栄養職員調査からみた発達障害等の子
　　　　どもの食の困難の実態と支援の課題
　1．はじめに……………………………………………………………189
　2．方法…………………………………………………………………189
　3．結果…………………………………………………………………190
　　3.1　回答校の概要……………………………………………………190
　　3.2　食に関する注意の必要な発達障害等の子どもの在籍状況………191
　　3.3　食に関する困難・気がかり……………………………………192
　　3.4　学校給食に関する発達障害等の子どもへの指導・支援………196
　　3.5　発達障害等の子どもの食の支援体制…………………………201
　4．考察…………………………………………………………………208
　　4.1　発達障害等の子どもの食の困難に関する実態把握……………208
　　4.2　食に関する困難・気がかり……………………………………209
　　4.3　学校給食に関する発達障害等の子どもへの指導・支援………209
　　4.4　発達障害等の児童生徒が有する食の困難への支援体制………210
　5．おわりに……………………………………………………………212

終章　研究の総括と今後の課題
　1．本研究のまとめ……………………………………………………213
　2．子どもの食の困難に関する発達支援構築の課題…………………218
　　⑴　摂食における「安心・安全・信頼」の保障……………………218
　　⑵　当事者の「声」を起点にする発達支援のあり方………………218
　　⑶　食の困難に伴う保護者の育児不安・ストレスへの対応と支援………219

文献······221

資料　各種質問紙調査票 ······241

調査票1：第2章　「食」の困難・ニーズに関する実態調査 ······242

調査票2：第3章　「食」の困難・ニーズに関する実態調査【発達障害本人対象】
······265

調査票3：第4章　「食」の困難・ニーズに関する実態調査【保護者対象】······283

調査票4：第5章　発達障害児者の「食」の困難・ニーズと支援に関する調査
小・中学校の特別支援学級（自閉症・情緒障害）・通級指導学級（情緒障
害等），知的障害特別支援学校（小学部・中学部・高等部）の学校給食担
当責任者対象······300

調査票5：第6章　発達障害児者の食・食行動の困難・ニーズと支援に関する調査
小学校・中学校・特別支援学校の栄養士・管理栄養士・栄養教諭対象
······313

あとがき······329

索引······335

序章　研究の課題と方法

１．問題の所在

　食べることは人間の最も基本的な営みであり，毎日必ず繰り返され，家族や社会を意識化し，同時に衛生面や作法のほか多くのことを学習する機会を得るという社会的営みの意味も含まれている。食べるという生理的営みと精神的な営みとの間には深い関わりがあり，とりわけ発達初期段階において重要である（西香：1988）。しかし近年，食物アレルギー，摂食障害，肥満などの多様な困難を有する子どもが増加し，食に関する支援の充実は重要性を増している（二木・帆足・川井ほか：2004）。

　例えば，発達障害等の発達上に課題・困難を有する子ども（以下，発達障害等の子ども）においては，摂食機能に根本的な問題がないにもかかわらず，多様な食の困難が目立ち，それらと発達障害等の子どもの多くが有する感覚情報処理障害（感覚過敏・低反応）や身体症状（身体の不調・不具合）などの身体感覚問題との関係について注目されはじめている（髙橋・増渕：2008，髙橋・石川・田部：2011，田部・斎藤・髙橋：2015，髙橋・斎藤・田部ほか：2015）。

　これまで発達障害等の子どもが有する困難は，社会性やコミュニケーション，興味の限定やこだわりについて取り上げられることが多いが，図0.1に示したように，彼らが日々の生活を送る上で直面する各種の困難の背景には「感覚情報処理障害（感覚過敏・低反応）」「自律神経系，免疫・代謝の脆弱・不全に伴う各種の身体症状」などの身体感覚問題，周囲の無理解・厳しい躾・叱責・いじめ・被虐待等に伴う「不安・緊張・恐怖・抑うつ・ストレス」等が大きな影響を与えていることが徐々に明らかになっている。特に食の困難との関係でみるならば，食物・料理・食器具・食事環境に関する過敏

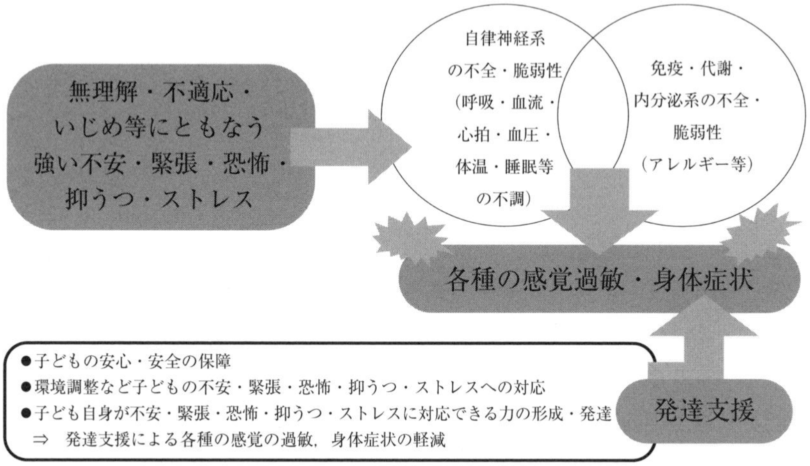

2

図0.1　子どもの不安・緊張・恐怖・ストレス等起因の身体感覚問題と発達支援

性，極端な偏食，異食，肥満，アレルギー等のきわめて多様な困難として現れている。

　さて，国内外の「発達障害等の子どもと食の困難」に関する研究動向を概観すると，近年ようやく「自閉症スペクトラム障害（ASD）と食物選択性（偏食）」の問題に関心が向けられ始めており，「食物選択性（偏食）」の背景として感覚過敏性が指摘されていること，「食物選択性（偏食）」が家庭・保護者の大きなストレスとなっていることなどが示されている（永井：1983，篠崎・川崎・猪野ほか：2007a・b，Alan Emond ほか：2010，Postorino V ほか：2015）。

　また，近年において数多く出版されている発達障害当事者の手記にも，多種多彩な「食の困難」に関する記述もみられる。例えば，ASD 当事者のニキ・リンコ／藤家寛子（2004）は「トマトやピーマンのように単色のものは気持ち悪くて食べられない」「形が違ったり，いびつだと気持ち悪くて食べられない」と色や形などに対する視覚の過敏を記述し，ASD 当事者のケネス・ホール（2001）は「ほとんどの食べ物はひどい舌触り」と食感の過敏か

ら食べられないことを述べている。同様に，ASD当事者のグニラ・ガーランド（2000）は「歯がひどく過敏だった」「顎のコントロールが上手くいかず，顎を動かすのは重労働だった」と咀嚼や嚥下の問題が原因で「何でも丸飲みし，ミルクで流し込んだ」と語っている。

　そもそも「食べる」という行為は，自己の体内に「食物＝異物」を直接的に受け入れることであり，本来，不安・緊張等を伴いやすい営みである。それに加えて新奇恐怖性，感覚過敏等を有する発達障害等の子どもにとっては，食べることがまさに不安・緊張・恐怖・ストレス等を強める行為となりやすく，それによって拒否反応が強まった結果，限定された食嗜好や極度の拒絶などの偏食として表れているとも推定される。

　それゆえに「食べる」という心身全体の複雑な「協調」を伴う行為をスムーズに行うためには，その基本に「安心・安全・信頼」が不可欠である。「安心・安全・信頼」を築いていくためには，丁寧な関わりが必要であり，その上で改善に向けた対応や支援を行うことが大切である。食べさせたい側の意図・タイミングを優先して進めていくような関わりでは，状況を改善できないばかりか，悪化させる可能性も否定できない。

　このような発達障害等の子どもの食の困難は，保護者の子育てにおける不安・ストレスの要因になりやすい。小渕（2007）は「ぐずってばかりいる，なかなか寝付かない，泣かない，ミルクを嫌がる，極端に偏食がある」などの発達障害等の子どもの「育てにくさ」は乳幼児期から顕在化し，そうした「育てにくさ」は育児のための一般的な指導や支援では改善しないことも多いと指摘している。発達相談臨床等においても，発達障害等の子どもの食の困難が保護者の不安・抑うつ・ストレスの要因として挙げられ，食の困難は個人差も大きいことから，発達障害等の子どもの食の困難の実態や支援ニーズを丁寧に明らかにしていくことが必要である。

　しかし，発達障害等の子どもの食の困難の実態を把握するための実証的研究は乏しい。また，先行研究では調査対象は保護者が大半であり，とくに当

事者が抱える多様な食の困難の実態や支援ニーズについてはほとんど未検討であり，解明できていない。

その検討の際には「当事者の視点」が不可欠であると思われる。当事者の視点とは「子どもの声を傾聴し，読み解きながら支援のあり方を検討する」ことであり，「本人のことは当事者本人に聞くのが一番の理解と支援」という研究の立ち位置のことである。当事者のニーズと周囲の理解・支援のミスマッチやパターナリズムをなくしていくためには，当事者の声（抱える困難と求める支援ニーズ）を丁寧に傾聴し，当事者の視点に立って発達支援・教育のあり方を検討することが肝要である。

さて，学校教育においては発達障害等の子どもの食の困難に関わって，どのような対応がなされているのか。文部科学省（2007）「食に関する指導の手引き」において「障害のある児童生徒が，将来自立し，社会生活する基盤として，望ましい食習慣を身につけ，自分の健康を自己管理する力や食物の安全性等を自ら判断する力を身につけることは重要」と指摘されている。

しかし，学校においては給食等の栄養・食事指導が十分になされていないこと，専属の管理栄養士等が配置されていない学校も多いこと，学校給食管理・食指導のために2007年度より栄養教諭の配置がなされているがその数は十分ではないこと，給食を自校調理から業者委託等へ切り替える自治体・学校が増えていることなど，発達障害等の子どもの食の困難への支援を行うための体制整備には課題が山積している。発達障害等の子どもの食の困難・支援ニーズへの理解と発達支援の充実は緊要の課題となっているのである。

2．研究の目的と分析の視点

以上のような現状をふまえ，本書『発達障害等の子どもの食の困難と発達支援』では，発達障害等の子どもがどのような食の困難を有し，いかなる支援を求めているのかについて，発達障害当事者（学齢から成人），保護者，特別支援学校・学級等の教師，学校栄養職員（管理栄養士・栄養士・栄養教諭）

への調査をもとに総合的に明らかにし，発達障害等の子どもの食の困難への対応・支援のあり方を検討することを研究の目的とする。この課題遂行のために，以下の4点の分析視点を設定する。

①発達障害等を有する子どもの食の困難に関する議論の動向について明らかにするために，学界等の研究動向をレビューする。

②当事者の視点から，発達障害当事者対象の質問紙法調査を通して，発達障害当事者が有する食の困難の実態と支援ニーズについて検討する。

③発達障害等を有する子どもの保護者対象の質問紙法調査を通して，保護者が把握している発達障害等を有する子どもの食に困難の実態とその対応における各種の困難・支援ニーズを検討する。

④特別支援学校・学級等の教師・学校栄養職員への質問紙法調査を通して，学校給食等における発達障害等を有する子どもの食に困難の実態と支援の課題を検討する。

3．研究の方法

上記の分析視点にもとづき，以下の研究方法により検討を進める（**図0.2**参照）。

⑴視点①にもとづき，発達障害等を有する子どもの食の困難と支援に関する研究動向についてのレビューを行う（「第1章　発達障害等の子どもの食の困難と支援に関する研究動向」）。

⑵視点②にもとづき，高校生以上の成人を中心とした発達障害当事者への質問紙法調査を通して，発達障害当事者がどのような食の困難と支援ニーズを有しているのかを明らかにする。（「第2章　高校生以上の発達障害当事者調査からみた食の困難の実態と支援ニーズ」）。

⑶視点②にもとづき，発達障害当事者調査の対象を小中学生まで拡げた質問紙法調査を通して，発達障害等の発達困難を有する子どもがどのような食の困難と支援ニーズを有しているのかを明らかにする。（「第3章

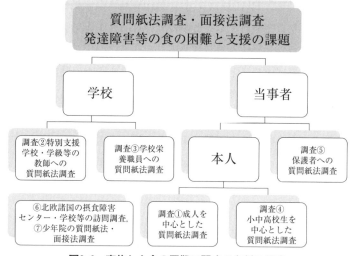

図0.2 実施した食の困難に関する各種の調査

学齢期を含む発達障害の当事者調査からみた食の困難の実態と支援ニーズ」)。

(4) 視点③にもとづき,発達障害等を有する子どもの保護者を対象とする質問紙法調査を通して,保護者が把握している発達障害等を有する子どもの食に困難の実態とその対応における各種の困難・支援ニーズを明らかにする。(「第4章　発達障害等の子どもの保護者調査からみた食の困難の実態と支援ニーズ」)。

(5) 視点④にもとづき,東京都内の小・中学校の特別支援学級(自閉症・情緒障害)・通級指導学級(情緒障害等),知的障害特別支援学校(小学部・中学部・高等部)の学校給食担当責任者への質問紙法調査を通して,発達障害等の子どもが有する食の困難の実態と支援の課題を明らかにする。(「第5章　特別支援学校・学級等の教師調査からみた発達障害等の子どもの食の困難の実態と支援の課題」)。

(6) 視点④にもとづき,東京都内の特別支援学級(自閉症・情緒障害)・通級指導学級(情緒障害等)を設置する小・中学校および知的障害特別支援

学校の学校栄養職員（管理栄養士・栄養士・栄養教諭）への質問紙法調査を通して，発達障害等の子どもが有する食の困難の実態と支援の課題について明らかにする。（「第6章　特別支援学校等の学校栄養職員調査からみた発達障害等の子どもの食の困難の実態と支援の課題」）。

4．本書の構成

本書『発達障害等の子どもの食の困難と発達支援』は，前述の研究目的・分析視点および研究方法にしたがって，序章・終章および本論6章の合計8章から構成される。本書の構成は以下のとおりである。

序　章　研究の課題と方法

第1章　発達障害等の子どもの食の困難と支援に関する研究動向

第2章　高校生以上の発達障害当事者調査からみた食の困難の実態と支援
　　　　ニーズ

第3章　学齢期を含む発達障害の当事者調査からみた食の困難の実態と支
　　　　援ニーズ

第4章　発達障害等の子どもの保護者調査からみた食の困難の実態と支援
　　　　ニーズ

第5章　特別支援学校・学級等の教師調査からみた発達障害等の子どもの
　　　　食の困難の実態と支援の課題

第6章　特別支援学校等の学校栄養職員調査からみた発達障害等の子ども
　　　　の食の困難の実態と支援の課題

終　章　研究の総括と今後の課題

文献

資料　各種質問紙調査票

第1章　発達障害等の子どもの食の困難と
支援に関する研究動向

　本章では，発達障害等の発達困難を有する子どもの食の困難の実態と支援に関わる国内外の研究動向のレビューを行う。

1．基本的恒常性維持システムと食の困難

　口の中に食物が入り味覚が起きると，その信号が胃腸や体内に伝達され，食物が胃腸に入る以前にすでに消化酵素の分泌を増し，胃腸の栄養素の消化・吸収能力および血中のブドウ糖の処理能力をアップするなど，栄養素の取り込みに関する生態の一連の反応のほとんどすべてを促進し，体に準備状態を作らせている。美味しいと感じる味覚そのものがその食物の消化・吸収・利用を高める結果となるので，それを「味わう」ことは消化生理学的にも重要な意味を持っている（二木・帆足・川井ほか：2004）。

　山根・加藤（2007）によれば，「摂食行動の自律は，情動や対象関係の発達と切り離して考えることはできない。摂食行動は排泄とともに，ひとの生活の自律（自己コントロール）の基本をなす行動である」。摂食において困難を有すると，栄養補給により健康や生命を維持することが脅かされ，成長発達の困難を引き起こし，生命を危うくすることもあるが，それのみならず，生命の基盤を他者に委ねざるをえないために心理的にも大きな負担となる。さらに「共食という視点からすれば，食行動の障害は，他者との交わりの障害，家族においては家族関係という食卓の問題を象徴するもの」である。「ひとにとって『食べる』ことは，すべての欲求の基本となる欲求でありながら，常に高次の欲求と深いかかわりをもっている。日々繰り返される習慣である『食べる』という行動は，命をつなぐという本能的な生理的目的を超

え，生活に楽しみを与え，他者とのつながりをつくり，確かめる手立てとして，家族の要となる共同行為（共食）として，また生活の中の儀式として，日々営まれている」。

　食・睡眠などの基本的恒常性維持システムは自律機能だけでなく学習記憶等の高次機能の調節においても重要な役割を果たし，その制御機構に本質的な問題がなくても，その特性がわずかに変化するだけで制御様式に困難を起こす可能性がある。たとえば睡眠困難と肥満は相互に関係することが臨床的に知られているが，摂食調節系と睡眠調節系が脳内で密接にリンクしていることがその基盤となっていると考えられる（粟生・松浦・成清ほか：2007）。

　食・睡眠などの生活習慣・生体リズムが乱れると自律神経系にも影響を与え，体温や血圧，免疫・代謝・内分泌などにも負の影響が現れてくる。山口（2010）は，幼児の身体・心理・行動面で「おかしい」と感じる点について私立幼稚園養護教諭66名，保育所父母189名に調査を行ったが，その結果，身体の不調と自己中心的，強迫傾向，食に関する困難に正の相関が認められたことを示している。

　知的障害児に肥満傾向が見られやすいことはしばしば指摘されるが，発達障害についても，定型発達児の肥満の割合が13％であるのに対して，自閉症児では21％との報告もある（市川・原田・西：2004）。

　中島・田中・濱田ほか（2000）は自閉症者の食事調査と身体計測を行い，エネルギー充足度と BMI の相関関係を検討しているが，自閉症男性ではエネルギー充足度と BMI との間に有意な負の相関関係が認められ，エネルギー充足度が高いほど肥満度が低いことが示された。この要因として，多動傾向が強いほどエネルギー所要量は通常の計算で求められる値より高くなり，エネルギー充足度が見かけ上高いにもかかわらず，BMI が低い傾向が観察されたとしている。

　中・小谷（2003a）は近畿地方の知的障害養護学校71校の全生徒（肢体不自由を除く）の肥満実態調査を行い，知的障害のみ群と自閉症・自閉傾向の群

の比較では，男子は有意差がなく，女子は高等部の自閉症・自閉傾向の群で約40％と有意に高く，年齢が上がるにつれて高度肥満の割合が高いことを示した。

　中・小谷（2003b）は続報で，肥満の主たる要因を小学部では「偏食が多い」「早く食べる」「おかわりをする」等の食行動の問題が大きく，成長に従い「運動を嫌う」「活動範囲が少なく動きが少ない」等の運動の問題が大きいことを示した。自閉症・自閉傾向群は「早く食べる」「偏食」「コミュニケーション不良による食への転化」が，ダウン症候群では「動きが少ない」が特徴的であった。基礎疾患や年齢・性別を考慮した上で，家庭と連携して早期から食生活・食行動を整え，食事以外の余暇活動を充実させることが有効と提案している。

　鶴田（2016）は発達障害児169名に身体計測（伸長，体重）をして肥満度を計算し，保護者にはアンケート調査を行ったが，肥満頻度は男児11.9％（p＝0.138），女児17.1％（p＝0.028）であり，一般集団と比較して女児のみ有意に頻度が高かった。食事内容に関するこだわりは43.8％が感じると回答し，食事の悩みは咀嚼（かまずに丸呑みする），偏食（好き嫌いが激しい）が上位を占めた。

　MaryLouise E. Kerwin ほか（2010）は89人の広汎性発達障害児の親を対象に子どもの食生活・胃腸症状および行動の問題について調査し，ほとんどの子どもは家族の QOL に影響を与えるほどの異食症および自傷行為があり，60％以上に強い食嗜好があったが，子どもが摂食問題を抱えていると認識している両親は6.7％のみであった。さらに，一部の子どもでは毎週，少なくとも一つの消化器症状を発症し，腸に関わる症状は摂食困難と関連していることを示した。

　丸呑みすることで消化不良による下痢を起こし（田角・向井：2006），十分な咀嚼を行わないことで満腹感が得られず，過食や肥満を引き起こすこともある。

Sarnat. H ら（2016）は ASD と診断された47人の子どもの保護者を対象に
調査を行い，ASD の子どもの25％は全く歯を磨いておらず，おしゃぶりの
使用や食事の問題も顕著に目立ち，塩味が強く，スパイシーで甘い食品を有
意に好んでいること，自閉症児には良好な口腔衛生の維持において困難が見
られたが，自閉症児の齲蝕経験は統制群よりも低く，歯肉健康は良好である
ことを示した。

Alison M. Kozlowski ほか（2012）は自閉症者（n＝506）は広汎性発達障害
者 PDD-NOS（n＝522）よりも摂食障害や睡眠障害が有意に多いことを明ら
かにしている。

田部・髙橋（2015）は学校における発達障害等の食の困難を有する児童生
徒の在籍状況とその対応を明らかにするために，東京都内の通級指導学級
（情緒障害等）・特別支援学級（自閉症・情緒障害）を有する小学校531校・中学
校273校，知的障害特別支援学校（小・中・高等部）38校，合計842校の学校給
食担当責任者を対象に質問紙法調査を実施した。発達障害等の児童生徒の生
活習慣や身体状況について心配な点を学級種別にみると，通級指導学級では
「偏食」97校78.9％，「感覚過敏」96校78.0％，特別支援学級では「偏食」
133校64.9％，「睡眠不足・睡眠リズムの乱れ」120校58.5％，特別支援学校
では「睡眠不足・睡眠リズム乱れ」15校12.2％，「偏食」「感覚過敏」14校
11.4％となった。

以上のように，食・睡眠などの基本的恒常性維持システムの問題に起因す
る生活習慣・生体リズムの乱れが，発達障害の特性に起因する生きづらさに
付加して，食の困難を拡大している可能性がうかがえる。また，「食べるこ
とを拒否する」という行動で，自分の体を守っているということもあり得る
（山口：2010）。

２．摂食機能（咀嚼・嚥下）の発達困難と「口腔機能発達不全症」

発達障害等の子どもには摂食機能に根本的な問題がないにもかかわらず，

咀嚼困難な例が目立ち，食品の形態や固さが子どもの発達に適していないために，咀嚼困難や丸呑み等の嚥下困難を有する報告が散見される。

飯田ら（1997）は苦手なものを食べなければならない食事場面から逃げたいという気持ちが働き，食器を空にする方法として丸飲みをする，あるいは口に入れたものの味がわからないうちに飲み込んだり水で流しこんでしまうなど，強制的な偏食矯正により追い詰められた結果が，このような事態を招いている可能性について示し，情緒面の安定を図ることを第一に，楽しい食事場面でゆっくり少しずつ食事を進めるように切り替えることが必要であると提起した。

小渕（2007）は「口の中に食物を入れたままでいる」「飲み込まない」等の行動の背景には，口腔周辺や口腔内の感覚の問題があるために，複雑・新奇・予測困難な性質の情報に接すると嫌悪反応が生じ，嚥下・咀嚼が機能しないこと，「飲み込む」ことや「口に入れた物を噛む行動」は「その状態から一歩先へ進める行動」なので「好きな食物でも口に留めたままでいる」のは同じ状態を保持しようとすることでもあり，偏食のみでなくこれらの行動も併せた発達的検討が必要であると言及している。

田角・河原（2009）は支援者が実際の年齢にこだわったり，普通食に近いものを食べさせたいという意識が働くと，咀嚼・嚥下機能の発達状況に合わない食物形態のものを与えてしまい，子どもは処理しきれずに丸飲みをしてむせてしまうこともあり，とくに脳に障害をもった子どもは顔や口，身体全体において過度の緊張や易刺激性がみられることも多く，感覚過敏がある場合は口に食物をもっていくと緊張し，無理に摂食指導を行うと摂食拒否につながることさえあると指摘している。また，姿勢や食べ方に課題がある場合は，姿勢保持や頭部のコントロール，食べる際の口唇や下あごのコントロールを行って適切な動きを教示することも重要であると提起している。

髙橋・大岡・内海ほか（2012）は地域療育センターの摂食・嚥下外来を受診した ASD 児25名を対象に摂食状況の調査と摂食・嚥下機能の評価を行い，

療育場面および家庭における食の問題に対する効果的な支援方法を検討した。ASD児の主訴は偏食，丸飲み，溜め込みが多く，年少では口腔機能や食具操作の未熟さが食べ方の問題として表出し，年長ではこだわりなどの特性が偏食の問題となっていた。主訴と摂食・嚥下の困難が一致しないケースもみられ，保護者が子どもの食の困難を十分に理解できていない状況も見られた。また，食べ方が口腔機能に影響を与えている様子がうかがわれ，ASD児の摂食・嚥下機能評価を行い，それに基づいて全体的発達を促す支援方法を検討する必要性が示唆された。

徳永（2014）は目の前に食物があるとストップするが難しい，歯で食べ物をかみ切れずに口の中に食べ物を詰め込みすぎてしまうというような，各種の食の困難を有する発達障害児への対応の必要性について述べ，咀嚼力が弱く，すぐ飲み込んでしまう子どもの「かきこみ食べ」は，スプーンやフォークの利用を阻害することもあるために早期に介入する必要があると指摘している。

このように，口は食べることのみならず，呼吸やことばを発するためにも重要な役割を果たしており，口腔の感覚や機能を育む口腔ケア・口腔リハビリテーションの重要性の認識が広まってきている。小児期の口腔機能は常に機能の発達・獲得（ハビリテーション）の過程にあり，機能の発達が遅れていたり，誤った機能の獲得があればその修正回復を早い段階で行うことが重要である。そのために，日本歯科医学会は「口腔機能発達不全症」に関する基本的な考え方を示し，2018年4月から「口腔機能発達不全症」に対する小児口腔機能管理加算が保険収載となった（日本歯科医学会：2018）。

「口腔機能発達不全症」とは「食べる機能」「話す機能」，その他の機能が十分に発達していないか正常に機能獲得ができておらず，明らかな摂食機能障害の原因疾患がないにもかかわらず，口腔機能の定型発達において個人因子あるいは環境因子に専門的関与が必要な状態である。咀嚼や嚥下がうまくできない，構音の異常，口呼吸などの症状が認められるが，子どもには自覚

症状があまりない場合が多い。

「口腔機能発達不全症」への治療・支援は，歯科による従来の摂食・嚥下機能の改善にとどまらず，子どもの食行動については成長・発達にあわせて経過観察を行い，機能発達・口腔内環境・精神的要因（意欲等）・養育環境（家庭環境）等において多岐に亘る専門職種と連携することが望ましいこと，食行動の問題には口腔機能や全身機能全般が関与して保護者の育児負担に直結するため，保護者支援も重視することが掲げられている。

発達障害等の発達困難を有する子どもの食の困難への支援において，「口腔機能発達不全症」の登場は重要な契機になるものと期待される。

3．ASD 児の食物選択性（偏食）と感覚情報処理（感覚過敏・低反応）に起因した食の困難

近年，国内外において ASD を中心とする発達障害児の食物選択性（偏食）やその要因の重要な一つと思われる感覚情報処理（感覚過敏・低反応）についての調査研究に徐々に取り組まれつつある。

例えば Johnny L. Matoson ほか（2009）は自閉症・広汎性発達障害（PDD-NOS）の子どもが有する摂食困難について調査し，Laura Seiverling ほか（2010）は現行の小児栄養障害の定義は，ASD の子どもの摂食困難を評価する際には不十分で限界があると述べている。

Alan Emond ほか（2010）は親子縦断研究に 6〜54ヶ月参加した ASD の子ども79人の摂食および食事パターンを12901人の統制群と比較した結果，15〜54ヶ月の ASD の子どもは「摂食困難」（p<0.001）および「非常に憂鬱」（p<0.001）な状態にあり，15ヶ月以降になると ASD 群は統制群よりも摂食する品目数が少なく，24ヶ月以降になると母親と異なる食事をする可能性がより高く，また ASD の子どもの54%が「アレルギー」のために特別な食事を摂っていることを示した。ASD の子どもは幼児期から摂食困難の症状を示し，15ヶ月以降になると変化に富んだ食事が少なくなることも示された。

Nadon G ほか（2011b）は３歳から12歳の ASD の子どもの家族48組を対象に横断研究を行い，幼児期に摂食困難が多いが，年齢が上がるにつれて困難が少なくなる傾向を示した。さらに，定型発達のきょうだいとの比較を通して，ASD の子どもは平均13.3の食の困難を抱えていることが示された（きょうだいは5.0）。

Nadon G ほか（2011a）は３〜10歳の ASD の子ども95人のうち65％において明確な感覚過敏と摂食困難を有していることを示し，食の困難の支援において感覚に焦点を当てた支援のあり方の検討は早急の課題と述べている。

H. Paterson ほか（2011）は ASD の子どもの保護者20名を対象に Short Sensory Profile（SSP）と食行動質問票（EBQ：味，質感，匂い，行動，音，環境，視覚および触覚）を用いて，ASD の子どもの感覚処理能力と食行動との関係を検討した。ASD の子どもの71％が聴覚フィルタリングと触覚感度に明らかな困難を有し，食事時の行動，視覚，味覚および嗅覚は日常生活において困難を引き起こす共通の領域であった。また，味／匂いと味，味／匂いと視覚の有意な相関が認められた（p<0.001）。

Hubbard KL ほか（2014）は３歳から11歳の ASD の子ども53人を対象に調査し，ASD の子どもは食べ物の拒否に関する親からの報告が定型発達の子どもよりも多く，果物や野菜の摂取の拒否の割合が高かった。さらに ASD の子どもは，ブランド銘柄（15.1％対1.7％），混合物（45.3％対25.9％），味／香り（49.1％対5.2％），テクスチャ／一貫性（77.4％対36.2％），形状（11.3％対1.7％）などにおいて拒否する可能性が有意に高く，温度，食物同士の接触，色による食物拒否は群間に差は認められなかった。

Kuschner ES ほか（2015）も ASD（高機能）を有する青少年65名の食物選択性についての自己評価調査により，ASD 者は身近な食べ物を好み，特定のテクスチャーと強い風味の食べ物を好まないことを示している。

Zobel-Lachiusa J ほか（2015）は ASD の子どもの感覚処理と食行動について親子を対象に調査を行い，感覚処理と摂食障害との相関がみられたことか

ら，作業療法士が感覚特性への対処法を提供することが，ASD の子どもとその家族の食事中の快適さやストレス軽減に大きく貢献する可能性があることを示唆している。

　偏食等の摂食困難による栄養摂取の偏りや健康状態について，Castro. K ほか（2016）は ASD を有する子ども・青年の3日間の食物記録を行い，栄養摂取量を基準摂取量と比較したところ，ASD 者は食事のレパートリーが限られていたため，カルシウム，ナトリウム，鉄分，ビタミン B5，葉酸，ビタミン C の摂取量が少なかった。

　Malhi P ほか（2017）が，ASD の子ども63人を対象に栄養妥当性について調査したところ，統制群と比較して，ASD の子どもは食物（$p = 0.022$），とくに果実（$p = 0.004$），野菜（$p = 0.011$），およびタンパク質（$p = 0.015$）の消費が少なく，カリウム（$p = 0.001$），銅（$p = 0.007$），および葉酸（$p = 0.001$）の1日摂取量が有意に低かったが，カロリー摂取，身長，体重，体格指数は統制群と大きく異ならなかった。

　さて，国内の研究では，永井（1983）が2〜19歳の自閉症児110名の保護者を対象に食行動に関する質問紙調査を行い，自閉症児の半数以上が偏食を示したこと，偏食を有する自閉症児の多くが乳嫌いや離乳食の拒否など早い時期から困難を示していることを指摘した。具体的には，①強い偏食の出現率は40〜59％であり「健常」児の数％に比べて顕著に高いこと，②自閉症児の食物嗜好は甘味嗜好に偏りがちで，独特な味・におい・舌触りをもつ食品などを嫌悪・拒否する特異的傾向がみられること，③食物嗜好に対する顕著な偏りや嗜好の特徴は年長になっても比較的強固に維持される傾向があること，④「健常」児の偏食は色の好み・食器・場所・雰囲気などの遠位感覚に左右されるのに対し，自閉症児では味・におい・舌触り・温度など近位感覚に左右されること，⑤偏食の強い自閉症児は動作の特異性，反復・儀式的行動，多動，耳が聞こえないかのような振る舞いなどの行動が目立つことを明らかにした。

森主・北見・福満ほか（1990）は食生活アンケートと食事記録62名分を分析し，自閉症・自閉症傾向児の食生活習慣（主に偏食），栄養学的・歯科保健学的問題に関する指導の必要性を検討した。その結果，「嗜好性」では自閉症児が好む食品は魚肉類であり，嫌いな食品は野菜（「健常」児と同様），自閉症児が好むおやつはジュース類と牛乳であった。自閉症児と「健常」児にエネルギー充足率の有意な差はなかったが，自閉症児は「健常」児と比較して硬度の高い食形態の食品を摂取し，食品群別摂取量では自閉症児は魚肉類において有意に高く，野菜並びに乳製品で低値を示した。年齢に基づく野菜の充足率の変化では，自閉症児は「健常」児と比較して7歳児で両者の差が大きくなり，自閉症児の充足率は低値を示した。このように自閉症児の食生活は栄養学的に偏りが見られるものの，食生活指導の絶対的必要性は認められず，歯科保健学的には好ましい食生活状況を示した。

山根・加藤（2007）は「偏食の子どもたちは，乳幼児期にはいろいろなものを食べていたにもかかわらず，年齢とともに偏食が強くなることが多」く，その背景に食べ物を知覚や感覚統合において総合的に認知・判断できていない可能性を指摘した。「自閉症の子どもたちの偏食も，その食べ物が何であるかわからないことが原因となっていることも多くあ」り，「継次処理が苦手な彼らにとって，目の前にある食べ物がどのように作られているのかを時間的経過をさかのぼりイメージすることは非常に難しい」こと，しかし「人との信頼関係を築くことの難しさをもつ彼らも，自分で作ったものならば安心でき」「彼らにとって『主体的に食べ物を作ること』は『主体的に食べること』につながる可能性がある」と言及している。

篠崎・川崎・猪野ほか（2007a）は，ASDの子ども123名の保護者を対象に食品46品目の嗜好度を調査し，自閉症児の40%近くに共通して食べられない食品が複数存在することや，「口いっぱいに詰め込んでしまう」「よく噛まないで飲み込む」等の咀嚼・嚥下に関する問題を示す割合は「健常」児と比較して顕著に高いことを示した。

高見（2007）は，自閉症など口腔の形態・機能に問題がないにもかかわらず，感覚的困難が強く，嗜好の偏りや独特な食べ方をする子どもには，口腔の感覚だけでなく，身体の過敏な部分へのアプローチや感覚の学習経験の広がりなど，子どもの全般的な身体行動の困難と関連させて，食行動に関する困難の解決方法を検討すべきと指摘した。

　落合（2011）は，医療センターの発達外来を受診した ASD の子どもの85.7％（14例中12例）に偏食・異食・食習慣の問題が認められ，偏食では甘い野菜，生野菜，極端に野菜・果物を食べない，少しでも粒が舌先に残っていると出す，ペースト状にしたひき肉でないと食べない，ぱさぱさ感が苦手といった味覚・食感に関連した困難を指摘した。「偏食の原因が，口腔内や咽頭の知覚過敏からくるものである場合は，食感や口当たりの問題でどうしても口に含み嚥下できる食材が制限されてくるため，極端に摂取できる食品数が少ない場合もある」ことや「想像力の問題からくる事柄として，予想のつかないもの，未知なるもの，経験したことのないことに対して非常な不安や抵抗をすることが挙げられる。例として中身の見えない食品や食べたことのない食品に手をつけたがらないことなどが挙げられる」と述べ，給食の春巻きでパニックを起こした事例では，中身を開いて一つひとつ説明することでパニックが収まったことを紹介している。

　立山・宮嶋・清水ほか（2013）は ASD の子どもの保護者170名における偏食対応を調査し，約8割に偏食があり，徐々に軽減するが幼児期には困難性が高いことを明らかにした。食において好む要因は感覚（味・温度等）が63％を占め，また嫌う要因では感覚（食感・嗅い等）が80％を占め，年長まで残存した。偏食への対応は味が混ざらないようにしたり，食感などの感覚を変える工夫は効果が高いが，保護者の実施率は低いことが示された。

　徳田・水野・西館ほか（2013）は，極度の偏食傾向を示す自閉症児に関する WEB（ブログ）調査，自閉症児の保護者に対する聞き取り調査，自閉症児の偏食指導の担当経験のある保育者対象の質問紙調査を通して，①「固形

物を一切食べることができない」「白飯しか食べることができない」などの極度の偏食傾向を示す自閉症児が相当数いること，②極度の偏食には「想像力の欠如」「感覚過敏」「見た目へのこだわり」「咀嚼にかかわる筋肉の未発達」など特性が関係している可能性が高いこと，③保護者や保育者は子どもの偏食改善に様々な工夫をしていたが，幼児期にはそれほど大きな効果がないこと，④幼児期からのスモールステップ指導を継続することによって小学校高学年以降で偏食傾向が改善されること，⑤食材だけでなく，食器や配膳，部屋のにおいなどの食環境が偏食に関係していることなどを明らかにした。また，食べられないものを強く勧めたことによってパニックを起こしたり，食べられるものですら口にしなくなってしまうなどの問題が生じるケースが複数あったことから「食べられるようになる」ことだけを目標において，強制的に食べさせようとするとかえって子どもの偏食を強めてしまうことが示唆された。偏食傾向を示す自閉症児への食指導の際には，「食べられた」「できた」「褒められた」など子どもが達成感をもちつつ，食材に慣れていくように対応していくことが重要と指摘している。

宮嶋・立山・平尾ほか（2014）はASDの子どもの保護者20名を対象に食嗜好の要因と偏食への対応について半構造化面接調査を実施し，「（現在）食事に偏りがある」ASDの子どもは80％を占め，保護者の困難も81％と高い。食嗜好の要因には口腔・感覚・認知などの様々な要因が複雑に絡み合っており，偏食への対応では口腔（咀嚼・嚥下を容易にする等），感覚（嫌いな感覚刺激を変化させる等），認知（食材への認識・理解を持たせる等）に加えて，環境（介助方法に一貫性を持たせる等）を体系化し，「好きな感覚刺激を利用する」「嫌いな感覚刺激を変化させる」「感覚刺激を混在させない」の3つの戦略を示している。

藤井・山根（2015）は，広島市西部こども療育センターに通所している偏食のある自閉症児15名の食嗜好を把握し，子どもに合わせた感覚対応食の提供を行うことにより改善がみられたことを示した。多職種による情報整理と

支援の方向性の確認が必要であり，加えて日々介助するスタッフが根気よく
実践することや家庭の食事を含めた食生活全体への支援が重要であることが
明らかにされた。

　小島（2016）は，療育支援センターに通園する発達障害児の保護者200名，
2つの保育所に通う定型発達児の保護者198名および ASD 児42名，定型発
達児72名，他の発達障害児48名を対象に質問紙調査を行い，ASD 児の離乳
期における食発達行動に影響を与えている要因と保護者支援のあり方を明ら
かにした。現在において「食のこだわり行動がある」の割合は定型発達児
45.8％，ASD 児78.6％，他の発達障害児64.6％であり，発達状況と現在の
食のこだわり行動は有意な関連性が認められた。定型発達児と比較して
ASD 児は「新奇性恐怖」をもち，なじんだものにこだわることや，味覚や
視覚等の感覚の特異性に起因して食べられないことも特徴づけられた。初め
ての物に対する恐怖があることから，ASD 児は食事へのこだわり行動が長
期化する可能性が示唆された。

4．発達障害当事者の手記，当事者調査にみる食の困難・支援ニーズ

　国内で出版されている発達障害の当事者の手記において，食に関する困難
が数多く語られている。例えば，アスペルガー症候群の当事者で作家・翻訳
家として活躍するニキ・リンコ／藤家寛子（2004）は偏食の問題について
「トマトやピーマンのように単色のものは気持ち悪くて食べられない」「形が
違ったり，いびつだと気持ち悪くて食べられない」と述べ，その要因の一つ
として色や形などに対する視覚の過敏をあげている。

　アスペルガー症候群当事者のケネス・ホール（2001）は「ほとんどの食べ
物はひどい舌触りである」と述べ，食感の過敏を示している。

　アスペルガー症候群当事者のグニラ・ガーランド（2000）は「歯がひどく
過敏だった」「顎のコントロールが上手くいかず，顎を動かすのは重労働だ
った」と咀嚼や嚥下の問題が原因で「何でも丸飲みし，ミルクで流し込ん

だ」と述べている。

　また，ドナ・ウイリアムズ（2008）は「乳製品を摂取すると色彩や模様に対する感覚が変化し，幻覚まで見える」，藤家寛子（2004）は「胃腸の働きがひどく悪く，何を食べても下痢ばかりしてしまう」など，多様な食に関する困難が述べられている。

　自閉症児者には「食べ物以外も口に入れる」などの異食傾向があることも知られているが，東田（2010）が心理的な安定を求めて，タオルやえんぴつなど自分の好きな触刺激を取り入れていると述べているように，その背景に心理的側面が大きく影響していることが考えられる。

　発達障害当事者を対象にした調査研究では高橋・増渕（2008）が，アスペルガー症候群・高機能広汎性発達障害と診断・判定され，またそうした障害認識を十分に有する本人（高校生以上の青年・成人）75名への質問紙調査を通して感覚過敏・低反応に関する検討を行い，「食感がダメで食べられないものがある」33％，「食べたことのないものはとても怖い」17％など食に関する感覚の困難を示す当事者が少なからず存在し，彼らは「自分に合った温度に食べ物を温めたい」25％，「初めて食べるものは量を少なくしてほしい」16％などの理解・支援を求めていることを明らかにした。

　さらに高橋・斎藤・田部ほか（2015）は，刊行されている発達障害の当事者の手記をもとに質問紙調査票「食・食行動の困難に関するチェックリスト」全306項目を作成し，発達障害の診断・判定を有する当事者137名を対象に質問紙調査を行った。発達障害の当事者の場合は特有の身体感覚をもっており，これまで周囲が「わがまま」「自分勝手」であるととらえられてきた「食の問題」も，実は特有の感覚過敏・低反応や身体調整機能が大きく起因している可能性が示された。食の困難に対して発達障害本人が理解・支援を求める割合が最も大きい項目は「自分で選んだ食べ物は，おいしく味わい，楽しむことができる」8.2であった。次いで，「ガムを噛むと気持ちが安定する」6.1，「空腹の目安として一番頼りにしているのは時刻である」4.1，「こ

まめにおやつをつまむことを認めてほしい」「食事は一人分ずつ分けてあると，食べる量がわかりやすいのでそうしてほしい」3.7,「周りの人が食べている姿を見ると，自然と食べようという気持ちになる」3.3であり，これらの項目は統制群との比較において1％水準で有意差がみられた。

5．食の困難を有する発達障害児の保護者が抱える困難と支援ニーズ

　小渕（2007）は1歳6ヶ月検診で経過観察となった広汎性発達障害児の親の心配事を検討し，「ミルクを嫌がる，極端に偏食がある」などが乳幼児期からあること，食事に関する心配事は10ヶ月と1歳6ヶ月にかけて増加し，この時期は離乳及び幼児食への移行時期であり，新たな食形態を受け入れられないため母親から心配事として出されたと推察している。偏食は育児の一般的指導や支援では改善しないことも多く，保護者の「育児の困難」となりやすいことが示唆された。自閉症児の離乳開始は6〜8ヶ月にかけて52.6％を占め，「健常」児より遅れる傾向（森主・丸田・甲斐ほか：1986）があり，「うまく食べられない」などの食発達の遅れが親の子育て不安を積み重ねていくと考えられる。

　山根・加藤（2007）は，摂食困難のある子どもとその家族の実態について「本来は家族団らんとしての楽しい食事時間が，家族にとっても子どもにとっても苦痛な時間となることも多い。さらに，食物形態（大きさ，粘度，味付け）も家族とは異なるものを用意しなければならないことも多く，家族にかかる負担は大きい。母親が作った食事は食べずに，インスタント食品やスナック菓子などの偏った食べ物しか食べない知的発達障害者の子どもを育てる母親は，育児に対し自信を無くしている場合がある。さらに多動の子どもをもつ家族は食事時間でさえ子どもから目を離すことができず，家族団らんの楽しい時間すら，あわただしく過ぎてしまう」と説明している。さらに「いろいろなものを食べさせたいという願いで，初めはいろいろと試行錯誤する。しかし，ほとんどの場合，子どもの拒否やパニックに合い，結局いつも同じ

ものを与えてしまう。そのことが結果として，子どもの『こだわりとしての偏食』を助長することにつながり，ますます偏食が強くなる。このような悪循環に陥ってしまうケースが多い」と指摘している。

佐久間・廣瀬・藤田ほか（2013）は ASD 幼児の食に関する母親の認識と対処を把握するために，ASD の子どもの母親 7 名を対象に半構造的面接調査を行った。母親は，①同じ食事状況への指向，食物で汚れることに対する敏感さなどの「食事に関する敏感さ」，②特定の味の好み，食感による食事の偏り，激しい好き嫌い，偏食の個人差，希薄な食行動などの「偏食の多様性」，③落ち着かない食べ方，食具操作の遅れ，咀嚼・嚥下が苦手などの「食べ方の未熟さ」を認識しており，これに対して「食事マナー獲得への対処」「栄養改善を図る対処」等について専門職への相談をしていた。佐久間らは，ASD の子どものこだわりや敏感さによる食事環境やメニューの制限は母親にとって大きな養育ストレスとなる可能性があると同時に，嫌がる食事環境や食事内容は ASD の子どもにとって苦痛体験となる恐れがあること，それに対して母親がこだわりや敏感さの特徴を知ることで ASD の子どもへの理解が深まり，子どもの特性に即した食事環境や食事内容の工夫につなげられると指摘している。

6．発達障害等の子どもの食の困難・支援ニーズと学校における対応

学校における食に関する特別な指導の根拠として，学校給食法には「第10条 栄養教諭は，（中略）食に関して特別の配慮を必要とする児童又は生徒に対する個別的な指導その他の学校給食を活用した食に関する実践的な指導を行うものとする」との規定がなされている。

文部科学省（2007）『食に関する指導の手引き』には「障害のある児童生徒が，将来自立し，社会生活する基盤として，望ましい食習慣を身につけ，自分の健康を自己管理する力や食物の安全性等を自ら判断する力を身につけることは重要である」との記載がなされ，さらに文部科学省（2010）『食に

関する指導の手引―第1次改訂版―』には食物アレルギー・肥満傾向・痩身願望など食に関する配慮の必要な児童生徒に対応するため、「個に応じた指導」「保護者との連携」「本人との合意形成」「個別的な相談指導や個に応じた指導計画の作成」「個別相談指導委員会の設置」など特別支援教育と親和性の高い方法が提案されているが、学校現場におけるこれらの認知度は低く、理解啓発と取り組みの充実が望まれる。

　東京都教育委員会（2014）『障害のある児童・生徒の食事指導の手引―食事指導の充実のために―』では、「食事の指導に際しては、その特徴と本人の個性や特徴との両面を把握し、本人をよく理解し、共感的な態度で臨むことが大切である。特に食事の内容や食べ方に強いこだわり、偏食などがある場合もあり、摂食行動への介入を強く拒否することもあり、摂食拒否につなげないように、指導時には心理的な配慮も必要になる」と指導の方向性を示し、「まずは生活環境を整え、脳の成熟を促し、空腹や疲労、睡眠不足による情緒的な不安定などを取り除く」ことが示されている。

　田部・髙橋（2015）は、東京都内の通級指導学級（情緒障害等）・特別支援学級（自閉症・情緒障害）を有する小学校531校・中学校273校、知的障害特別支援学校（小・中・高等部）38校、合計842校の学校給食担当責任者を対象に質問紙法調査を実施し、発達障害等の特別な配慮を要する児童生徒の学校給食における困難・ニーズを把握し、学校給食等における食行動に関する合理的配慮のあり方を検討した。8割以上の学校に食に配慮の必要な児童生徒が在籍しており、食に配慮の必要な児童生徒の困難として最も多いのは「極端な偏食」425人31.1％であった。

　児童生徒の学校給食等に関わる疾患・障害・要望（摂取禁止の食物、形態の要望等）の把握は、書面提出や面接などにより、ほぼすべての学校で実施されていたが、対象となるのは食物アレルギー等の安全面から対応しなければならないものに限られる傾向があり、発達障害児の有する感覚過敏・偏食等への配慮・対応の実施についての記述はごく僅かであった。

感覚過敏・偏食等，食に関する特別な配慮を要する児童生徒の給食・授業等における配慮実施の可能性を問うと，配慮実施の可能性が高い項目は僅かであり，実施できない理由には「学校給食は栄養管理をされているため，指定の食材・調味料以外に加えることができない」「給食は楽しく食べることや仲間との関わりも重視したいので，別室で食べることはできれば許可したくない」「給食以外の時間に食事を摂ることやおやつ等を食べることは許可できない」等が挙がった。

　例えば，発達障害当事者からの要望が大きい「ガムを噛むと気持ちが安定する」（髙橋・斎藤ら：2015）についても，学校からは「飴やガム等の学習に必要のないものの持ち込み禁止やそれを口にすることがあれば生活指導・生徒指導の対象となる」との記述が多数寄せられている。森主・北見・福満（1990）が自閉症児は健常児と比較して硬度の高い食品を摂取する傾向にあることを示しているように，硬い食べ物を噛むなど，好きな感覚刺激を取り入れることで不安・緊張・ストレスを低減できると考えられ，体調や心理状態に応じて，本人が精神的安定を得ることのできる物を食べることを容認するなどの柔軟な対応が求められる。

7．おわりに

　本章では，発達障害等の発達困難を有する子どもの食の困難の実態と支援に関わる国内外の研究動向のレビューを行ってきた。

　例えば，ASD の食の困難はしばしば感覚の感受性の問題に関連していると指摘されているものの，ASD の摂食障害や食生活の困難はほとんど知られていないのが現状であり，支援の可能性を拡げるために更なる研究の必要性が指摘されている（Spek AA.：2015）。

　発達障害等の発達困難を有する子どもの抱える食の困難・支援ニーズに関しては個人差も大きく，その様相はきわめて多様であるが，先行研究では調査対象は保護者が大半であり，当事者の手記や若干の当事者調査研究がある

ものの，当事者が抱える「摂食困難（偏食，食物選択性，咀嚼・嚥下困難等）」やその背景にある感覚過敏性等の身体感覚の困難，不安・恐怖・ストレス等の困難や支援ニーズを明らかにできておらず，発達障害等の特性を考慮した食支援の確立には到底至っていない。

　食などの基本的恒常性維持システムは，学習等の高次機能においても重要な役割を果たしており，「摂食困難（偏食，食物選択性，咀嚼・嚥下困難等）」を有する子どもへの理解と発達支援はとても重要である。

　なお，「食べる」という行為は「食物＝異物・他のもの」を体内に直接的に受け入れるので，発達障害等の発達困難を有する子どもにとっては「不安・緊張・恐怖」等を伴いやすく，過敏性や拒否反応が強まった結果，限定された食嗜好や極度の拒絶として表れていると考えられる。それゆえに「食べる」という心身全体の複雑な「協調」を伴う行為をスムーズに行うためには，その基本に「安心・安全・信頼」が不可欠である。

　「安心・安全・信頼」を築いていくためには，余裕のある時間・環境と丁寧な関わりが必要であり，その上で少しずつ改善に向けた対応や指導を行うことが大切である。食べさせたい側の意図・タイミングを優先して進めていくような関わりでは，状況を改善できない又は悪化させる可能性も否定できない。「楽しく食べるということが，健康状態や体調の問題に強く関わっている」という指摘は示唆深い（室田：2004）。

第2章　高校生以上の発達障害当事者調査からみた
食の困難の実態と支援ニーズ

1．はじめに

　本章では，高校生以上の成人を中心とする発達障害当事者への質問紙法調査を通して，発達障害当事者がどのような食の困難と支援ニーズを有しているのかを明らかにしていく。

2．方法

（1）調査対象

　発達障害（アスペルガー症候群，高機能自閉症，その他広汎性発達障害，LD，ADHD，軽度の知的障害）の診断・判定された方で，発達障害についての認識・理解を有する高校生以上の当事者であり，自身の食に関する困難・ニーズを振り返って調査回答することが可能な方である。国立教育系大学の学部・専攻科・大学院に在学中で発達障害教育関係の講義を受講している学生にも同様の質問紙調査を実施し，結果を比較検討した。

（2）調査内容

　A．食の困難の実態に関する調査内容：①体の構造と食物（摂食中枢，感覚器系，消化器系，循環器系，免疫・アレルギー），②食生活（食嗜好，食事量，食べ方），③食事と環境（食卓用品，食に関する場所，食に関する人の問題，食に関する状況の問題）。B．食の困難の理解・支援に関する調査内容：①体の構造と食物（摂食中枢，感覚器系，消化器系，循環器系，免疫・アレルギー），②食生活（食嗜好，食事量，食べ方），③食事と環境（食卓用品，食に関する場所，食に関す

る人の問題，食に関する状況の問題）。

（3）調査方法

　質問紙調査法。刊行されている発達障害者当事者の手記をほぼ全て検討し，食に関してどのような困難・ニーズを有しているのかを把握，それらをもとに質問紙調査票「『食』の困難・ニーズに関するチェックリスト」全306項目を作成した（資料編の調査票を参照）。事前に，発達障害当事者団体，発達障害支援関係団体などの協力を得ながら質問紙の妥当性についての検討をいただいた。なお調査結果については，対象間の比較を行うために χ^2 検定とオッズ比推定を用い，項目間の比較を行うために残差分析を用いて分析を行った。

（4）調査期間

　2012年11月〜2013年 1 月。

（5）回収状況

　発達障害当事者，発達障害支援関係団体などの協力を得ながら質問紙調査を実施した。発達障害の診断・判定を有する当事者137名，国立教育系大学の学部・専攻科・大学院に在学する学生119名から回答を得た。発達障害の診断・判定を有する当事者137名の障害の内訳（重複の場合を含み複数回答あり）は，アスペルガー症候群44名，高機能自閉症17名，その他広汎性発達障害43名，学習障害15名，注意欠陥多動性障害26名，知的障害20名，その他18名である。

3．結果

3.1　体の構造と食物

3.1.1　摂食中枢

摂食中枢の調査項目全27項目のうち，発達障害当事者のチェック率が最も大きい項目は「26．食欲の差が激しく，食欲のない時はとことん食べず，ある時はとことん食べまくる」24.8％，次いで「4．気がついたらひどくお腹がすいていることがある」24.1％となった。その他「25．糖分や塩分への強い欲求がある」20.4％，「3．ストレスを感じると空腹を全く感じなくなる」19.0％，「11．異常に喉が渇き，一日に何リットルも飲み物を飲んでしまう」18.2％，「14．満腹中枢が上手く働かず，すぐに何かを食べようとしてしまう」15.3％と続いた。

発達障害当事者と受講学生のチェック数をχ^2検定によって分析し，χ^2値の大きい上位項目をまとめたものを**図2.1**に示した。これら上位11項目はいずれも1％水準で有意差がみられた。また，摂食中枢では**図2.1**に示した項目の他，8項目に5％水準の有意差がみられた。χ^2値の大きい項目ほど，発達障害当事者の有する食の困難・ニーズについて周囲からの理解が得られにくく，困難も大きいと考えられる。

摂食中枢で最もχ^2値の大きい項目は「12．頭をよく働かせている時には水分が欲しくなり，四六時中ガバガバと水を飲んでしまう」14.5，次いで「11．異常に喉が渇き，一日に何リットルも飲み物を飲んでしまう」14.1となった。その他「23．自分が何を食べたいのかわからないので，毎日同じものを食べる」13.5，「1．お腹がすくという感覚がよくわからない」13.0，「4．気がついたらひどくお腹がすいていることがある」11.2，「16．食べ物に関しては無頓着である」10.2と続いており，発達障害当事者の多くが，摂食中枢の調整機能に何らかの問題を抱えていることが推測される。

次に，発達障害当事者と受講学生のチェック数をオッズ比推定により分析

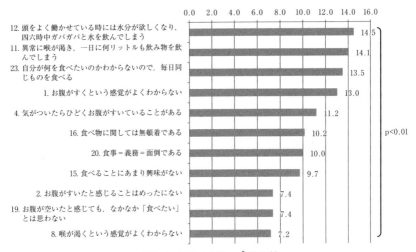

図2.1 摂食中枢の χ^2 値比較

した結果を図2.2に示した。なお，図2.2に示した項目はいずれも5％水準で有意差がみられた項目である。オッズ比推定とは，推定の結果，有意差がみられた項目に関して，発達障害当事者は受講学生に比べて質問項目との関係性が何倍大きいのかを示すものであり，数値が大きいほど困難が大きいと考えられる。

　摂食中枢で最もオッズ比の大きい項目は「20．食事＝義務＝面倒である」21.7であり，次いで「1．お腹がすくという感覚がよくわからない」16.7となった。その他「16．食べ物に関しては無頓着である」13.4,「12．頭をよく働かせている時には水分が欲しくなり，四六時中ガバガバと水を飲んでしまう」10.6,「2．お腹がすいたと感じることはめったにない」と「19．お腹が空いたと感じても，なかなか『食べたい』とは思わない」が共に10.3と続いた。発達障害当事者では，食べ物に対する興味関心が低い人，食欲をあまり感じない人が多いことがわかる。

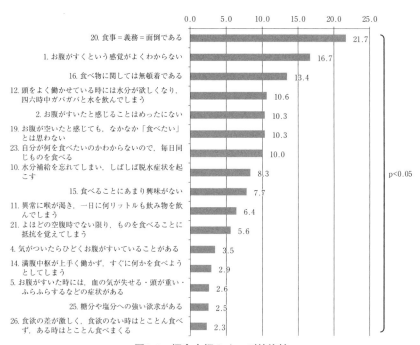

図2.2　摂食中枢のオッズ値比較

3.1.2　感覚器系

　感覚器系の調査項目全58項目のうち，発達障害当事者のチェック率が最も大きい項目は「84. ひどい猫舌で熱い物を食べられない」21.2％，次いで「28. 色や形以前に，見るだけで気持ち悪かったり，怖い食べ物がある」19.0％であった。その他「42. においの強い食品は食べられない」15.3％，「64. 固さや食感によっては口に入れるだけで全身が苦しくなるほど不快な食べ物がいくつもある」13.9％，「63. 自分が予想していた味と違う味だと食べられない」と「69. どろっとしたとろみのある食べ物は大嫌いである」が共に12.4％と続き，食感や舌触り，温度といった触覚に関する困難が目立つ結果となった。

　χ^2検定の結果を図2.3に示した。感覚器系の中で最もχ^2値の大きい項目

は「42. においの強い食品は食べられない」17.0，次いで「63. 自分が予想していた味と違う味だと食べられない」15.8であった。その他「28. 色や形以前に，見るだけで気持ち悪かったり，怖い食べ物がある」15.0，「84. ひどい猫舌で熱い物を食べられない」14.0，「40. 食堂，パン屋，魚売り場，レストランの厨房などはにおいが強く，吐気をもよおす」11.1と続いた。なお，図2.3に示した項目はいずれも1％水準で有意差がみられた。発達障害本人のチェック率，χ^2値ともに大きい「63. 自分が予想していた味と違う味だと食べられない」の項目は，受講学生のチェック率が0％であることからも発達障害当事者に特徴的な困難であると推測される。

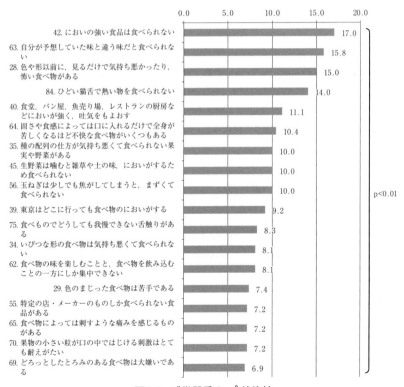

図2.3　感覚器系のχ^2値比較

第2章　35

オッズ比推定の結果を図2.4に示した。図2.4に示した項目はいずれも5％水準で有意差がみられた項目である。感覚器系の中で最もオッズ比の大きい項目は「63. 自分が予想していた味と違う味だと食べられない」34.7，次いで「35. 種の配列の仕方が気持ち悪くて食べられない果実や野菜がある」と「45. 生野菜は噛むと雑草や土の味，においがするため食べられない」，「56. 玉ねぎは少しでも焦がしてしまうと，まずくて食べられない」がいずれも21.7と続いた。これら4項目は受講学生のチェック率は0％であった。食べ物の色・形などの見た目，においや味，温度や感触に対する「苦手さ」「不

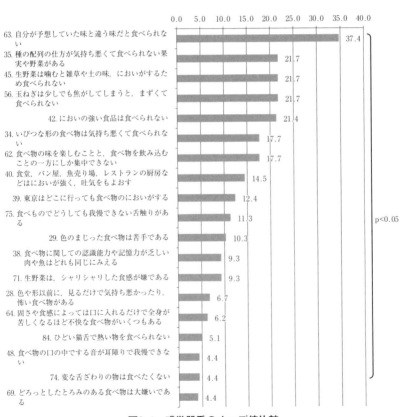

図2.4　感覚器系のオッズ値比較

快さ」の程度が発達障害当事者では強いため，食べられない物が多く存在することがわかる。

3.1.3 咀嚼・嚥下，消化器系

咀嚼・嚥下，消化器系の調査項目全27項目のうち，発達障害当事者のチェック率が最も大きい項目は「98. 魚の小骨は全部はずさないと，必ずのどに引っかかってしまう」17.5％，次いで「101. 疲れている時は舌を噛んだり，誤嚥しやすい」15.3％であった。その他「90. 噛むのがいやなので，何でも丸飲みしたり，水で流し込んでしまう」8.0％，「89. 噛むために毎回顎を動かすのはとても疲れる」7.3％，「104. 食べ物を完全に飲み込まないうちに次を口に入れると，うまく飲み込めなくなってしまう」「108. 胃腸の働きがひどく悪く，何を食べても下痢ばかりしてしまう」がともに6.6％と続き，咀嚼や嚥下に関する困難を示す人が多いことが示された。

χ^2検定の結果を図2.5に示した。咀嚼・嚥下，消化器系の中で最もχ^2値の大きい項目は「98. 魚の小骨は全部はずさないと，必ずのどに引っかかってしまう」15.2，次いで「101. 疲れている時は舌を噛んだり，誤嚥しやすい」10.3であった。その他「90. 噛むのがいやなので，何でも丸飲みしたり，水で流し込んでしまう」10.0，「104. 食べ物を完全に飲み込まないうちに次を口に入れると，うまく飲み込めなくなってしまう」と「108. 胃腸の働きがひどく悪く，何を食べても下痢ばかりしてしまう」がともに5.6と続いた。なお，図2.5に示した項目は上位３項目までが１％水準で有意差がみられ，残り４項目は５％水準で有意差がみられた。

オッズ比推定の結果を図2.6に示した。図2.6に示した項目はいずれも５％水準で有意差がみられた。咀嚼・嚥下，消化器系の中で最もオッズ比の大きい項目は「90. 噛むのがいやなので，何でも丸飲みしたり，水で流し込んでしまう」21.7，次いで「104. 食べ物を完全に飲み込まないうちに次を口に入れると，うまく飲み込めなくなってしまう」「108. 胃腸の働きが悪く，何

第2章　37

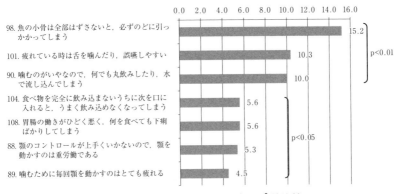

図2.5　咀嚼・嚥下，消化器系のχ^2値比較

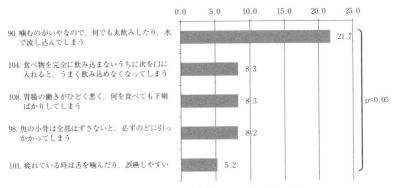

図2.6　咀嚼・嚥下，消化器系のオッズ値比較

を食べても下痢ばかりしてしまう」がともに8.3,「98.魚の小骨は全部はずさないと，必ずのどに引っかかってしまう」8.2,「101.疲れている時は舌を噛んだり，誤嚥しやすい」5.2と続いた。結果から発達障害当事者のなかには，咀嚼・嚥下や消化吸収において機能の困難を有する人が少なからずいることが推測される。

3.1.4 循環器系

循環器系の調査項目全8項目のうち，発達障害当事者のチェック率が最も大きい項目は「117. コーヒーやお茶を飲むと頭ががんがんと痛み，手足の中もしまって痛くなり，震えるような寒気を生じる」5.8%，次いで「118. 柿はシャリシャリとした固めのものだと，食べてすぐ寒気に襲われる」「119. 食べ物の摂取による血糖値の上がり下がりが激しい」がともに2.9%，「120. 普段から低血糖症のような症状がある」2.2%，「115. 塩分を摂りすぎるとのどがひりひり，全身がドクドクとして頭の奥が脈打ち痛くなる」「113. 糖分や塩分を摂った時は，どちらもすぐに手首がドクドクと脈打つ」が共に1.5%と続いた。

χ^2検定の結果を図2.7に示した。循環器系の中で最もχ^2値の大きい項目は「117. コーヒーやお茶を飲むと頭ががんがんと痛み，手足の中もしまって痛くなり，震えるような寒気を生じる」7.2，次いで「118. 柿はシャリシャリとした固めのものだと，食べてすぐ寒気に襲われる」3.5，「120. 普段から低血糖症のような症状がある」2.6，「115. 塩分を摂りすぎるとのどがひりひり，全身がドクドクとして頭の奥が脈打ち痛くなる」1.8，「119. 食べ物の摂取による血糖値の上がり下がりが激しい」1.4と続いた。なお，図2.7に示した項目は上位1項目のみに1％水準で有意差がみられたが，残

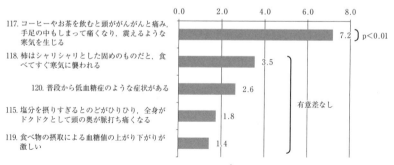

図2.7　循環器系のχ^2値比較

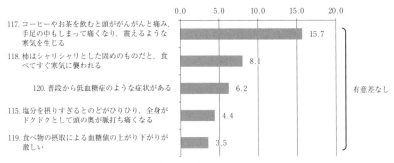

図2.8 循環器系のオッズ値比較

りの項目に有意差はみられなかった。循環器系の項目では，発達障害本人のチェック率がさほど高くはないものの，ほとんどの項目で受講学生のチェック率が0％であるため，理解・支援の困難度が高いことがうかがえる。

オッズ比推定の結果を図2.8に示した。循環器系の中で最もオッズ比の大きい項目は「117. コーヒーやお茶を飲むと頭ががんがんと痛み，手足の中もしまって痛くなり，震えるような寒気を生じる」15.7，次いで「118. 柿はシャリシャリとした固めのものだと，食べてすぐ寒気に襲われる」7.8，「120. 普段から低血糖症のような症状がある」6.2と続いた。しかし，図2.8に示した項目はいずれも有意差がみられなかったことから，発達障害本人の循環器系に関する困難は受講学生と比較して強い傾向にあるとはいえない。

3.1.5 免疫・アレルギー

免疫・アレルギーの調査項目全26項目のうち，発達障害当事者のチェック率が最も大きい項目は「121. 何種類もの食物アレルギーをもっている」5.8％，次いで「143. アルコールにアレルギー，過敏症がある」5.1％であった。その他「128. 甲殻類にアレルギーがある」「123. 卵アレルギーがある。卵に触れると発疹が出たり，呼吸が出来なくなってしまう」がともに4.4％，「146. ビタミン，ミネラル欠乏症である」3.6％と続いた。

χ^2検定の結果を図2.9に示した。免疫・アレルギーの中で最もχ^2値の大きい項目は「123. 卵アレルギーがある。卵に触れると発疹が出たり,呼吸が出来なくなってしまう」5.3,次いで「146. ビタミン,ミネラル欠乏症である」4.4であった。これらの項目はいずれも受講学生のチェック率が0％であるため,理解の困難さが大きいことが推測される。その他「121. 何種類もの食物アレルギーをもっている」2.9,「124. 乳製品のアレルギーがある。乳製品を摂取すると色彩や模様に対する感覚が変化し,幻覚まで見える」「134. 大豆製品にアレルギーがある」がともに2.6と続いた。なお,図2.9に示した項目は上位2項目に5％水準で有意差がみられ,残りの項目に有意差はみられなかった。

オッズ比推定の結果を図2.10に示した。免疫・アレルギーの中で最もオッズ比が大きい項目は「123. 卵アレルギーがある。卵に触れると発疹が出たり,呼吸が出来なくなってしまう」11.8,次いで「146. ビタミン,ミネラル欠乏症である」9.9と続き,χ^2検定の結果とほぼ同様の項目が上位にあがった。

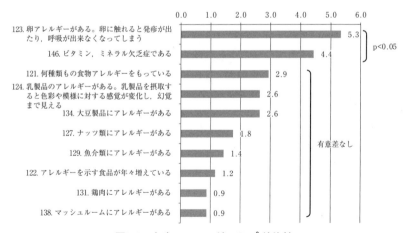

図2.9　免疫・アレルギーのχ^2値比較

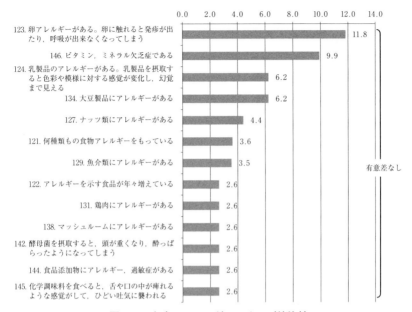

図2.10　免疫・アレルギーのオッズ値比較

3.1.6　その他

その他の調査項目全8項目のうち，発達障害当事者のチェック率が最も大きい項目は「149. カフェインなどの刺激物に弱く，飲みすぎると，てきめんに眠れなくなる」10.2％，次いで「154. 代謝のスピードがはやすぎて，すぐに体重が減ってしまう」5.1％であった。その他「152. 歯磨き粉に含まれる合成界面活性剤，発泡剤やサッカリンが原因で気持ち悪くなってしまう」3.6％，「148. 肉を食べるとどうも体の調子が悪くなってしまう」2.9％，「150. 白砂糖は精神的な興奮を引き起こす」2.2％と続いた。

χ^2検定の結果を図2.11に示した。その他の中で最もχ^2値の大きい項目は「149. カフェインなどの刺激物に弱く，飲みすぎると，てきめんに眠れなくなる」7.9，次いで「154. 代謝のスピードがはやすぎて，すぐに体重が減ってしまう」3.8であった。そのほか「150. 白砂糖は精神的な興奮を引き

起こす」2.6,「152. 歯磨き粉に含まれる合成界面活性剤,発泡剤やサッカリンが原因で気持ち悪くなってしまう」2.2,「151. 温かい麺類を食べると腰が抜けてしまう」1.8と続いた。図2.11に示した項目は上位1項目のみに1％水準で有意差がみられ,残りの項目に有意差はみられなかった。

オッズ比推定の結果を図2.12に示した。その他の中で最もオッズ比の大きい項目は「149. カフェインなどの刺激物に弱く,飲みすぎると,てきめんに眠れなくなる」6.7であった。有意差はみられなかったもののオッズ比の大きいのは「154. 代謝のスピードがはやすぎて,すぐに体重が減ってしまう」6.4,「150. 白砂糖は精神的な興奮を引き起こす」6.2と続き,χ^2検定と同様の項目が上位にあがった。なお,図2.12に示した項目では上位1項目のみに5％水準で有意差がみられ,残りの項目に有意差はみられなかった。

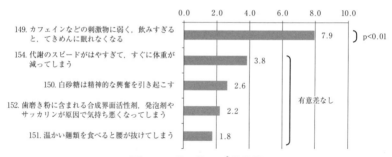

図2.11　その他のχ^2値比較

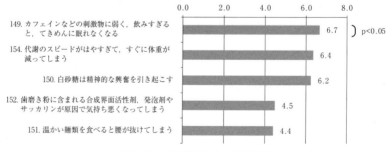

図2.12　その他のオッズ値比較

3.2 食生活

3.2.1 食嗜好

　食嗜好の調査項目全49項目のうち，発達障害当事者のチェック率が最も大きい項目は「156. 一度好きになったメニューや食べ物にはかなり固執する」27.7％，次いで「177. レバーは，体が受け付けない」16.1％であった。その他「184. わさび，からし，マスタードは，体が受け付けない」「182. 納豆は，体が受け付けない」がともに15.3％，「185. 牛乳は，体が受け付けない」13.1％と続いた。なお「180. ブロッコリーは体が受け付けない」「179. きゅうりは体が受け付けない」の2項目はいずれも受講学生のチェック率が0％であり，理解が得られにくいことが想定される。

　χ^2検定の結果を図2.13に示した。図2.13に示した項目はいずれも1％水準で有意差がみられた。食嗜好の中で最もχ^2値の大きい項目は「180. ブロッコリーは体が受け付けない」14.8，次いで「182. 納豆は体が受け付け

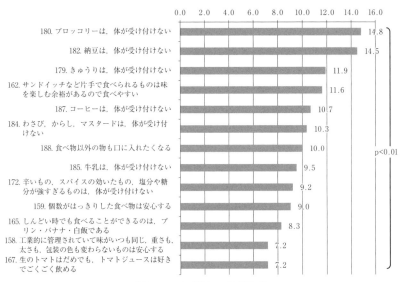

図2.13　食嗜好のχ^2値比較

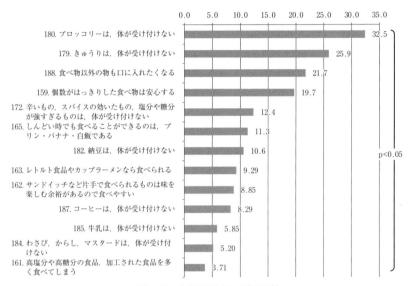

図2.14 食嗜好のオッズ値比較

ない」14.5であった。その他「179. きゅうりは体が受け付けない」11.9,「187. コーヒーは体が受け付けない」10.7,「184. わさび,からし,マスタードは体が受け付けない」10.3と続いた。

　オッズ比推定の結果を図2.14に示した。なお,図2.14に示した項目はいずれも5％水準で有意差がみられた項目である。食嗜好の中で最もオッズ比の大きい項目は「180. ブロッコリーは体が受け付けない」32.5,次いで「179. きゅうりは体が受け付けない」29.5であった。その他「188. 食べ物以外も口に入れたくなる」21.7,「159. 個数がはっきりした食べ物は安心する」19.7,「172. 辛いもの,スパイスの効いたもの,塩分や糖分が強すぎるものは体が受け付けない」12.3などが上位にあがった。

3.2.2　食事量

　食事量の調査項目全6項目のうち,発達障害当事者のチェック率が最も大

きい項目は「205. 一日に何回，一回にどれくらいの量を食べなければならないかわからない」14.6％，次いで「210. ストレスで過食が多くなってしまう」13.9％であった。その他「206. もう少し食べたい気分でも，苦しくて吐きそうでも，食べる量は『あるものがなくなるまで』にしている」7.3％，「208. 給食は圧倒的に量が多く，食べるのがいつも遅い」5.8％，「209. 薬の副作用の影響を受けやすく，食欲減退や増進になり食べる量が異なる」4.4％と続いた。

　χ^2検定の結果を図2.15に示した。食事量の中で最もχ^2値の大きい項目は「205. 一日に何回，一回にどれくらいの量を食べなければならないかわからない」9.5，次いで「209. 薬の副作用の影響を受けやすく，食欲減退や増進になり食べる量が異なる」3.0であった。なお，図2.15に示した項目では上位1項目のみに1％水準で有意差がみられ，残りの項目に有意差は見られなかった。

　オッズ比推定の結果は図2.16に示した。食嗜好の中で最もオッズ比の大きい項目は「205. 一日に何回，一回にどれくらいの量を食べなければならないかわからない」4.91であった。なお，図2.16に示した項目ではこの1項目のみに5％水準で有意差がみられ，残りの項目に有意差は見られなかった。有意差はみられなかったもののオッズ比の大きいのは「209. 薬の副作用の影響を受けやすく，食欲減退や増進になり食べる量が異なる」5.4，「208.

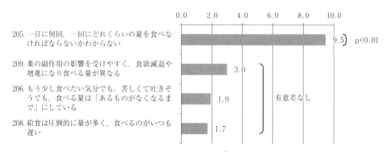

図2.15　食事量のχ^2値比較

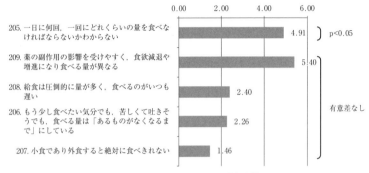

図2.16 食事量のオッズ値比較

給食は圧倒的に量が多く,食べるのがいつも遅い」2.4であった。

3.2.3 食べ方

食べ方の調査項目全12項目のうち,発達障害当事者のチェック率が最も大きい項目は「212. 味が混ざるのが嫌なので,おかずをすべて食べてから,ご飯に移るというような食べ方をしてしまう」10.9%,次いで「211. いつもと違う順序,違う時間に食べることは苦痛である」8.8%であった。その他「220. 食べ物の食べ方が下手で,皮が上手く剥けずに皮ごと食べているものがある」7.3%,「221. 卵は調理法によって食べられなくなってしまう」6.6%,「217. 肉の付け合わせは○○といったルールが出来てしまっている」4.4%と続いた。

χ^2検定の結果を図2.17に示した。食べ方の中で最もχ^2値の大きい項目は「212. 味が混ざるのが嫌なので,おかずをすべて食べてから,ご飯に移るというような食べ方をしてしまう」13.8,次いで「211. いつもと違う順序,違う時間に食べることは苦痛である」10.9であった。その他「217. 肉の付け合わせは○○といったルールが出来てしまっている」5.3,「220. 食べ物の食べ方がへたで,皮が上手く剥けずに皮ごと食べているものがある」4.5,「216. 食事のメインはお米で,おかずは気に入ったもの1品のみがい

第 2 章　47

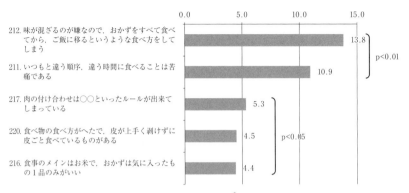

図2.17　食べ方の χ^2 値比較

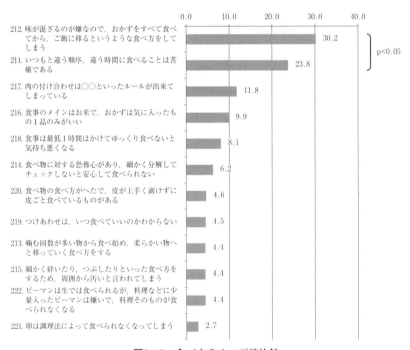

図2.18　食べ方のオッズ値比較

い」4.4と続いた。なお，**図2.17**に示した項目は上位2項目に1％水準で有意差がみられ，残り3項目に5％水準で有意差がみられた。

オッズ比推定の結果を**図2.18**に示した。食べ方の中で最もオッズ比の大きい項目は「212. 味が混ざるのが嫌なので，おかずをすべて食べてから，ご飯に移るというような食べ方をしてしまう」30.2，次いで「211. いつもと違う順序，違う時間に食べることは苦痛である」23.8であった。なお，**図2.18**に示した項目はχ^2検定の結果と同様の上位2項目に5％水準で有意差がみられ，残りの項目に有意差はみられなかった。有意差はみられなかったもののオッズ比が大きいのは，「217. 肉の付け合わせは○○といったルールが出来てしまっている」11.8，「216. 食事のメインはお米で，おかずは気に入ったもの1品のみがいい」9.9であった。

3.3　食事と環境

3.3.1　食卓用品

食卓用品の調査項目全10項目のうち，発達障害当事者のチェック率が大きいのは「229. 箸の使い方が下手である」25.5％，次いで「226. アルミ製の食器は，金属の音がとてもつらい」13.9％であった。その他「223. だれが使ったか分からない食器を使うのは生理的に受け付けない」13.1％，「224. 給食の箸やスプーンはまとめてクラス分入っているのが汚いと感じて嫌である」8.8％，「228. おはしやフォーク，ナイフなどの食器をきれいに使うことにこだわりがある」6.6％と続いた。

χ^2検定の結果を**図2.19**に示した。食卓用品のなかで最もχ^2値の大きい項目は「229. 箸の使い方が下手である」11.5，次いで「228. おはしやフォーク，ナイフなどの食器をきれいに使うことにこだわりがある」8.1であった。その他「227. 道具を使う食事は，道具の使い方にエネルギーを使ってしまい十分味わえない」5.3，「232. 洗い物では食器や水音がぶつかる音に耐えられない」4.4と続いた。なお，**図2.19**に示した項目は上位2項目に

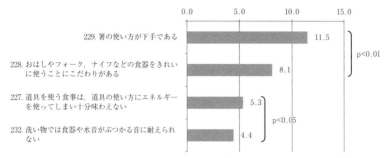

図2.19 食卓用品の χ^2 値比較

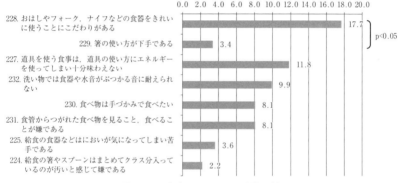

図2.20 食卓用品のオッズ値比較

1％水準で有意差がみられ，残りの2項目に5％水準で有意差がみられた。上位項目の「228. おはしやフォーク，ナイフなどの食器をきれいに使うことにこだわりがある」「227. 道具を使う食事は，道具の使い方にエネルギーを使ってしまい十分味わえない」「232. 洗い物では食器や水音がぶつかる音に耐えられない」はいずれも受講学生のチェック率が0％であり，理解されにくいことが推測される。

オッズ比推定の結果を図2.20に示した。食卓用品のなかで最もオッズ比の大きい項目は「228. おはしやフォーク，ナイフなどの食器をきれいに使うことにこだわりがある」17.7，次いで「229. 箸の使い方が下手である」3.4

であった．なお，**図2.20**に示した項目は上位2項目に5％水準で有意差がみられ，残りの項目に有意差はみられなかった．有意差はみられなかったもののオッズ比の大きいのは，「227．道具を使う食事は，道具の使い方にエネルギーを使ってしまい十分味わえない」11.8，「232．洗い物では食器や水音がぶつかる音に耐えられない」9.9であった．

3.3.2 食に関する場所

食に関する場所の調査項目全3項目のうち，発達障害当事者のチェック率が最も大きい項目は「235．学校では直前まで勉強していた教室と机で給食を食べるのが嫌である」8.0％，次いで「233．外食は人や音であふれていて，味なんてほとんどわからない」「234．食事はいつもと場所が違うのも，味が違うのも，違う人がいるのも，色々な音がするのも嫌である」がともに5.1％と続いた．

χ^2検定の結果を**図2.21**に示した．食に関する場所のなかで最もχ^2値の大きい項目は「233．外食は人や音であふれていて，味なんてほとんどわからない」6.3，次いで「234．食事はいつもと場所が違うのも，味が違うのも，違う人がいるのも，色々な音がするのも嫌である」と「235．学校では直前まで勉強していた教室と机で給食を食べるのが嫌である」がともに5.3と続き，いずれも5％水準で有意差がみられた．

オッズ比推定の結果を**図2.22**に示した．食に関する場所のなかで最もオッ

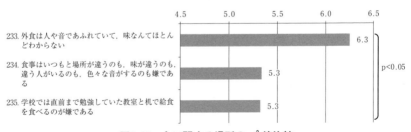

図2.21　食に関する場所のχ^2値比較

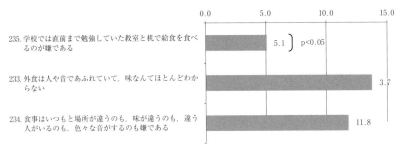

図2.22 食に関する場所のオッズ値比較

ズ比の大きい項目は「235. 学校では直前まで勉強していた教室と机で給食を食べるのが嫌である」5.1であった。図2.22で示した項目では上位1項目に5％水準で有意差がみられ，残りの項目に有意差はみられなかった。有意差はみられなかったもののオッズ比の大きい項目は「233. 外食は人や音であふれていて，味なんてほとんどわからない」13.7，「234. 食事はいつもと場所が違うのも，味が違うのも，違う人がいるのも，色々な音がするのも嫌である」11.8であった。

3.3.3 食に関する人の問題

食に関する人の問題の調査項目全7項目のうち，発達障害当事者のチェック率が最も大きい項目は「237. 誰かに見られながら食べることは苦である」22.6％，次いで「236. 人の輪の中でどのように振る舞えばいいのかわからないため会食はおそろしい」20.4％であった。その他「239. 大人数の食事は，音や匂いなどの情報があふれて辛い」16.8％，「240. 給食ではグループで食べるのがうるさくて嫌である」13.9％，「242. みんながいつまでも話しながら食べているのは苦手である」10.9％と続いた。

χ^2 検定の結果を図2.23に示す。食に関する人の問題の項目の中で最も χ^2 値の大きい項目は「236. 人の輪の中でどのように振る舞えばいいのかわからないため会食はおそろしい」21.7，次いで「239. 大人数の食事は，音や

52

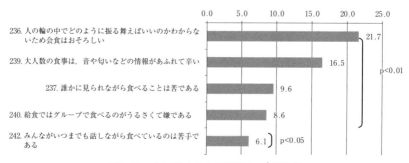

図2.23 食に関する人の問題のχ^2値比較

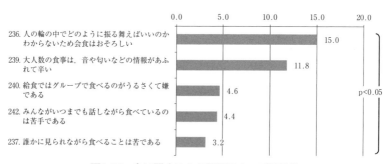

図2.24 食に関する人の問題のオッズ値比較

匂いなどの情報があふれて辛い」16.5,「237. 誰かに見られながら食べることは苦である」9.6,「240. 給食ではグループで食べるのがうるさくて嫌である」8.6と続き,これらは1％水準で有意差がみられた。

オッズ比推定の結果を図2.24に示す。食に関する人の問題の項目の中で最もオッズ比の大きい項目は「236. 人の輪の中でどのように振る舞えばいいのかわからないため会食はおそろしい」15.0,次いで「239. 大人数の食事は,音や匂いなどの情報があふれて辛い」11.8,「240. 給食ではグループで食べるのがうるさくて嫌である」4.6と続いた。なお,図2.24に示した項目はいずれも5％水準で有意差がみられた。

3.3.4 食に関する状況の問題

食に関する状況の問題の調査項目全8項目のうち，発達障害当事者のチェック率が最も大きい項目は「244．見た目も，においも，材料も知らない物なんて食べたくない」9.5％，次いで「243．何より嫌なのは，新しいもの試しに食べてみることである」8.8％であった。その他「248．泊まりの学校の行事などでは，全く食べることができなくなる」と「249．同じ皿に盛った料理をみんなで一緒につつくのは我慢ならない」がともに5.8％と続いている。

χ^2検定の結果を図2.25に示した。食に関する状況の問題のなかで最もχ^2値の大きい項目は「245．家庭の食事も音楽やテレビが流れていたり，人が一斉に話したりと騒がしく，ストレスだらけである」6.3，次いで「243．何より嫌なのは，新しいもの試しに食べてみることである」6.2であった。その他「248．泊まりの学校の行事などでは，全く食べることができなくなる」「249．同じ皿に盛った料理をみんなで一緒につつくのは我慢ならない」がともに4.7，「247．他人とのディナーのようなストレス下では味覚も食欲も，自分が何をしているのかも感じることができない」4.4と続いた。なお，図2.25に示した項目は，いずれも5％水準で有意差がみられた。

オッズ比推定の結果を図2.26に示した。食に関する状況の問題のなかで最もオッズ比の大きい項目は「243．何より嫌なのは，新しいもの試しに食べ

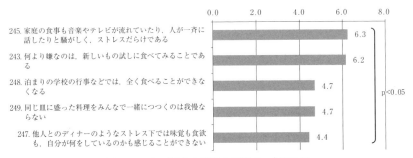

図2.25　食に関する状況の問題のχ^2値比較

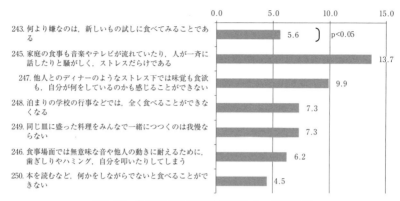

図2.26　食に関する状況の問題のオッズ値比較

てみることである」6.2であり，これは5％水準で有意差がみられた（残りの項目に有意差はみられなかった）。有意差はみられなかったもののオッズ比が大きいのは「245．家庭の食事も音楽やテレビが流れていたり，人が一斉に話したりと騒がしく，ストレスだらけである」13.7，「247．他人とのディナーのようなストレス下では味覚も食欲も，自分が何をしているのかも感じることができない」9.9，「248．泊まりの学校の行事などでは，全く食べることができなくなる」「249．同じ皿に盛った料理をみんなで一緒につつくのは我慢ならない」がともに7.3と続いた。

3.3.5　その他

その他の調査項目全10項目のうち，発達障害当事者のチェック率が最も大きいのは「254．嫌いなものがメニューに入っている日は給食の時間が来るのが苦痛だった」20.4％，次いで「253．給食では居残りして食べさせられ，拷問であると感じた」16.8％であった。他にも「252．子どもの頃に無理強いされたものは一番苦手なものになっている」10.9％，「258．夜食を食べるとよく眠れるので頻繁に食べてしまう」9.5％と続いた。

χ^2検定の結果を図2.27に示した。その他のなかで最もχ^2値の大きい項

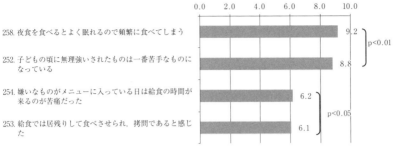

図2.27　その他のχ^2値比較

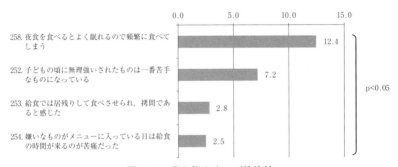

図2.28　その他のオッズ値比較

目は「258. 夜食を食べるとよく眠れるので頻繁に食べてしまう」9.2，次いで「252. 子どもの頃に無理強いされたものは一番苦手なものになっている」8.8であった。その他「254. 嫌いなものがメニューに入っている日は給食の時間が来るのが苦痛だった」6.2，「253. 給食では居残りして食べさせられ，拷問であると感じた」6.1と続いた。なお，**図2.27**に示した項目では上位2項目に1％水準で有意差が，残り2項目に5％水準で有意差がみられた。

　オッズ比推定の結果を**図2.28**に示した。その他の中で最もオッズ比の大きい項目は「258. 夜食を食べるとよく眠れるので頻繁に食べてしまう」12.4，次いで「252. 子どもの頃に無理強いされたものは一番苦手なものになっている」7.2であった。その他「253. 給食では居残りして食べさせられ，拷問

であると感じた」2.8,「254. 嫌いなものがメニューに入っている日は給食の時間が来るのが苦痛だった」2.3と続いた。これらはいずれも 5 ％水準で有意差がみられた。

3.4　発達障害当事者の困難度が高い上位20項目

　食の困難に関する調査項目全260項目のうち，χ^2 値が大きく，周囲の理解が得られにくいために困難が特に大きいと考えられる上位20項目を**図2.29**に示した。

　全項目の中で最も χ^2 値の大きい項目は「236. 人の輪の中でどのように振る舞えばいいのかわからないため会食はおそろしい」21.7であった。この項目は発達障害当事者のチェック率20.0％に対して受講学生のチェック率が1.7％と低い。次いで，「42. においの強い食品は食べられない」17.0,「239. 大人数の食事は，音や匂いなどの情報があふれて辛い」16.5,「63. 自分が予想していた味と違う味だと食べられない」15.8,「98. 魚の小骨は全部はずさないと，必ずのどに引っかかってしまう」15.2,「28. 色や形以前に，見るだけで気持ち悪かったり，怖い食べ物がある」15.0と続いた。**図2.29**に示した項目はいずれも 1 ％水準で有意差がみられた。

　χ^2 検定やオッズ比推定による対象者間の比較において，発達障害当事者は受講学生に比べて食に関する困難を示す割合が有意に大きいことが明らかとなった。次に各項目間で，発達障害当事者の抱える困難に差があるのか否かを明らかにするために残差分析を行った。

　残差分析の結果を**表2.1**に示した。項目間で比較すると「摂食中枢」「食卓用品」「食に関する人の問題」の項目で他の項目よりも 1 ％水準で有意に困難があり，また「食事量」の項目で他の項目よりも 5 ％水準で有意に困難があることがわかった。

　次に，食の困難に関する調査項目全260項目のうち，残差分析の結果，標準残差偏差値が大きく，発達障害当事者が他の項目に比べて特に困難を抱え

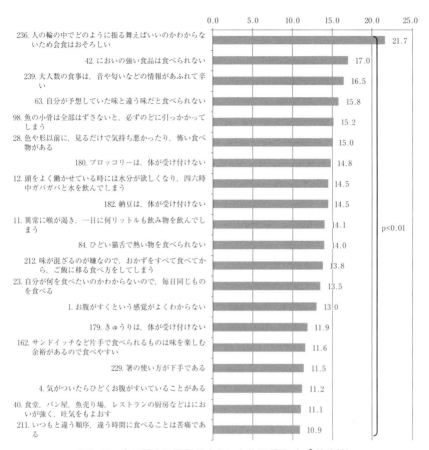

図2.29 食に関する困難の大きい上位20項目（χ^2値比較）

る傾向の大きい上位20項目を図2.30に示した。発達障害本人の困難を示す割合が最も大きい項目は「156. 一度好きになったメニューや食べ物にはかなり固執する」12.3であった。この項目は発達障害当事者，受講学生ともにチェック率が26％前後と大きいことから，障害の有無に限らず誰もが抱えうるものであることが推測される。次いで，「229. 箸の使い方が下手である」10.8,「26. 食欲の差が激しく，食欲のない時はとことん食べず，ある時は

表2.1　大項目間の残差分析結果

大項目	調整された残差
摂食中枢	13.36
感覚器	−0.08
消火器	−4.11
循環器	−5.62
免疫・アレルギー	−12.02
その他	−3.84
食嗜好	1.08
食事量	2.46
食べ方	−2.86
食卓用品	3.96
食に関する場所	−0.32
食に関する人の問題	9.66
食に関する状況の問題	−0.92
その他	1.00

とことん食べまくる」10.4,「4. 気がついたらひどくお腹がすいていることがある」9.9,「237. 誰かに見られながら食べることは苦である」9.0,「84. ひどい猫舌で熱い物を食べられない」8.2と続いた。なお，図2.30に示した項目はいずれも1%水準で有意差がみられた。

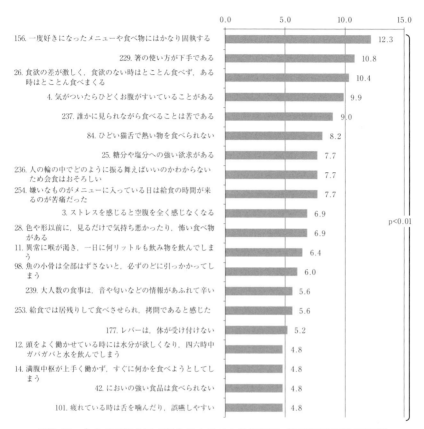

図2.30 本人が困難を示す割合の大きい上位20項目（標準正規偏差値比較）

4．食の困難の理解・支援に関する調査の結果

4.1 体の構造と食物

4.1.1 摂食中枢

摂食中枢に関する理解・支援の調査項目全7項目のうち，発達障害当事者のチェック率が最も大きい項目は「261．空腹の目安として一番頼りにしているのは時刻である」14.6％，次いで「264．こまめにおやつをつまむこと

を認めてほしい」13.9%であった。その他「66. 周りの人が食べている姿を見ると，自然と食べようという気持ちになる」13.1%，「267. 食欲がなくても，家族や大好きな人が食べている姿をみると食欲が出てくる」「265. 無農薬野菜で作る料理は自然と食欲をかきたてる」がともに11.7%と続いた。

　χ^2検定の結果を**図2.31**に示した。χ^2値の大きい項目ほど周囲からの理解が得られにくく，「食」の困難に関する理解・支援を特に必要とする項目であると考えられる。摂食中枢の中で最も理解・支援を必要とする項目は「264. こまめにおやつをつまむことを認めてほしい」8.6，次いで「261. 空腹の目安として一番頼りにしているのは時刻である」7.8，「263. 一度に少量ずつ何回も食べることで，空腹になるのを防いでいる」7.2であり，これらは1％水準で有意差がみられた。

　次にオッズ比推定の結果を**図2.32**に示した。摂食中枢の中で最も理解・支援を求める項目は「264. こまめにおやつをつまむことを認めてほしい」4.6，次いで「261. 空腹の目安として一番頼りにしているのは時刻である」3.9であり，これらは1％水準の有意差がみられた。また，有意差はみられなかったもののオッズ比が大きいのは「263. 一度に少量ずつ何回も食べることで，空腹になるのを防いでいる」15.7，「262. 給水や昼食の時間をあらかじめ決めてほしい」6.4であった。

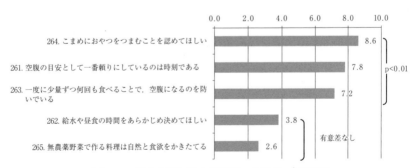

図2.31　摂食中枢に関する理解・支援のχ^2値比較

第 2 章　61

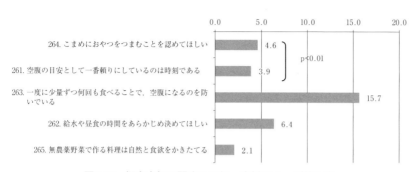

図2.32　摂食中枢に関する理解・支援のオッズ値比較

4.1.2　感覚器系

　感覚器系に関する理解・支援の調査項目全11項目のうち，発達障害当事者のチェック率が最も大きい項目は「276．ガムを噛むと気持ちが安定する」18.2％，次いで「268．生野菜は火を通せば，においがしなくなる」8.0％であった。その他，「269．生野菜は和風・中華・青じそドレッシングをかけると，雑草の臭いがかなり消える」7.3％，「275．堅くてこりこりするものや，噛みごたえのあるしこしこしたものを噛むと落ち着く」6.6％，「272．味付けはスパイスたっぷりで，香味のキツイものなら食べられる」「274．歯ごたえのあるものをふりかければ嫌いな食感をごまかせる時もある」がともに5.1％と続いている。

　χ^2検定の結果を図2.33に示した。感覚器系のなかで最も理解・支援を必要とする項目は「268．生野菜は火を通せば，においがしなくなるのでそうしてほしい」10.0，次いで「276．ガムを噛むと気持ちが安定する」7.5であり，1％水準で有意差がみられた。その他，「274．歯ごたえのあるものをふりかければ嫌いな食感をごまかせる時もある」6.3，「277．舌触りが柔らかく，口の中に刺さらない食べものは食べられる」5.3，「269．生野菜は和風・中華・青じそドレッシングをかけると，雑草の臭いがかなり消えるのでそうしてほしい」4.5と続き，これらは5％水準で有意差がみられた。

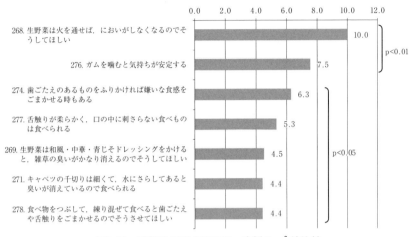

図2.33 感覚器に関する理解・支援のχ^2値比較

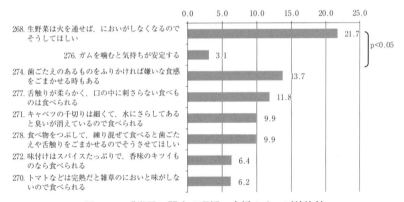

図2.34 感覚器に関する理解・支援のオッズ値比較

　オッズ比推定の結果を図2.34に示した。摂食中枢のなかで最も理解・支援を求める項目は「268．生野菜は火を通せば，においがしなくなるのでそうしてほしい」21.7，次いで「276．ガムを噛むと気持ちが安定する」3.1であり，これらは5％水準で有意差がみられ，残りの項目に有意差はみられなかった。有意差はみられなかったもののオッズ比の大きいのは「274．歯ごた

えのあるものをふりかければ嫌いな食感をごまかせる時もある」13.7,「277. 舌触りが柔らかく,口の中に刺さらない食べものは食べられる」11.8である。

4.1.3 咀嚼・嚥下,消化器系

咀嚼・嚥下,消化器系に関する理解・支援の調査項目は「279. 硬い物は大きく切り,柔らかい物は細かく切り,フォークを使って食べると誤嚥が減る」の全1項目のみで,チェック率は4.4%であった。χ^2検定の結果は図2.35であるが,「279. 硬い物は大きく切り,柔らかい物は細かく切り,フォークを使って食べると誤嚥が減る」のχ^2値は5.3で5%水準の有意差がみられた。オッズ比推定の結果は図2.36であるが,オッズ値は11.8と高い値を示したが有意差はみられなかった。

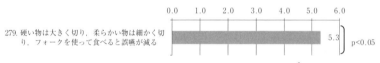

図2.35 咀嚼・嚥下,消化器に関する理解・支援のχ^2値比較

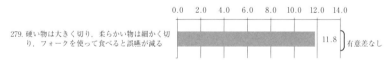

図2.36 咀嚼・嚥下,消化器に関する理解・支援のオッズ値比較

4.1.4 循環器系

循環器系に関する理解・支援の調査項目全2項目のうち,発達障害当事者のチェック率が最も大きい項目は「281. 香味野菜を食べるとエネルギーが体の内側からわいて,体も動かしやすくなる」5.1%,次いで「280. レタスを食べると頭や胸の中がさわやかになり,淀んだ感じがなくなり血がきれいになった感じがする」4.4%であった。

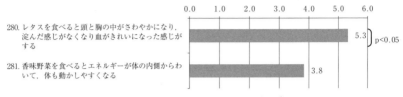

図2.37 循環器に関する理解・支援のχ^2値比較

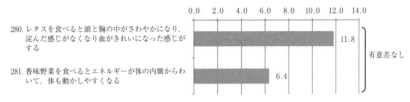

図2.38 循環器に関する理解・支援のオッズ値比較

　χ^2検定結果を図2.37に示したが,「280. レタスを食べると頭と胸の中がさわやかになり,淀んだ感じがなくなり血がきれいになった感じがする」5.3は5％水準で有意差がみられ,「281. 香味野菜を食べるとエネルギーが体の内側からわいて,体も動かしやすくなる」6.4には有意差はみられなかった。

　オッズ比推定の結果を図2.38に示したが,「280. レタスを食べると頭と胸の中がさわやかになり,淀んだ感じがなくなり血がきれいになった感じがする」11.8,「281. 香味野菜を食べるとエネルギーが体の内側からわいて,体も動かしやすくなる」6.4はともに有意差がみられなかった。

4.1.5　免疫・アレルギー

　免疫・アレルギーに関する理解・支援の調査項目全6項目のうち,発達障害当事者のチェック率が最も大きいのは「284.『無添加』と言う商品や,添加物の少ない食品を選んで食べている」8.0％,次いで「285. ファーストフードや全国チェーンの安いファミレスは添加物が多いので行かない」4.4％

であった．その他，「287．マルチビタミンやミネラルの錠剤を飲み始めてから，不安感が和らいだ」2.9％，「282．食品添加物の入った食べ物をやめてから，体の状態が良くなった」2.2％，「283．添加物の入った食べ物の摂取をやめてから，偏頭痛が軽くなり，慢性疲労や消耗感が薄らぎ，興奮状態になることも少なくなった」0.7％と続いている．

　χ^2検定結果の結果を図2.39に示した．免疫・アレルギーのなかで最も理解・支援を必要とする項目は「287．マルチビタミンやミネラルの錠剤を飲み始めてから，不安感が和らいだ」1.4，次いで「286．ビタミンＣの錠剤を飲み始めてから，歯茎から血が出ることが少なくなった」1.2であるが，いずれも有意差がみられなかった．

　オッズ比推定の結果を図2.40に示した．循環器のなかで最もオッズ比の大きい項目は「287．マルチビタミンやミネラルの錠剤を飲み始めてから，不安感が和らいだ」3.5，次いで「282．食品添加物の入った食べ物をやめてから，体の状態が良くなった」「283．添加物の入った食べ物の摂取をやめてから，偏頭痛が軽くなり，慢性疲労や消耗感が薄らぎ，興奮状態になることも少なくなった」がともに2.6であった．しかし，図2.40に示した項目はいずれも有意差がみられなかった．

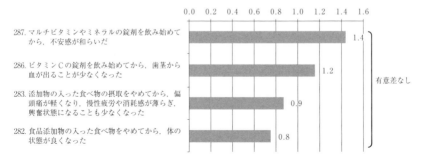

図2.39　免疫・アレルギーに関する理解・支援のχ^2値比較

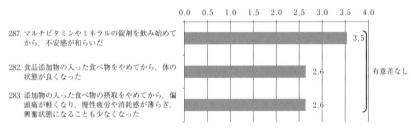

図2.40 免疫・アレルギーに関する理解・支援のオッズ値比較

4.2 食生活

4.2.1 食嗜好

　食嗜好に関する理解・支援の調査項目全9項目のうち，発達障害当事者のチェック率が最も大きいのは「296. 自分で選んだ食べ物は，おいしく味わい，楽しむことができる」21.9%，次いで「291. 自ら愛情を持って育てた食物は，食べられるようになった」であった。その他，「294. 生活全体に余裕が出ると，色々な物が食べられ，消化できるようになった」と「295.『これが食べたいの？』と聞かれてもわからないが『これが食べたくないの？』と聞かれると自分の気持ちを確認することが出来る」がともに5.1%，「292. みんなの食べている物を食べたいと思ってまねをしたので，食べられる物が増えた」4.4%と続いている。

　χ^2検定結果を図2.41に示した。食嗜好のなかで最も理解・支援を必要とする項目は「296. 自分で選んだ食べ物は，おいしく味わい，楽しむことができる」8.8，次いで「291. 自ら愛情を持って育てた食物は，食べられるようになった」3.8であった。その他，「294. 生活全体に余裕が出ると，色々な物が食べられ，消化できるようになった」2.2，「289. ピーマンは若くてやわらかいうちに収穫すると，歯ざわりもにおいも，苦味も少ないので食べることができる」1.8，「295.『これが食べたいの？』と聞かれてもわからないが『これが食べたくないの？』と聞かれると自分の気持ちを確認することが出来る」1.1と続いた。なお，図2.41に示した項目は上位1項目のみに

第2章　67

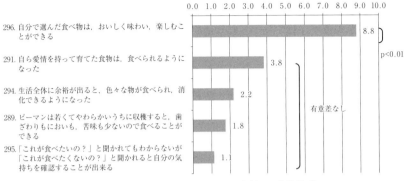

図2.41　食嗜好に関する理解・支援のχ^2値比較

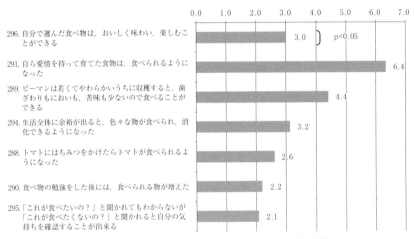

図2.42　食嗜好に関する理解・支援のオッズ値比較

1％水準の有意差がみられたが，残りの項目に有意差はみられなかった。

オッズ比推定の結果を図2.42に示した。食嗜好の中で最も理解・支援を求める項目は「296. 自分で選んだ食べ物は，おいしく味わい，楽しむことができる。」3.1であった。有意差はみられなかったものの，オッズ比の高かったのは「291. 自ら愛情を持って育てた食物は，食べられるようになった」6.4，「289. ピーマンは若くてやわらかいうちに収穫すると，歯ざわりもに

おいも，苦味も少ないので食べることができる」4.4,「294. 生活全体に余裕が出ると，色々な物が食べられ，消化できるようになった」3.2であった。

4.2.2 食事量

食事量に関する理解・支援の調査項目は全3項目のみであり，発達障害当事者のチェック率が最も大きいのは「297. 食事は一人分ずつ分けてあると，食べる量がわかりやすいのでそうしてほしい」13.9%，次いで「298. お皿からとるおかずはとり皿を決めて，食べすぎを減らすようにしている」10.2%,「299. カロリー計算の勉強をしてから，夕ご飯の後に食べすぎて具合が悪くなることがなくなった」4.4%であった。

χ^2検定結果を図2.43に示した。食事量の中で最も理解・支援を必要とする項目は「298. お皿からとるおかずはとり皿を決めて，食べすぎを減らすようにしている」7.9，次いで「297. 食事は一人分ずつ分けてあると，食べる量がわかりやすいのでそうしてほしい」7.0であった。なお，この2項目において1％水準の有意差がみられ，残りの項目に有意差はみられなかった。

オッズ比推定の結果を図2.44に示した。食事量の中で最も理解・支援を必要とする項目は「298. お皿からとるおかずはとり皿を決めて，食べすぎを減らすようにしている」6.7，次いで「297. 食事は一人分ずつ分けてあると，食べる量がわかりやすいのでそうしてほしい」3.7であった。なお，図2.44

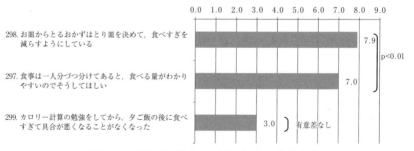

図2.43　食事量に関する理解・支援のχ^2値比較

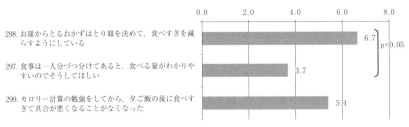

図2.44 食事量に関する理解・支援のオッズ値比較

に示す項目は上位2項目で有意差がみられ、残りの項目に有意差はみられなかった。食事量を調節するためお皿や盛りつけ方などに関する理解・支援を求めている人が多いことがわかる。

4.3 食事と環境

4.3.1 食卓用品

食卓用品に関する理解・支援の調査項目は全2項目のみであり、発達障害当事者のチェック率は「300. 金属音が嫌いなのでプラスチック製や木製の食器にしてほしい」9.5%、「301. 持参したカトラリーセットを使うことを認めてほしい」3.6%であった。

χ^2検定の結果を図2.45に示したが、「301. 持参したカトラリーセットを使うことを認めてほしい」4.4は5％水準で有意差がみられ、「300. 金属音が嫌いなのでプラスチック製や木製の食器にしてほしい」はチェック率は高かったものの、有意差が見られなかった。オッズ比推定の結果を図2.46に示したが、「301. 持参したカトラリーセットを使うことを認めてほしい」9.9

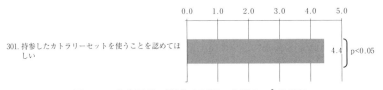

図2.45 食卓用品に関する理解・支援のχ^2値比較

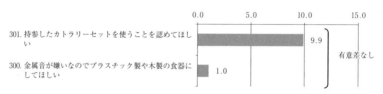

図2.46 食卓用品に関する理解・支援のオッズ値比較

であったが，有意差はみられなかった。

4.3.2 食事場所

　食事場所に関する理解・支援の調査項目は全2項目のみであり，発達障害当事者のチェック率は「303. 外食でも個室だと食べること出来る」8.0%，「302. 行きつけのお店では毎回同じ座敷，座る席順も同じなので安心出来る」6.6%であった。

　χ^2検定の結果を図2.47に示した。食事場所に関して最も理解・支援を必要とする項目は「303. 外食でも個室だと食べること出来る」10.0（1％水準で有意差がみられた），次いで「302. 行きつけのお店では毎回同じ座敷，座る席順も同じなので安心出来る」5.6であった（5％水準で有意差がみられた）。

　オッズ比推定の結果を図2.48に示した。食事場所に関して最も理解・支援を求める項目は「303. 外食でも個室だと食べること出来る」21.7，次いで「302. 行きつけのお店では毎回同じ座敷，座る席順も同じなので安心出来る」8.3であった。これらの項目はいずれも5％水準の有意差がみられた。

　関係して，「304. 一人にさせてもらえば，少しは食べられるときもある」のチェック率は8.0%，χ^2検定では「304. 一人にさせてもらえば，少しは食べられるときもある」のχ^2値は7.4で，1％水準で有意差が見られ，オッズ比推定の結果でもオッズ値は10.3と高い値を示し，5％水準で有意差がみられた。

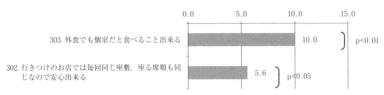

図2.47 食事場所に関する理解・支援のχ^2値比較

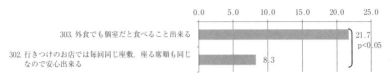

図2.48 食事場所に関する理解・支援のオッズ値比較

4.3.3 食事の状況

　食事の状況に関する理解・支援の調査項目は全2項目のみであり，発達障害当事者のチェック率が最も大きい項目は「306．新しい食べ物は，事前に紹介されていれば大丈夫である」9.5％，次いで「305．みんなで食べる時には一皿でおしまいのものなら食べることができる」4.4％であった。

　χ^2検定の結果を図2.49に示した。食事の状況に関して最も理解・支援を必要とする項目は「306．新しい食べ物は，事前に紹介されていれば大丈夫である」9.2（1％水準で有意差あり），次いで「305．みんなで食べる時には一皿でおしまいのものなら食べることができる」5.3（5％水準で有意差あり）であった。

　オッズ比推定の結果を図2.50に示した。食事の状況に関して最も理解・支援を求める項目は「306．新しい食べ物は，事前に紹介されていれば大丈夫である」12.4であった（5％水準で有意差あり，残りの項目に有意差はみられない）。有意差はみられなかったものの，オッズ比が大きいのは「305．みんなで食べる時には一皿でおしまいのものなら食べることができる」11.8であった。

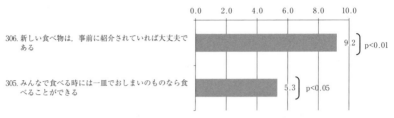

図2.49 食事の状況に関する理解・支援のχ^2値比較

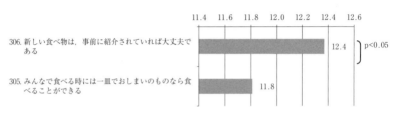

図2.50 食事の状況に関する理解・支援のオッズ値比較

4.4 発達障害当事者が求める理解・支援の上位20項目

　食の理解・支援に関する調査項目全46項目のうち，χ^2検定の結果，理解・支援を必要とすると考えられる上位20項目を図2.51に示す。最も理解・支援を必要とする項目は「268．生野菜は火を通せば，においがしなくなるのでそうしてほしい」と「303．外食でも個室だと食べること出来る」でともに10.0，次いで「306．新しい食べ物は，事前に紹介されていれば大丈夫である」9.2，「296．自分で選んだ食べ物は，おいしく味わい，楽しむことができる」8.8，「264．こまめにおやつをつまむことを認めてほしい」8.6，「298．お皿からとるおかずはとり皿を決めて，食べすぎを減らすようにしている」7.9と続いた。

第 2 章　　73

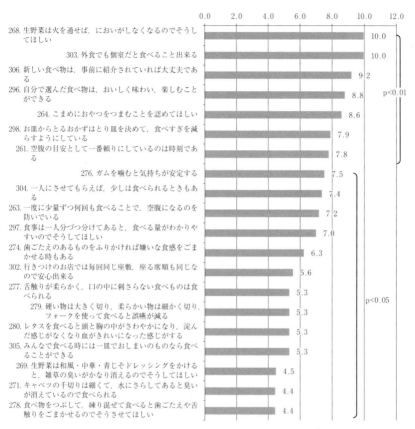

図2.51　本人が必要とする理解・支援の上位20項目（χ^2値比較）

　χ^2検定やオッズ比推定により，発達障害当事者は受講学生に比べて「食に関する理解・支援を求める」割合が有意に大きいことが明らかとなった。次に，項目間で発達障害本人の求める理解・支援の程度にどのような差があるのかを明らかにするために残差分析を行った。

　残差分析の結果を表2.2に示す。項目間で比較すると，「摂食中枢」の項目で他の項目よりも1％水準で有意に理解・支援を必要としており，また「食事量」の項目で他の項目よりも5％水準で有意に理解・支援を必要としてい

表2.2 大項目間の残差分析結果

大項目	調整された残差
摂食中枢	5.75
感覚器	−0.65
消火器	−1.06
循環器	−1.27
免疫・アレルギー	−4.41
食嗜好	−1.84
食事量	2.44
食卓用品	−0.02
場所	0.48
人	0.68
状況	0.23

ることが明らかとなった。

　次に，食の理解・支援に関する調査項目全46項目のうち，残差分析の結果，標準残差偏差値が大きく，発達障害当事者が他の項目に比べて特に理解・支援を求める傾向の大きい上位8項目を図2.52に示す。

　発達障害本人の理解・支援を求める割合が最も大きい項目は「296．自分で選んだ食べ物は，おいしく味わい，楽しむことができる」8.2であった。次いで，「276．ガムを噛むと気持ちが安定する」6.1，「261．空腹の目安として一番頼りにしているのは時刻である」4.1，「264．こまめにおやつをつまむことを認めてほしい」と「297．食事は一人分ずつ分けてあると，食べる量がわかりやすいのでそうしてほしい」がともに3.7，「266．周りの人が食べている姿を見ると，自然と食べようという気持ちになる」3.3と続いた。これらの項目は1％水準で有意差がみられた。

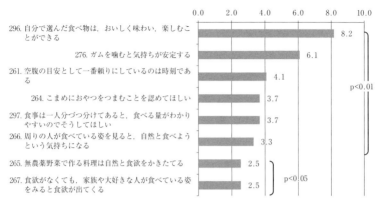

図2.52 発達障害当事者が理解・支援を求める割合の大きい上位8項目

5．考察

5.1 摂食中枢系の食の困難と支援

「異常に喉が渇く」「お腹が空くという感覚がない」など空腹や満腹，食欲を「全く感じない」，逆に「異常に感じる」といった特有の身体感覚を抱える人が多いことが明らかとなった。満腹や空腹は脳の視床下部が身体の血糖値やホルモンの増減を敏感に感知することで感じることができる感覚である（今田：2005）。発達障害当事者の場合には空腹，満腹を感知する摂食中枢機能に何らかの困難を抱えている可能性が推測される。

このような特有の身体感覚により，「四六時中飲み物を飲む」「倒れそうになるまで全く食べない」「吐くまで食べてしまう」などの摂食行動に陥ってしまうことが推測される。空腹を感じることができないと食べ物に対する興味・関心も自然と失われ，食事を摂ることが負担・苦痛となり，栄養不足につながる恐れもある。このような摂食行動やその背景にある特有の感覚について，周囲の理解や支援が不可欠である。

発達障害当事者のなかには「胃の辺りがへこむ感じがする」「胃に膨張感がある」「ボーッとする」などの体の変化を感じてはいるものの，それらの

身体感覚をまとめあげて空腹感・満腹感と認識することが難しい人もいる（綾屋・熊谷：2008）。摂食に関する支援ニーズの調査結果では「時刻をきっかけに空腹に気がつくことができる」と感じている人が多いことが明らかとなり，まずは声掛けや給水の時間をこまめに設けるなど，自分の体の感覚に意識を向けるきっかけを作っていくことが重要である。また「周りの人が食べている姿を見ると，自然と食欲がでる」と感じている人も多いことから，学校給食などでは食べることを強要するのではなく，安心できる環境において，楽しく食べることが重要である。

5.2　感覚器系の食の困難と支援

「食べる」行為は，視覚・聴覚・嗅覚・味覚・触覚や温度覚，テクスチャーなどのうち，複数の感覚を統合して，「おいしさ」や「好み」「食欲」などを決定づけている。統合する複数の感覚は相互に影響しあい，例えば，「におい・嗅覚」が「味・味覚」に大きく影響する（日下部・和田：2011）。したがって，視覚・聴覚・嗅覚・味覚・触覚の五感に感覚情報調整処理障害（感覚過敏・低反応）があると，味わいに変化を及ぼし，「おいしさ」を感じにくくなったり，食べられる物が限られてしまう可能性がある。

感覚器系に関する支援ニーズの調査結果では「生野菜は火を通せば，においがしなくなるのでそうしてほしい」と感じている人が多いことが示されたが，食べ物の色・形などの見た目，におい，味，温度，テクスチャーなどは調理方法によって変化させることができるのであり，食べ物の苦手な要因を取り除くような調理方法の工夫が求められている。

また「ガムを噛むと気持ちが安定する」「堅くてこりこりするものや，噛みごたえのあるしこしこしたものを噛むと落ち着く」と回答した人も多くおり，好きな感覚刺激を取り入れることで緊張感を緩和できることが示された。体調や心理状態に応じて，ガムやあめなど本人が心理的安定を得ることのできる物を食べることを容認するなど柔軟な対応が求められる。

5.3　咀嚼・嚥下，消化器系の食の困難と支援

　「顎のコントロールが下手」「上手く飲み込めない」など特に咀嚼・嚥下の困難を示す人が多いことが示された。篠崎・川崎・猪野ほか（2007a，2007b）の研究においても，「健常」児と比較して ASD 児は「よく噛まずに飲み込む」「口いっぱいに詰め込む」などの困難を示す割合が高いことが報告されており，今回の調査結果からそのような行動の背景には「顎を上手く動かせない」「飲み込み方がわからない」など咀嚼・嚥下の遂行における口腔の不器用さが推測された。

　また「胃腸の働きが悪く，何を食べても下痢をしてしまう」など消化に困難を抱える本人も少なからずいることが示された。免疫の機能不全・脆弱性を有する発達障害者には腸内の真菌やバクテリアが増加しやすい傾向にあると言われている（ジュリー・マシューズ：2012）。真菌やバクテリアが増加すると腸内で炎症が起こりやすくなり，下痢や便秘などの問題を生じやすくなる。

　咀嚼・嚥下，消化器系の理解・支援では「硬い物は大きく切り，柔らかい物は細かく切り，フォークを使って食べると誤嚥が減る」と感じている人が多くいることが示されたが，学校給食などではゆっくり噛んで食べることができるような時間的配慮，食べやすい大きさに切って食べるなどの食べ方への配慮，残さず食べることを強要するのではなく，自分の状態に合わせて残すことを認めるなどの対応などが重要である。

5.4　循環器系の食の困難と支援

　髙橋・石川・田部（2011）の調査結果と同様に，発達障害当事者が受講学生よりも摂食による血圧の変化を敏感に感じていることが示された。「腕の血管が縮んで痛い」「頭の血管が脈打ち頭ががんがんと痛む」など，摂食に伴う循環器の働きにより，体の内部に痛みが生じることが示された。このような痛みを伴う場合には，食に対する恐怖感や嫌悪感など情緒面への悪影響が考えられ，摂食そのものが「苦痛」となってしまうおそれもある。

5.5　免疫・アレルギー系の食の困難と支援

　免疫，アレルギーにおいて有意差がみられた項目は多くはなかったものの，カフェインなどの刺激物に対して過敏に反応する人が多いことや多様なアレルギーを有していることが示された。自由記述ではナッツ類，キウイフルーツ，青魚，鶏肉，チョコレート，塩，砂糖，イースト菌，ビタミンＡ・Ｂ・Ｃ，ミネラル，鉄，カルシウム，アルカリなどのアレルゲンが記述され，そのアレルギー症状はアナフィラキシーや喘息など受講学生に比べて重症であるとの印象を受けた。

　有意差のみられた「卵アレルギーである」の項目では，発達障害当事者のチェック率は4.4％であったが，成人になっても卵アレルギーを示す人の割合は１～２％と言われており，発達障害当事者が卵アレルギーを示す割合は大きいことが推測される。

　アレルギーは消化吸収能力や腸管の免疫機能の発達によって，食物アレルゲンに過敏に反応しなくなる耐性ができて次第に改善すると考えられているが，発達障害当事者の場合には消化吸収能力や腸の機能において機能不全・脆弱性を有する傾向にあることからも，アレルギーの罹患率とも何らかの関係がある可能性が考えられる。

　免疫，アレルギーの理解・支援については「食品添加物の入った食べ物をやめてから体の調子が良くなった」と感じている人や意識的に食品添加物を摂取しないように努めている人が多いことが示された。

5.6　食生活における食の困難と支援
①食嗜好

　ブロッコリーやきゅうりの苦手さに関して，受講学生のチェック率０％に対して本人のチェック率は10％と高い割合を示しており，発達障害当事者に特有であることが明らかとなった。

　「食べ物以外も口に入れる」などの異食に関する項目も上位にあげられた。

異食の理由の一つには，東田（2010）が述べているように，心理的な安定を求めてタオルやえんぴつなど自分の好きな触刺激を取り入れることなどが考えられる。発達障害当事者が異食をする傾向にあるというのは，その背景に心理的側面が大きく影響していることが考えられる。

食嗜好の理解・支援については，「自分で選んだ食べ物は，おいしく味わい，楽しむことができる」と感じている人が多いことが示されたが，自分で選ぶ機会を設け，食べる楽しさを感じることができるような経験を積むことが必要である。また「自ら愛情を持って育てた食物は，食べられるようになった」という人も多いことが示されたが，野菜を育てたり，栄養の学習などを通して，まずは食物の恐怖感や不安感を軽減すること，そして食物への興味を引き出していくような支援が求められている。

②食事量

「どれくらいの量を食べればよいのかわからない」という困難を感じている人が多いことが示された。食事量の理解・支援については「食事量は一人分ずつ分けてあると，食べる量がわかりやすい」と感じているが多く，そうすることで経験を積み，少しずつ自らの適量を理解していくことが重要である。また食事量は薬や体調の影響，個人差によるものも大きいことから，学校給食などで「残さず食べる」ことを強要しないような対応が必要である。

③食べ方

髙橋・石川・田部（2011）の調査結果と同様に「食べ物の味が混ざるのが嫌で，ご飯とおかずを一緒に食べられない」と感じている人が多いことや，「食べる順番や一緒に食べる付け合せ」などに関する自分ルールを決めている人が多いことが示された。自由記述では「空間に慣れるのに時間がかかるので違う順序になるのは苦痛」「生活リズムが狂うから違う時間に食べるのは嫌である」などの記述がみられた。また，手先が不器用な人も多く（髙

橋・井戸・田部ほか：2014），細やかな手指の動きを必要とする食べ物などでは，上手く食べられずに，やむを得ず皮ごと食べるなどの食べ方を強いられている場合もある。食事の際には身体面にも配慮していく必要がある。

④食卓用品

「箸の使い方が下手である」「食器を使うのにエネルギーが必要である」などと感じている人が多く，篠崎・川崎・猪野ほか（2007a，2007b）の研究でも「食器が上手く使えない」という項目において ASD 児と「健常児」に有意差がみられたと報告している。このような背景には，手先の不器用さなどが影響しているケースが少なくない（髙橋・井戸・田部ほか：2014）。

食卓用品の理解・支援では「金属音が嫌いなのでプラスチック製や木製の食器にしてほしい」「持参したカトラリーセットを使うことを認めてほしい」と感じている人が多く，学校給食などでも普段使い慣れているカトラリーの使用を認めるなどの柔軟な対応が求められている。

⑤人との関係

人が多くて騒がしい食事場面や他人と談話しながらの会食といった状況下では，強い緊張や不安を感じてしまう人が多いことが示された。自由記述では「人と一緒だとどういうペースで食べていいかわからない」「緊張してあまり食べられない時が多々ある」という記述がみられた。食に関する人の問題についての理解・支援では「一人にさせてもらえば，少しは食べられるときもある」と感じている人が多く，学校給食などで，班で食べることを強要しないことや一人で落ち着いて食べられるような場所の準備などの対応が必要である。

⑥食に関する場所や状況

「直前まで勉強していた教室で食べるのは嫌である」「人や音などの情報が

あふれている場所では味なんてほとんどわからない」などの困難を感じている人が多いことが示された。食事場所に関する理解・支援では「外食でも個室だと食べること出来る」「行きつけのお店では毎回同じ座敷，座る席順も同じなので安心出来る」という意見が多く出されたが，篠崎・川崎・猪野ほか（2007a，2007b）らの研究では「いつもと違う場所」「違う人」「違う食器」において困難を示す ASD 児の割合は年齢が上がるにつれて減少傾向にあることが報告されているように，経験知が増えることで徐々にそうした困難も減少していくのではないかと考える。

「泊まりの学校行事では何も食べられなくなる」「ストレスのかかる食事場面では，自分が何をしているのかもわからなくなる」などと感じている人が多いことが示されたが，このことに関連して岩永（2010）は「発達障害本人の中には初めてのことや不安なことに直面したことによる情動の不安定さなどから，刺激に対して過反応を起こす場合がある」と述べている。

状況についての理解・支援では「新しい食べ物は，事前に紹介されていれば大丈夫である」「みんなで食べるときには，一皿でおしまいのものなら食べることができる」というように，食事の時間・場所や献立などの事前説明による心の準備などの配慮が必要である。

6．おわりに

本章では，高校生以上の成人を中心とした発達障害当事者への質問紙法調査を通して，発達障害当事者がどのような食の困難と支援ニーズを有しているのかを検討した。

発達障害当事者は受講学生（統制群）に比べて食に関する困難を示す割合が有意に大きく，食に関する理解・支援を求める割合も有意に大きいことが明らかとなった。発達障害当事者は，食べ物の苦手さだけではなく，「いろいろなにおいが混ざっている食事場所」「グループで食べること」「限られた時間内で食べること」「慣れない食器で食べること」などにおいても苦痛を

感じている。

　また，「子どもの頃に無理強いされたものは一番苦手なものになっている」「給食で居残りして食べさせられ，拷問であると感じた」という方も多い。学校給食や家庭において，親や教師が発達障害者の「食」の困難を「わがまま」ととらえて厳しい指導・対応をしてきたことが，「苦手さ」「恐怖感」をさらに増幅させてしまっているとも考えられる。残さずに食べることを強要するのではなく，食事量を自分で調整できるようにする，グループで食べることを強要しない，時間的なゆとりをもたせる，自前のカトラリーの使用を認めるなどの配慮や柔軟な対応が求められている。

第3章　学齢期を含む発達障害の当事者調査からみた
食の困難の実態と支援ニーズ

1．はじめに

　本章では，発達障害当事者調査の対象を小・中学生まで拡げた質問紙法調査を通して，発達障害等の発達困難を有する子どもがどのような食の困難と支援ニーズを有しているのかを明らかにしていく。

2．方法

　調査対象は，発達障害（ASD，LD，ADHD等）の診断・判定を有するあるいはその疑いがある小学生〜青年で，自身の食の困難について幼少期〜18歳以前を振り返って記述が可能な方である。発達障害支援関係団体などの協力を得ながら調査趣旨を説明し，承諾が得られた方に調査回答を依頼した。統制群として教育系大学・学部で発達障害教育関係講義を受講している学生にも同様の質問紙調査を実施し，結果を比較検討した。

　調査内容は第2章で使用した「『食』の困難・ニーズに関するチェックリスト」（全306項目）を精査し，121項目に再構成して使用した。同様に，第2章において検討した発達障害当事者の調査結果に示された「本人のニーズ」をもとに，支援ニーズのチェックリストを作成し，発達障害当事者への調査を実施した。

　調査方法は質問紙調査法（郵送または直接配布）であり，本人が記入できない場合は，本人の意見を聞き取りながら保護者等が代筆することを認めた。

　調査期間は2016年12月〜2018年3月，発達障害の診断・判定を有する発達障害当事者76名，教育系大学・学部で発達障害教育関係講義を受講している

学生115名から回答を得た。

　研究倫理上の配慮では，個人情報保護法および日本特殊教育学会，所属大学の研究倫理規定に基づいて調査を遂行した。インフォームド・コンセントの原則に立ち，調査協力者には「調査目的，調査責任者・連絡先，調査結果の利用・発表方法，秘密保持と目的外使用禁止」について事前に説明し了解を得ている。

3．結果

3.1．発達障害当事者の属性

　回答のあった発達障害当事者（n＝76名）の属性について，以下に示す。平均年齢23.0歳，最高年齢59歳，最少年齢7歳。性別は男性51名，女性25人。現在の所属は，小学校8名10.5％，中学校11名14.5％，高校7名9.2％，特別支援学校1名1.3％，高等教育機関10名13.2％，一般就労13名17.1％，福祉的就労13名17.1％，アルバイト6名7.9％，無職4名5.3％，その他3名3.9％（高等専修学校ほか）である。

　障害の診断・判定または疑い・傾向の種別は，学習障害（LD）15名19.7％，注意欠陥多動性障害（ADHD）23名30.3％，自閉症スペクトラム障害（ASD）38名50.0％，知的障害18名23.7％，その他11名14.5％であった（n＝76名，障害の重複あり）。これらの診断・判定を医療機関や専門機関等で正式に受けている者は56名81.2％である（n＝69名）。

　医療の指示等により食の困難の明確な者は76名中21名27.6％で，その内訳は食物アレルギー5名6.6％，アナフィラキシーショック1名1.3％，投薬による禁止食物2名2.6％，水分摂取に注意が必要1名1.3％，医師の指示による食事制限2名2.6％，極端な偏食9名11.8％，少食・過食7名9.2％，異食1名1.3％，その他1名1.3％である（n＝76名）。

3.2. 発達障害当事者の有する各種の発達困難

食の困難は，発達障害当事者の有する各種の発達困難とも関係していると想定されることから，まず各種の発達困難を把握した（**表3.1, 図3.1**）。発達障害当事者71名93.4%，受講学生97名84.3%が何らかの発達困難を有しているが，チェック数の平均は発達障害当事者11.7項目，受講学生5.1項目，中央値は発達障害当事者9.0項目，受講学生4.0項目，チェック数の最大値は発達障害当事者38項目，受講学生21項目であった（n＝発達障害当事者76名，受講学生115名）。

表3.1　発達障害当事者の有する各種の発達困難（複数回答）

	発達障害当事者 n＝76名		受講学生 n＝115名	
不安・ストレス・緊張が強い	31	40.8%	19	16.5%
気にしすぎる傾向がある	31	40.8%	25	21.7%
運動不足	30	39.5%	22	19.1%
就寝時間が遅い	29	38.2%	20	17.4%
こだわりが強い	28	36.8%	10	8.7%
姿勢が崩れがち	26	34.2%	13	11.3%
環境の変化が苦手	25	32.9%	11	9.6%
学習に困難がある	24	31.6%	1	0.9%
箸や鉛筆の扱いが下手	22	28.9%	3	2.6%
身体のだるさや疲れやすさ	22	28.9%	21	18.3%
肩こり・首痛・腰痛	21	27.6%	28	24.3%
集中力に欠ける・気が散りやすい	20	26.3%	14	12.2%
朝なかなか起きられない	20	26.3%	25	21.7%
運動・運動遊びが苦手	19	25.0%	5	4.3%
手先が不器用	19	25.0%	7	6.1%

指しゃぶり・つめかみ	18	23.7%	7	6.1%
滑舌が悪い	18	23.7%	11	9.6%
感覚の過敏	17	22.4%	2	1.7%
イライラしている	17	22.4%	2	1.7%
パニック・かんしゃく	17	22.4%	2	1.7%
あきらめが早い	17	22.4%	5	4.3%
イメージすることが苦手	17	22.4%	5	4.3%
口内炎・歯茎のはれ	17	22.4%	13	11.3%
睡眠不足	17	22.4%	19	16.5%
何もやる気がおこらない	16	21.1%	6	5.2%
冷え性・さむがり	16	21.1%	27	23.5%
汚れることを嫌がる	15	19.7%	6	5.2%
腹痛・下痢・過敏性腸症候群になりやすい	15	19.7%	15	13.0%
乗り物酔いしやすい	15	19.7%	22	19.1%
やせ	14	18.4%	3	2.6%
口が開きがち	14	18.4%	19	16.5%
歯並びが悪い	14	18.4%	24	20.9%
途中覚醒が多い・よく眠れない	13	17.1%	1	0.9%
睡眠リズムが安定しない	13	17.1%	12	10.4%
喘息・気道過敏・鼻炎・各種アレルギー	13	17.1%	15	13.0%
便秘がち	13	17.1%	19	16.5%
スキップやケンケンが苦手	12	15.8%	0	0.0%
頭痛になりやすい	12	15.8%	13	11.3%
つまずいて転びやすい	11	14.5%	4	3.5%
肥満	11	14.5%	6	5.2%
ゲップが多い・しにくい	11	14.5%	7	6.1%
舌や頬など口腔内を噛みやすい	11	14.5%	8	7.0%

歯軋り・いびき・寝言・寝返りが多い	11	14.5%	9	7.8%
虫歯になりやすい	11	14.5%	10	8.7%
立ちくらみやめまい	11	14.5%	25	21.7%
病気にかかりやすい	10	13.2%	2	1.7%
皮膚がかゆい・痛い・腫れる	10	13.2%	10	8.7%

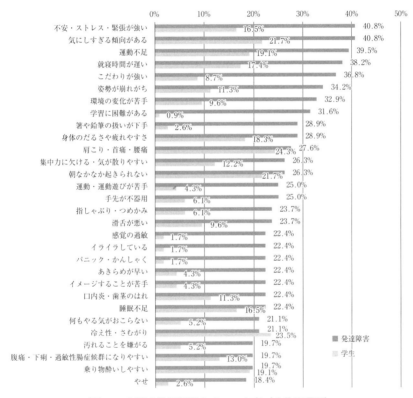

図3.1　各種の発達困難のチェック率（上位30項目）
（n＝発達障害当事者76名，受講学生115名）

発達障害当事者のチェック率の高い各種の発達困難に関する項目は，順に「不安・ストレス・緊張が強い」31名40.8％，「気にしすぎる傾向がある」31名40.8％，「運動不足」30名39.5％，「就寝時間が遅い」29名38.2％，「こだわりが強い」28名36.8％，「姿勢が崩れがち」26名34.2％，「環境の変化が苦手」25名32.9％，「学習に困難がある」24名31.6％，「箸や鉛筆の扱いが下手」22名28.9％，「身体のだるさや疲れやすさ」22名28.9％，「肩こり・首痛・腰痛」21名27.6％，「集中力に欠ける・気が散りやすい」20名26.3％，「朝なかなか起きられない」20名26.3％，「運動・運動遊びが苦手」19名25.0％，「手先が不器用」19名25.0％であった（n＝76名）。

3.3.　発達障害当事者の有する食の困難

発達障害当事者の抱える食の困難を把握するために，第 2 章で使用した「『食』の困難・ニーズに関するチェックリスト」（全306項目）を精査し，121項目に再構成して調査を実施した（**表3.2，図3.2**）。その結果，発達障害当事者76名中の67名88.2％，受講学生115名中の89名77.4％が何らかの食に関する困難を示しているが，チェック数の平均は発達障害当事者10.2項目，受講学生3.0項目，中央値は発達障害当事者6.0項目，受講学生2.0項目，チェック数の最大値は発達障害当事者61項目，受講学生16項目であった。

発達障害当事者のチェック率の高い項目は，「一度好きになったメニューや食べ物にはかなり固執する」28名36.8％，「箸の使い方が下手である」24名31.6％，「嫌いなものがメニューに入っている日は給食の時間が来るのが苦痛だった」15名19.7％，「異常に喉が渇き，一日に何リットルも飲み物を飲んでしまう」14名18.4％，「気がついたらひどくお腹がすいていることがある」14名18.4％，「食欲の差が激しく，食欲のない時はとことん食べず，ある時はとことん食べまくる」14名18.4％，「においの強い食品は食べられない」13名17.1％，「サンドイッチなど片手で食べられるものは味を楽しむ余裕があるので食べやすい」12名15.8％，「固さや食感によっては口に入れ

第3章　89

表3.2　発達障害当事者の食の困難に関するチェック項目（複数回答）

	発達障害当事者 n＝76名		受講学生 n＝115名	
一度好きになったメニューや食べ物にはかなり固執する	28	36.8%	17	14.8%
箸の使い方が下手である	24	31.6%	5	4.3%
嫌いなものがメニューに入っている日は給食の時間が来るのが苦痛だった	15	19.7%	13	11.3%
異常に喉が渇き，一日に何リットルも飲み物を飲んでしまう	14	18.4%	6	5.2%
気がついたらひどくお腹がすいていることがある	14	18.4%	11	9.6%
食欲の差が激しく，食欲のない時はとことん食べず，ある時はとことん食べまくる	14	18.4%	13	11.3%
においの強い食品は食べられない	13	17.1%	3	2.6%
サンドイッチなど片手で食べられるものは味を楽しむ余裕があるので食べやすい	12	15.8%	1	0.9%
固さや食感によっては口に入れるだけで苦しくなるほど不快な食物がいくつもある	12	15.8%	2	1.7%
しんどい時でも食べることができるのは，プリン・バナナ・白飯である	12	15.8%	3	2.6%
色や形以前に，見るだけで気持ち悪かったり，怖い食べ物がある	12	15.8%	4	3.5%
ひどい猫舌で熱い物を食べられない	12	15.8%	7	6.1%
誰かに見られながら食べることは苦である	12	15.8%	14	12.2%
人の輪の中でどのように振る舞えばいいのかわからないため会食はおそろしい	11	14.5%	1	0.9%
口の中で張りつくようなものやパサパサしたものは苦手である	11	14.5%	5	4.3%
給食では居残りして食べさせられ，拷問であると感じた	11	14.5%	8	7.0%
満腹中枢が上手く働かず，すぐに何かを食べようとしてしまう	11	14.5%	9	7.8%

だれが使ったか分からない食器を使うのは生理的に受け付けない	11	14.5%	15	13.0%
レトルト食品やカップラーメンなら食べられる	10	13.2%	0	0.0%
いつもと違う順序，違う時間に食べることは苦痛である	10	13.2%	0	0.0%
個数がはっきりした食べ物は安心する	10	13.2%	1	0.9%
色々な食べ物のにおいが混ざっている環境はとてもつらい	10	13.2%	8	7.0%
体が受け付けない食品がある	10	13.2%	8	7.0%
工業的に管理され，味がいつも同じ，重さも太さも包装の色も変わらないものは安心する	9	11.8%	0	0.0%
お腹がすいたと感じることはめったにない	9	11.8%	1	0.9%
食べ物に関しては無頓着である	9	11.8%	1	0.9%
大人数の食事は，音や匂いなどの情報があふれて辛い	9	11.8%	1	0.9%
生のトマトはだめでも，トマトジュースは好きでごくごく飲める	9	11.8%	1	0.9%
同じ皿に盛った料理をみんなで一緒につつくのは我慢ならない	9	11.8%	2	1.7%
味が混ざるのが嫌なのでおかずをすべて食べてからご飯に移るという食べ方をしてしまう	9	11.8%	3	2.6%
子どもの頃に無理強いされたものは一番苦手なものになっている	9	11.8%	4	3.5%
変な舌ざわりの物は食べたくない	9	11.8%	5	4.3%
辛いもの・スパイスの効いたもの，塩分や糖分が強すぎるものは体が受け付けない	9	11.8%	6	5.2%
高塩分や高糖分の食品，加工された食品を多く食べてしまう	9	11.8%	7	6.1%
疲れている時は舌を噛んだり，誤嚥しやすい	9	11.8%	7	6.1%
錠剤はのどに引っ掛かり，うまく飲み込めない	9	11.8%	9	7.8%
給食ではグループで食べるのがうるさくて嫌である	8	10.5%	1	0.9%

泊まりの学校行事などでは，全く食べることができなくなる	8	10.5%	1	0.9%
噛むのがいやなので，何でも丸飲みしたり，水で流し込んでしまう	8	10.5%	1	0.9%
一日に何回，一回にどれくらいの量を食べなければならないかわからない	8	10.5%	2	1.7%
みんながいつまでも話しながら食べているのは苦手である	8	10.5%	2	1.7%
東京の様な街はどこに行っても食べ物のにおいがする	8	10.5%	3	2.6%
食べ物の味が混ざり合うのが苦手である	8	10.5%	4	3.5%
頭をよく働かせている時には水分が欲しくなり，四六時中ガバガバと水を飲んでしまう	8	10.5%	5	4.3%
ストレスを感じると空腹を全く感じなくなる	8	10.5%	12	10.4%

るだけで苦しくなるほど不快な食べ物がいくつもある」12名15.8％，「しんどい時でも食べることができるのは，プリン・バナナ・白飯である」12名15.8％，「色や形以前に，見るだけで気持ち悪かったり，怖い食べ物がある」12名15.8％，「ひどい猫舌で熱い物を食べられない」12名15.8％，「誰かに見られながら食べることは苦である」12名15.8％である（n＝76名）。

　自由記述では「調理したものや加工されたものより，バナナなどが食べやすい」「できることならお菓子だけ食べていたい」「一人だと特に食べることが面倒臭い」「食事を大事にする気持ちがわからない」「キウイなど酸っぱいものがどうしても食べられず，給食でクラスメイトにからかわれて，無理強いされたことがある」などの意見が寄せられた。

　食べることへの嗜好を問うと，発達障害当事者は「とても好き」32名42.7％，「好き」27名36.0％，統制群は「とても好き」57名49.6％，「好き」53名46.1％である（n＝発達障害当事者75名，受講学生115名）。

　学校給食では，発達障害当事者は「とても好き」20名26.7％，「好き」22

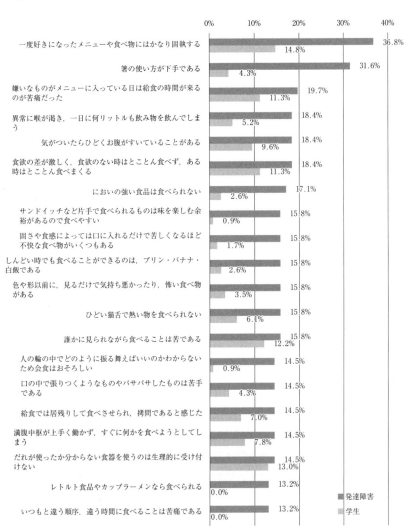

図3.2 発達障害当事者の食の困難に関するチェック率（上位20項目）
（n＝発達障害当事者76名，受講学生115名）

名29.3％，受講学生は「とても好き」28名24.3％，「好き」63名54.8％である（n＝発達障害当事者75名，受講学生115名）。発達障害当事者の学校給食が嫌いな理由の自由記述には「おいしくない」「食べられないものばかり」「待ってくれない・時間が足りない」「怒られる」「人と一緒に食べなくてはならない」等の声が寄せられた。

　発達障害当事者の学校給食の喫食状況は「いつも全部食べる」42名55.3％，「無理をして全部食べるようにしている」3名3.9％，「時々残すことがある」22名28.9％，「いつも残す」8名10.5％，「全く食べられない」1名1.3％であった（n＝76名）。受講学生では「いつも残す」2.6％，「全く食べられない」0％である（n＝115名）。発達障害当事者の残す・食べられない理由の自由記述には，「嫌いなものがあるから」9名42.9％，「おいしくないから」3名14.3％，「量が多すぎるから」2名9.5％，「みんなと一緒に食べることが苦手だから」2名9.5％，「どうしても体が受け付けない食べ物があるから」2名9.5％，「給食の時間が短いから」2名9.5％，「その他」1名4.8％である（n＝76名）。

　発達障害当事者の家庭での喫食状況は「いつも全部食べる」41名53.9％，「無理をして全部食べるようにしている」2名2.6％，「時々残すことがある」29名38.2％，「いつも残す」4名5.3％，「全く食べられない」0名であった（n＝76名）。受講学生では「いつも残す」0.9％，「全く食べられない」0％である（n＝115名）。

　食に関する気がかりや困っていることを問うた（**表3.3**，**図3.3**）。発達障害当事者のチェック率の高いものから順に，「食具（箸など）がうまく使えない」17名22.4％，「食事中の姿勢」17名22.4％，「食べこぼす」16名21.1％，「偏食」15名19.7％，「食欲や食事量にムラがある」12名15.8％であった（n＝発達障害当事者76名）。手先の操作や目と手の協応，姿勢などの身体操作の問題，偏食や食事量の調整などに関する困難が目立つ。

　偏食の状況を**図3.4**に示す。発達障害当事者の偏食の有無では，「非常にあ

表3.3 食に関する気がかりや困っていること（複数回答）

	発達障害 n＝76名		受講学生 n＝115名	
食具（箸など）がうまく使えない	17	22.4%	1	0.9%
食事中の姿勢	17	22.4%	4	3.5%
食べこぼす	16	21.1%	1	0.9%
偏食	15	19.7%	2	1.7%
食欲や食事量にムラがある	12	15.8%	5	4.3%
過食	11	14.5%	7	6.1%
食べられないものが多い	10	13.2%	3	2.6%
会食が苦手	9	11.8%	3	2.6%
丸飲み・流し込み	8	10.5%	1	0.9%
食事に時間がかかる	8	10.5%	4	3.5%
手づかみで食べる	7	9.2%	0	0.0%
欠食（朝食等）が多い	7	9.2%	4	3.5%
少食	6	7.9%	3	2.6%
食事中の落ち着きのなさ	5	6.6%	0	0.0%
食事中の離席・立ち歩き	5	6.6%	0	0.0%
見た目による食事の偏り	5	6.6%	1	0.9%
むせる	5	6.6%	1	0.9%
満腹感・空腹感を感じにくい	5	6.6%	3	2.6%
特定の味の好み	5	6.6%	4	3.5%
特定の人以外の手作りを受付けない	4	5.3%	0	0.0%
なかなか飲み込まない	4	5.3%	0	0.0%
医師による食事に関する制限・指導	4	5.3%	0	0.0%
食事マナーが悪い・定着しない	4	5.3%	1	0.9%
特徴的な食べ方がある	4	5.3%	2	1.7%
食事に対する意欲がない	3	3.9%	0	0.0%

咀嚼・嚥下が苦手	3	3.9%	0	0.0%
遊び食べ	3	3.9%	0	0.0%
食感による食事の偏り	3	3.9%	1	0.9%
水分をゴクゴク飲めない	2	2.6%	0	0.0%
口から出す	2	2.6%	0	0.0%
その他	2	2.6%	2	1.7%
食物で汚れることへの敏感さ	2	2.6%	3	2.6%
拒食	1	1.3%	0	0.0%
特定の人以外の食事介助を受付けない	1	1.3%	0	0.0%
食器具を投げる・落とす・ひっくり返す	1	1.3%	0	0.0%
同じ状況の指向（特定の食器・場所等）	1	1.3%	1	0.9%
他の人の皿・食べ物に手を出す	1	1.3%	1	0.9%

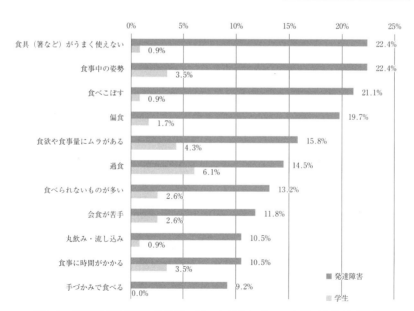

図3.3　食に関する気がかりや困っていることのチェック率（上位10項目）
（n＝発達障害当事者76名，受講学生115名）

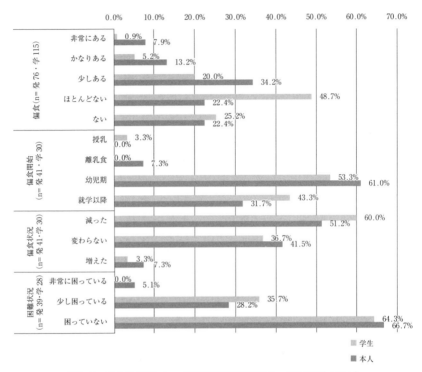

図3.4 偏食の状況（n＝発達障害当事者76人，受講学生115人）

る」6名7.9％,「かなりある」10名13.2％,「少しある」26名34.2％,「ほとんどない」17名22.4％,「ない」17名22.4％（n＝76名）。偏食の始まりは「離乳食」3名7.3％,「幼児期」25名61.0％,「就学以降」13名31.7％（n＝41名）で，成長・発達とともに偏食の状態が「減った」のは21名51.2％,「変わらない」17名41.5％,「増えた」3名7.3％であった（n＝41名）。

偏食が軽減した理由として,「食事の環境や周囲の人との関わりによって食べられるようになった気がする」「味噌汁に混ぜる，口に入れたらすぐに好きなもので流し込む等の自分なりの工夫と対処」「野菜が食べられなかったのは，野菜そのものではなく，マヨネーズやドレッシングが原因とわかっ

た」「味覚が変わった」などが挙げられた。

　自身の偏食に困っているかどうかでは，「非常に困っている」2名5.1%，「少し困っている」11名28.2%である（n＝39名）。家族や先生に「わかってもらえない」「わかってほしい」と思うような食に関する困難さがあるのは13名17.1%（n＝76名），どうしても「食べられない」のに，周囲に「わがまま」「好き嫌い」で「食べない」と言われたりして困ったことがあるのは21名27.6%であった（n＝76名）。

3.4. 食の困難に対する理解と支援

　上記に検討した食の困難に関して，発達障害当事者がどのような理解と支援を求めているのかについて問うた（**表3.4，図3.5**）。

　チェック率の高い順に，「残すこともできるようにする」17名22.4%，「好きなものを最後にするなど自分で順番を決めてよい」14名18.4%，「本人の希望する量を盛り付ける」12名15.8%，「調理法を変えて，味を変える」11名14.5%，「好きな料理で外食する」10名13.2%，「ほめる・頑張りを認める」10名13.2%，「一緒に調理をする」10名13.2%，「様々な場所で食べる経験を積む」9名11.8%，「一緒に買い物に行く（材料の搬入など，経過を示す）」9名11.8%であった（n＝76名）。

　さて，第2章において検討した発達障害当事者の調査結果に示された「本人のニーズ」をもとに，支援ニーズのチェックリストを作成し，発達障害当事者への調査を実施した（**表3.5，図3.6**）。

　チェック率の高い順に，「配膳時に量を調整したり，どうしても食べられない食材を入れないなど自分で決めさせてほしい」20名26.3%，「完食を強制せず，食べられないことも認めてほしい」19名25.0%，「食べたいもの等を本人に聞いて，それを大事にしてほしい」16名21.1%，「献立の詳細を事前に説明してほしい」12名15.8%，「野菜にドレッシング等をかけてにおいや味を変えることを認めてほしい」12名15.8%，「ふりかけ等をかけて苦手

表3.4　発達障害当事者が求める食の困難への理解と支援（複数回答）

	発達障害当事者 n＝76名		受講学生 n＝115名	
残すこともできるようにする	17	22.4%	5	4.3%
好きなものを最後にするなど自分で順番を決めてよい	14	18.4%	2	1.7%
本人の希望する量を盛り付ける	12	15.8%	3	2.6%
調理法を変えて，味を変える	11	14.5%	7	6.1%
好きな料理で外食する	10	13.2%	1	0.9%
ほめる・頑張りを認める	10	13.2%	1	0.9%
一緒に調理をする	10	13.2%	2	1.7%
様々な場所で食べる経験を積む	9	11.8%	1	0.9%
一緒に買い物に行く（材料の搬入など，経過を示す）	9	11.8%	2	1.7%
食べないものも一応食卓に出す（給食では配膳する）	8	10.5%	1	0.9%
必ず同じものを食卓に出すが，食べなくてもよい	8	10.5%	2	1.7%
調理法を変え，好きな食感に変える	7	9.2%	1	0.9%
パニックを起こしても焦らない	7	9.2%	1	0.9%
調理法を変えて，嫌いな食感を変える	7	9.2%	2	1.7%
どのような配慮・支援があれば楽しく又は少しでも負担なく食べることができるのか，本人の声を傾聴する	7	9.2%	3	2.6%
レンジで温める，作ったものをすぐに食べる	7	9.2%	4	3.5%
「〇分間は黙って食べる」「三角食べ」など食べ方を強制・ルール化しない	7	9.2%	5	4.3%
いつもと同じコップを選ばせる	6	7.9%	0	0.0%
本人が楽しく食べて過ごすことを意識する	6	7.9%	1	0.9%
「前回食べられたのに今日食べられないのはおかしい」というような声かけ・指導をしない	6	7.9%	3	2.6%

本人の好きな人・安心できる人がいつも介助する	5	6.6%	0	0.0%
丼ものなどはご飯と具材を別皿に盛りつける	5	6.6%	1	0.9%
同じ場所（椅子）で食べる	5	6.6%	1	0.9%
落ち着いて食べられる別室を用意する	5	6.6%	1	0.9%
初めて・嫌いな食材でもまずは口に入れる	5	6.6%	1	0.9%
見た目を見栄えよく，カラフルに盛り付ける	5	6.6%	2	1.7%
味をしみこませる（コトコト煮込む）	5	6.6%	3	2.6%
擦って混ぜ，スープ等にして繊維質をなくす	5	6.6%	5	4.3%
量が見えるお椀に入れる	4	5.3%	0	0.0%
硬さや形・大きさを一口サイズに統一する	4	5.3%	0	0.0%
少しずつ食べる量を増やす	4	5.3%	0	0.0%
「終わり」「次」を明確にする	4	5.3%	0	0.0%
食べなくても皆の「ごちそうさま」と同時にすぐに片づける	4	5.3%	1	0.9%
それとなく誘導し，介助者が強制・固執しない	4	5.3%	1	0.9%
家族（友達・教師）が楽しく食べているのを本人に見せる	4	5.3%	1	0.9%
自宅環境と同じにする（仕切りを作る）	3	3.9%	0	0.0%
好きな聴覚刺激を組み合わせる	3	3.9%	0	0.0%
調理法を変えて柔らかくする	3	3.9%	1	0.9%
野菜スープ等にして匂いを減らす	3	3.9%	1	0.9%
料理を一つずつ食べさせる	3	3.9%	1	0.9%
似ている料理に挑戦する	3	3.9%	2	1.7%
好きなものにわからないように混ぜる	3	3.9%	4	3.5%
調理の経過を示したり，調理室見学などを行う	2	2.6%	0	0.0%
容器を変更する・入れなおす	2	2.6%	0	0.0%
（味が混ざらないように）一口ずつ終わらせる	2	2.6%	0	0.0%
嫌いなものに好きな味覚刺激を徐々に混ぜる	2	2.6%	0	0.0%

スプーンに少量とって提示する	2	2.6%	0	0.0%
おなかがすくような運動を食事前にする	2	2.6%	0	0.0%
少しずつ量を増やし，気づかせないようにする	2	2.6%	2	1.7%
嫌いなものを好きな味覚刺激に混ぜる	2	2.6%	2	1.7%
れんげですくってあげる	1	1.3%	0	0.0%
決まったメーカーにする（A社のB味など）	1	1.3%	0	0.0%
嫌いなものに好きな触覚刺激を徐々に混ぜる	1	1.3%	0	0.0%
水分と固形物は分ける	0	0.0%	0	0.0%
食事指導の内容・ポイントをいつも同じにする	0	0.0%	1	0.9%

な食感や味を変えることを認めてほしい」11名14.5%，「個室・別室で食べることを認めてほしい」9名11.8%，「みんなとは違うものを食べることも認めてほしい（給食では弁当持参なども含む）」9名11.8%，「どうして食べられないのか，理由や気持ちを私によく聞いてほしい」8名10.5%，などである（n＝76名）。当事者の抱える困難やニーズをまずは聴いてほしい，受け止めてほしいという支援ニーズが上位に目立つ結果となった。

　「食べることに関する困りごと」について，学校や教師に知っておいてほしいことやしてほしいことが「ある」12名15.8%，学校の栄養士や調理員に知っておいてほしいことやしてほしいことが「ある」6名7.9%，家族に知っておいてほしいことやしてほしいことが「ある」5名6.6%であった（n＝76名）。

　学校や教師に知っておいてほしいことでは，「食べられないものを食べろといわないでほしい」「完食などを強制しないでほしい」「『残していいよ』と言ってほしかった。母が学校に許可を求めてくれた」などの切実な声に加えて，「どうしても食べられないものがあるということをちゃんと考えてほしい」「ちゃんと聞いてほしかった」「学校の先生には理解してほしい。もっと考えてほしい」と食べられないことへの理解・受けとめを求める声が多い。

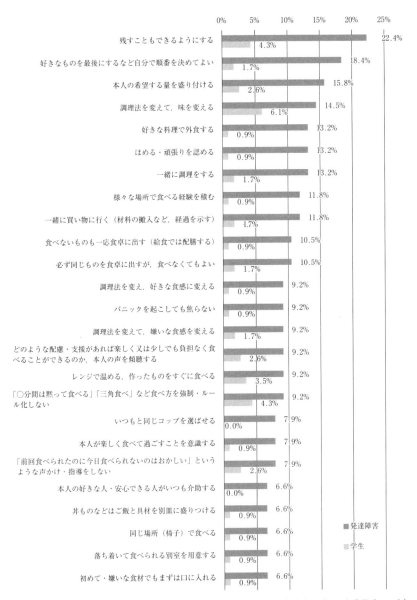

図3.5 食の困難への理解と支援（上位25項目）(n＝発達障害当事者76名，受講学生115名)

表3.5 発達障害当事者が求める食の困難に関する支援ニーズ（複数回答）

	発達障害当事者 n＝76名		受講学生 n＝115名	
配膳時に量を調整したり，どうしても食べられない食材を入れないなど自分で決めさせてほしい	20	26.3%	5	4.3%
完食を強制せず，食べられないことも認めてほしい	19	25.0%	7	6.1%
食べたいもの等を本人に聞いて，それを大事にしてほしい	16	21.1%	0	0.0%
献立の詳細を事前に説明してほしい	12	15.8%	0	0.0%
野菜にドレッシング等をかけてにおいや味を変えることを認めてほしい	12	15.8%	0	0.0%
ふりかけ等をかけて苦手な食感や味を変えることを認めてほしい	11	14.5%	2	1.7%
個室・別室で食べることを認めてほしい	9	11.8%	0	0.0%
みんなとは違うものを食べることも認めてほしい（給食では弁当持参なども含む）	9	11.8%	0	0.0%
どうして食べられないのか，理由や気持ちを私によく聞いてほしい	8	10.5%	2	1.7%
みんなと一緒に食べることを強要しないでほしい	7	9.2%	0	0.0%
食事（給食）以外の時間に持参した飴などを食べることを認めてほしい	7	9.2%	3	2.6%
苦手な食感や舌触りをなくすために揚げ物の衣をはがしたり，ソースをたくさんかけたりすることを認めてほしい	6	7.9%	0	0.0%
自分の適量・分量がわかるようにしてほしい	6	7.9%	0	0.0%
野菜の嫌なにおいがなくなるような工夫をしてほしい	6	7.9%	0	0.0%
自分の使いやすい食具を使いたいので箸を使うことを強要しないでほしい	6	7.9%	1	0.9%
自分の適量がわかるような支援をしてほしい	6	7.9%	1	0.9%
気持ちの安定のためにガムなどをかむことを認めてほしい	6	7.9%	4	3.5%

みんなとはちがう食器具を使うことも認めてほしい（給食では自分のはし持参なども含む）	5	6.6%	0	0.0%
取り分けたりして加減することが難しいので，自分の分はこれだけとわかるようにしてほしい	5	6.6%	0	0.0%
食べ物をつぶしたり，混ぜたり，かけたりするような食べ方をしていても，食べる努力をしているので指摘しないでくれた	5	6.6%	0	0.0%
どうしたら食べられるか，親や先生の方法ではなくて，私の意見を聞いたり一緒に考えてほしい	5	6.6%	1	0.9%
食べる場所・座席はいつも同じにしてほしい	4	5.3%	0	0.0%
おなかがすいた感覚がない，または優先順位が低いので，時刻を目安にするような支援をしてほしい	3	3.9%	0	0.0%
空腹になると落ち着かないので，食事（給食）以外の時間にも何かを食べることを認めてほしい	3	3.9%	2	1.7%
その他	1	1.3%	0	0.0%

　具体的に求める支援内容として，「マヨネーズを使いたい」「白米が食べられないので変わりになる主食を持っていく」「ご飯とおかずを別の皿に盛り付けてほしい。丼にしないでほしい」「野菜等にドレッシングやマヨネーズをかけないという選択肢がほしい」「メニューの調整をしてほしい」など味や形態への要望のほか，「お昼休みや掃除の時間にも食べさせられていた」「給食の時間を長くしてほしい」等の時間・環境調整への要望もあった。

　学校の栄養士や調理員に知っておいてほしいことでは，「果物の柿とコーンスープの匂いは吐きそうになる」など「どうしても食べられないものがあるということをちゃんと考えてほしい」「野菜等にドレッシングやマヨネーズをかけないという選択肢がほしい」「残すことができるようにしてほしい」「メニューを自分で選びたい」などの要望が挙げられた。

　家族に知っておいてほしいことでは，「嫌いなメニューを知ってほしい」のほか，「（食事中に）立ち歩くことを認めてほしい」「自分のペースで自分の好きなときに食べることを許してほしい（面倒くさいとき等，気分にムラがある

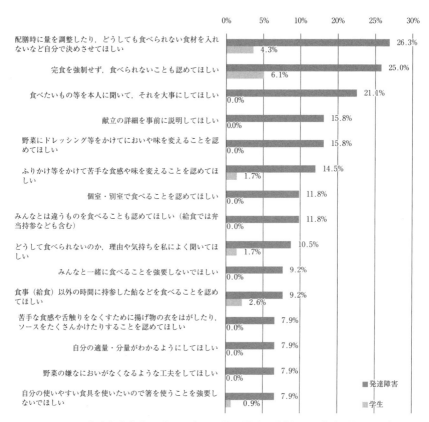

図3.6 発達障害当事者が求める食の困難に関する支援ニーズ（上位15項目）
（n＝発達障害当事者76名，受講学生115名）

ため）」「（食べることについて）強制しないでほしい」「残すこともできるようにしてほしい」など，食事の態度・マナーの許容を求めていた。

4．考察

上記で検討したように，発達障害当事者の抱える食の困難は顕著に多く，また多様である。髙橋・増渕（2008）も，発達障害当事者の感覚過敏・低反

応調査を通して「食感がダメで食べられないものがある」33％，「食べたことのないものはとても怖い」17％，「給食のにおいで気分がとても悪くなる」9.3％など，当事者特有の食の困難を明らかにしているが，本調査の結果と合わせて，これまで周囲から「わがまま」「自分勝手」であると言われてきた「食」の問題も，実は特有の感覚過敏・低反応や身体調整機能の困難に起因しているのではないかと推察される。

また，図3.7に示したように，「食の困難」と「身体上の困難」に関するチェック数の相関をみると，発達障害当事者の抱える「食の困難」と「身体上の困難」の困難は受講学生よりも分散が大きく，発達障害当事者の抱える困難の多様さを推察できる。

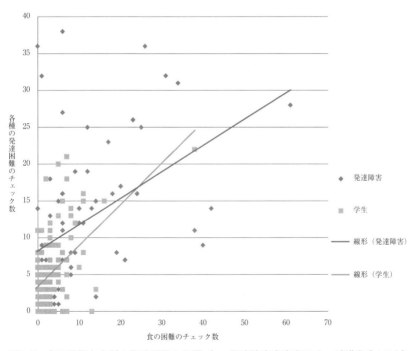

図3.7 食の困難と各種の発達困難の相関（n＝発達障害当事者76人，受講学生115人）

発達障害当事者の偏食の有無では，「非常にある」6名7.9%，「かなりある」10名13.2%，「少しある」26名34.2%であった（n＝76名）。永井（1983）は強い偏食の出現率は40～59%であると指摘し，立山・宮嶋・清水（2013），宮嶋・立山・矢野（2014），小島（2016）の調査では8割前後の自閉症児において食の偏りがあることが示されており，偏食の出現には幅がある。

本調査では，偏食の始まりは「離乳食」3名7.3%，「幼児期」25名61.0%，「就学以降」13名31.7%（n＝41名）であり，成長とともに偏食の状態が「減った」のは21名51.2%，「変わらない」17名41.5%，「増えた」3名7.3%であった（n＝41名）。偏食・食物選択性が生理的もしくは生来的なものであれば，離乳期からの偏りが見られると考えられるが，幼児期及び就学以降に始まるケースが多いことから，「身体上の困難」に示された「不安・ストレス・緊張が強い」31名40.8%，「気にしすぎる傾向がある」31名40.8%という発達障害当事者の有する身体感覚や不適応などの発達上の困難との関連も考えられる。

発達障害当事者は特に「感覚の過敏・低反応」「自律神経系，免疫・代謝の脆弱・不全に伴う各種の身体症状」などの身体感覚問題，周囲の無理解・厳しい躾・叱責・いじめ・被虐待等に伴う「不安・緊張・恐怖・抑うつ・ストレス」等を背景に，食物・料理・食器具・食事環境に関する過敏性，極端な偏食，異食，肥満，アレルギー等の極めて多様な困難を有する（髙橋・田部ら：2011）こととの関連が考えられる。

髙橋・石川・田部（2011）および髙橋・田部・石川（2012）は，発達障害当事者には感覚過敏・低反応や自律神経系・内分泌の脆弱性を有する傾向があるが，それらの状態像は不安やストレスによる影響を受けやすく，また安心と信頼の環境の下での経験の積み重ねや主体性（例：自分で作れば食べられる等）によって，状態像が大きく改善することを指摘している。山根・加藤（2007）も「人との信頼関係を築くことの難しさをもつ彼らも，自分で作ったものならば安心でき」「彼らにとって『主体的に食べ物を作ること』」は

『主体的に食べること』につながる可能性がある」と言及している。

　小島（2016）は，ASD 児は定型発達児と比較して新奇性恐怖を持ち，なじんだものにこだわることや食物の嗜好・選択を限定する行動をとりやすいことを指摘しているが，初めての食べ物への恐怖があることから，ASD 児は食のこだわり行動が長期化する可能性も示唆された。

　このように発達障害当事者は「不安・緊張・恐怖・ストレス」等を抱きやすく，それが新たな食べ物の摂食を拒ませ，その結果，すでに摂食経験のある「安心」な食事を選択しているにもかかわらず，周囲からは「偏食」と捉えられている可能性も考えられる。

　そうせざるを得ないゆえの「偏食」であるならば，慣れることを主とする支援ではなく，「偏食」状態の根源となっている発達障害当事者の「「不安・緊張・恐怖・ストレス」等を丁寧に把握・理解し，発達障害当事者の支援ニーズを十分に踏まえながら支援を進めていくことが不可欠である。

　本調査を通して，発達障害当事者は食べ物の苦手さだけではなく，「いろいろなにおいが混ざっている食事場所」「グループで食べること」「限られた時間内で食べること」「慣れない食器で食べること」などにおいても大きな苦痛を感じていた。また「子どもの頃に無理強いされたものは一番苦手なものになっている」「給食で居残りして食べさせられ，拷問であると感じた」という当事者も多く，それらが「食の苦手さ」「食の恐怖感」をさらに増幅させてしまう可能性も否定できない。

　学校において発達障害当事者の求める具体的支援では「配膳時に量を調整したり，どうしても食べられない食材を入れないなど自分で決めさせてほしい」20名26.3％，「完食を強制せず，食べられないことも認めてほしい」19名25.0％，「食べたいもの等を本人に聞いて，それを大事にしてほしい」16名21.1％，「みんなとは違うものを食べることも認めてほしい（給食では弁当持参なども含む）」9名11.8％，「どうして食べられないのか，理由や気持ちを私によく聞いてほしい」8名10.5％など，当事者の抱える困難・ニーズを，

まずはしっかりと聴いてほしい，受け止めてほしいという支援ニーズが数多く挙げられた。しかし，実態は「言っても変わらない」「わがままだといわれてしまうから言い出せない」などの言い出せない状況・雰囲気にあることも推察された。

　子どもの食の発達には，「この人から食べ物をもらって大丈夫」という子どもの大人への信頼関係・安心感が不可欠である（吉田：2000）。子どもの声を傾聴し，読み解きながら支援のあり方を検討することは，彼らの抱える特有の食の困難を考慮した食事指導の方法や当事者・保護者支援のあり方を確立していくための基本となるのである。

5．おわりに

　本章では，発達障害当事者調査の対象を小・中学生にまで拡げた質問紙法調査を通して，発達障害等の子どもがどのような食の困難と支援ニーズを有しているのかを検討した。

　発達障害当事者76名中の67名88.2％が何らかの食に関する困難を示し，その背景要因の一つとして，発達障害当事者は受講学生（統制群）とは異なる特有の身体感覚をもっていることが示された。これまで周囲から「わがまま」「自分勝手」であると言われてきた食の問題も，実は特有の感覚過敏・低反応や身体調整機能の発達困難に起因しているのではないかということが推察された。

　また，「食の困難」と「身体上の困難」に関するチェック数の相関をみると，発達障害当事者の抱える「食の困難」と「身体上の困難」は受講学生よりも分散が大きく，発達障害当事者の抱える発達困難の多様さを推察できる。発達障害者支援においては行動上の課題に注目されることが多いが，身体感覚の発達困難や身体上の不調・不具合にも着目していくことが重要である。

第4章　発達障害等の子どもの保護者調査からみた
食の困難の実態と支援ニーズ

1．はじめに

　本章では，発達障害等の子どもの保護者を対象とした質問紙法調査を通して，発達障害等の発達上の特性・困難を有する子どもがどのような「食の困難（偏食，食物選択性，咀嚼・嚥下困難等）」を有しているのか，また保護者は発達障害等の子どもの「食の困難」に対してどのような対応をし，支援を求めているのかを検討していく。

2．方法

　調査対象は，発達障害（ASD，LD，ADHD等）の診断・判定を有するあるいはその疑いがある子どもの保護者である。

　調査方法は，質問紙調査法（郵送または直接配布）であり，発達障害支援関係団体などの協力を得ながら会合等の際に調査の趣旨を説明し，承諾が得られた方に調査回答を依頼した。保護者が子どもへの確認を行う必要がある場合は，子ども本人の意見を聞き取りながら記入することを認めた。

　調査内容は，第3章にて用いた「『食』の困難・ニーズに関するチェックリスト」再構成版（121項目）を使用した。同様に，第2章・第3章において検討した発達障害当事者調査の結果に示された「本人のニーズ」をもとに，支援ニーズのチェックリストを作成し，発達障害等の子どもが抱える食の困難に対し，保護者が求める支援等に関する項目を加えている。本調査の結果を検証するため，第3章の発達障害当事者調査の結果と比較検討した。

　調査期間は2016年12月〜2018年3月であり，発達障害等の子どもの保護者

88名から回答を得た。

研究倫理上の配慮では，個人情報保護法および日本特殊教育学会，所属大学の研究倫理規定に基づいて調査を遂行した。インフォームド・コンセントの原則に立ち，調査協力者には「調査目的，調査責任者・連絡先，調査結果の利用・発表方法，秘密保持と目的外使用禁止」について事前に説明し了解を得ている。

3. 結果

3.1. 保護者の属性

回答のあった保護者の属性について以下に示す。保護者の平均年齢47.6歳，最高年齢69歳，最小年齢34歳である（n＝87名）。性別は男性3名，女性85人であった（n＝88名）。保護者の子どもの人数は「1人」23名，「2人」48名，「3人」15名，「4人」1名であり，発達障害等の子どもは「第1子」54名，「第2子」27名，「第3子」5名，「第4子」1名である（n＝87名）。

当該の子どもの平均年齢は15.7歳，最高年齢41歳，最少年齢4歳である（n＝87名）。性別は男性62名70.5％，女性26人29.5％であった（n＝88名）。

子どもの現在の所属は，小学校19名21.6％，中学校16名18.2％，高校13名14.8％，特別支援学校4名4.5％，高等教育機関6名6.8％，一般就労3名3.4％，福祉的就労5名5.7％，アルバイト1名1.1％，無職4名4.5％，その他17名19.3％である（n＝88名）。

子どもが有する障害の診断・判定または疑い（傾向）は，学習障害（LD）6名6.8％，注意欠陥多動性障害（ADHD）24名27.3％，自閉症スペクトラム障害（自閉症・アスペルガー症候群・その他の広汎性発達障害）61名69.3％，知的障害27名30.7％，その他7名8.0％，不明1名1.1％であった（n＝88名，障害の重複あり）。これらの診断・判定を医療機関や専門機関等で正式に受けている者は78名90.7％である（n＝86名）。

医療の指示等により食の困難が明確な子どもは88名中32名36.4％であり，

その内訳は，極端な偏食13名14.8%，少食・過食12名13.6%，食物アレルギー5名5.7%，水分摂取に注意が必要3名3.4%，投薬による禁止食物がある2名2.3%，異食2名2.3%，その他8名9.1%である（n＝88名）。

3.2. 子どもの有する各種の発達困難

食の困難は，発達障害当事者の有する各種の発達困難とも関係していると想定されることから，まずそれらの困難を把握した（**表4.1**，**図4.1**）。保護者88名中の85名96.6%，発達障害当事者76名中の71名93.4%が何らかの発達困難を有するが，チェック数の平均は保護者11.5項目，発達障害当事者11.7項目，中央値は保護者12.0項目，発達障害当事者9.0項目，チェック数の最大値は保護者33項目，発達障害当事者38項目である（n＝保護者88名，発達障害当事者76名）。

表4.1　保護者が認識している子どもの各種の発達困難（複数回答）

	発達障害 n＝76名		保護者 n＝88名	
学習に困難がある	24	31.6%	43	48.9%
姿勢が崩れがち	26	34.2%	42	47.7%
イメージすることが苦手	17	22.4%	42	47.7%
こだわりが強い	28	36.8%	37	42.0%
気にしすぎる傾向がある	31	40.8%	33	37.5%
集中力に欠ける・気が散りやすい	20	26.3%	33	37.5%
パニック・かんしゃく	17	22.4%	30	34.1%
喘息・気道過敏・鼻炎・各種アレルギー	13	17.1%	30	34.1%
運動不足	30	39.5%	29	33.0%
就寝時間が遅い	29	38.2%	28	31.8%
環境の変化が苦手	25	32.9%	28	31.8%
手先が不器用	19	25.0%	28	31.8%

口が開きがち	14	18.4%	28	31.8%
不安・ストレス・緊張が強い	31	40.8%	25	28.4%
箸や鉛筆の扱いが下手	22	28.9%	25	28.4%
運動・運動遊びが苦手	19	25.0%	23	26.1%
朝なかなか起きられない	20	26.3%	22	25.0%
やせ	14	18.4%	22	25.0%
感覚の過敏	17	22.4%	21	23.9%
歯並びが悪い	14	18.4%	21	23.9%
歯軋り・いびき・寝言・寝返りが多い	11	14.5%	21	23.9%
汚れることを嫌がる	15	19.7%	19	21.6%
妊娠・出産時トラブルがあった	5	6.6%	19	21.6%
指しゃぶり・つめかみ	18	23.7%	18	20.5%
身体のだるさや疲れやすさ	22	28.9%	17	19.3%
滑舌が悪い	18	23.7%	17	19.3%
あきらめが早い	17	22.4%	17	19.3%
皮膚がかゆい・痛い・腫れる	10	13.2%	17	19.3%
イライラしている	17	22.4%	16	18.2%
スキップやケンケンが苦手	12	15.8%	16	18.2%
きちんといすに座れない	5	6.6%	16	18.2%
乗り物酔いしやすい	15	19.7%	15	17.0%
母乳・ミルクを飲ませるのに苦労した	3	3.9%	15	17.0%
身体発育が遅い	1	1.3%	15	17.0%
低出生体重児だった	5	6.6%	14	15.9%
便秘がち	13	17.1%	13	14.8%
睡眠リズムが安定しない	13	17.1%	13	14.8%
右手ではし，左手で茶碗など，左右異なる動きが難しい	6	7.9%	13	14.8%
肩こり・首痛・腰痛	21	27.6%	12	13.6%

口内炎・歯茎のはれ	17	22.4%	12	13.6%
冷え性・さむがり	16	21.1%	12	13.6%
途中覚醒が多い・よく眠れない	13	17.1%	12	13.6%
咀嚼力が弱い	5	6.6%	12	13.6%
睡眠不足	17	22.4%	11	12.5%
中耳炎・耳下腺炎になりやすい	8	10.5%	11	12.5%
発熱しやすい	6	7.9%	11	12.5%
おねしょ，おもらしをよくする	5	6.6%	11	12.5%
病気にかかりやすい	10	13.2%	10	11.4%
感覚の低反応（感じにくい）	2	2.6%	10	11.4%
腹痛・下痢・過敏性腸症候群になりやすい	15	19.7%	9	10.2%
つまずいて転びやすい	11	14.5%	9	10.2%
その他	3	3.9%	9	10.2%
肥満	11	14.5%	8	9.1%
前歯が出ている	3	3.9%	8	9.1%
吐き気・嘔吐が多い	4	5.3%	7	8.0%
同年齢児より昼寝を含む睡眠時間が長い	3	3.9%	7	8.0%
何もやる気がおこらない	16	21.1%	6	6.8%
舌や頬など口腔内を噛みやすい	11	14.5%	6	6.8%
虫歯になりやすい	11	14.5%	5	5.7%
ゲップが多い・しにくい	11	14.5%	5	5.7%
不定愁訴	6	7.9%	5	5.7%
頭痛になりやすい	12	15.8%	4	4.5%
身体が痛い	5	6.6%	3	3.4%
立ちくらみやめまい	11	14.5%	2	2.3%
転んでも手が出ない	2	2.6%	2	2.3%

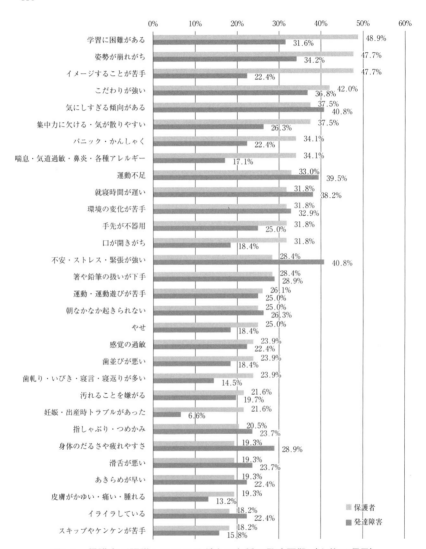

図4.1　保護者が認識している子どもの各種の発達困難（上位30項目）
（n＝発達障害当事者76名，保護者88名）

保護者のチェック頻度の高い項目から順に，「学習に困難がある」43名48.9％，「姿勢が崩れがち」42名47.7％，「イメージすることが苦手」42名47.7％，「こだわりが強い」37名42.0％，「気にしすぎる傾向がある」33名37.5％，「集中力に欠ける・気が散りやすい」33名37.5％，「パニック・かんしゃく」30名34.1％，「喘息・気道過敏・鼻炎・各種アレルギー」30名34.1％，「運動不足」29名33.0％，「就寝時間が遅い」28名31.8％，「環境の変化が苦手」28名31.8％，「手先が不器用」28名31.8％，「口が開きがち」28名31.8％と続く（n＝88名）。

　発達障害当事者調査では「不安・ストレス・緊張が強い」31名40.8％，「気にしすぎる傾向がある」31名40.8％が最多となっているが，保護者調査では発達障害の特性・症状が上位になる傾向となり，「不安・ストレス・緊張が強い」は25名28.4％となっている（n＝76名）。

3.3. 保護者が認識している子どもの食に関する困難

　保護者が認識している発達障害等の子どもが抱える食の困難を把握するために，第3章で用いた「『食』の困難・ニーズに関するチェックリスト」再構成版（121項目）を使用して調査を実施した（**表4.2, 図4.2**）。その結果，保護者88名中の80名90.9％，発達障害当事者76名中の67名88.2％が何らかの食に関する困難を示しているが，チェック数の平均は保護者8.5項目・発達障害当事者10.2項目，中央値は保護者6.0項目・発達障害当事者6.0項目，チェック数の最大値は保護者58項目・発達障害当事者61項目であったことから，保護者は発達障害当事者の抱える困難をほぼ把握していると推測される（n＝保護者88名，発達障害当事者76名）。

　保護者のチェック頻度が高かった項目から順に，「一度好きになったメニューや食べ物にはかなり固執する」37名42.0％，「箸の使い方が下手である」27名30.7％，「錠剤はのどに引っ掛かり，うまく飲み込めない」18名20.5％，「自分が予想していた味と違う味だと食べられない」17名19.3％，「何より嫌

表4.2 保護者が認識している子どもの食の困難に関するチェック項目（複数回答）

	発達障害 n＝76名		保護者 n＝88名	
一度好きになったメニューや食べ物にはかなり固執する	28	36.8%	37	42.0%
箸の使い方が下手である	24	31.6%	27	30.7%
錠剤はのどに引っ掛かり，うまく飲み込めない	9	11.8%	18	20.5%
自分が予想していた味と違う味だと食べられない	6	7.9%	17	19.3%
何より嫌なのは，新しいもの試しに食べてみることである	7	9.2%	15	17.0%
変な舌ざわりの物は食べたくない	9	11.8%	14	15.9%
味が混ざるのが嫌なのでおかずを全て食べてからご飯に移るという食べ方をしてしまう	9	11.8%	14	15.9%
食べ物の味が混ざり合うのが苦手である	8	10.5%	14	15.9%
噛むのがいやなので，何でも丸飲みしたり，水で流し込んでしまう	8	10.5%	14	15.9%
色や形以前に，見るだけで気持ち悪かったり，怖い食べ物がある	12	15.8%	13	14.8%
固さや食感によっては口に入れるだけで苦しくなるほど不快な食べ物がいくつもある	12	15.8%	13	14.8%
高塩分や高糖分の食品，加工された食品を多く食べてしまう	9	11.8%	13	14.8%
特定の店・メーカーのものしか食べられない食品がある	5	6.6%	13	14.8%
口の中で張りつくようなものやパサパサしたものは苦手である	11	14.5%	12	13.6%
糖分や塩分への強い欲求がある	10	13.2%	12	13.6%
その他	1	1.3%	12	13.6%
においの強い食品は食べられない	13	17.1%	11	12.5%
満腹中枢が上手く働かず，すぐに何かを食べようとしてしまう	11	14.5%	11	12.5%

工業的に管理され味がいつも同じ，重さも太さも包装の色も変わらないものは安心する	9	11.8%	11	12.5%
食べものでどうしても我慢できない舌触りがある	7	9.2%	11	12.5%
魚の小骨は全部はずさないと，必ずのどに引っかかってしまう	7	9.2%	11	12.5%
食べることにあまり興味がない	3	3.9%	11	12.5%
嫌いなものがメニューに入っている日は給食の時間が来るのが苦痛だった	15	19.7%	10	11.4%
ひどい猫舌で熱い物を食べられない	12	15.8%	10	11.4%
だれが使ったか分からない食器を使うのは生理的に受け付けない	11	14.5%	10	11.4%
ストレスを感じると空腹を全く感じなくなる	8	10.5%	10	11.4%
一日に何回，一回にどれくらいの量を食べなければならないかわからない	8	10.5%	10	11.4%
給食ではグループで食べるのがうるさくて嫌である	8	10.5%	10	11.4%
柔らかいものや，ぬるぬるした食感に耐えられない	7	9.2%	10	11.4%
食べ物の食べ方がへたで，皮が上手く剥けずに皮ごと食べているものがある	5	6.6%	10	11.4%
気がついたらひどくお腹がすいていることがある	14	18.4%	9	10.2%
誰かに見られながら食べることは苦である	12	15.8%	9	10.2%
色々な食べ物のにおいが混ざっている環境はとてもつらい	10	13.2%	9	10.2%
レトルト食品やカップラーメンなら食べられる	10	13.2%	9	10.2%
みんながいつまでも話しながら食べているのは苦手である	8	10.5%	9	10.2%
色のまじった食べ物は苦手である	5	6.6%	9	10.2%
どろっとしたとろみのある食べ物は大嫌いである	4	5.3%	9	10.2%
つぶつぶの入った食べ物は苦手である	3	3.9%	9	10.2%
体が受け付けない食品がある	10	13.2%	8	9.1%
お腹がすくという感覚がよくわからない	7	9.2%	8	9.1%

食べ物以外の物も口に入れたくなる	6	7.9%	8	9.1%
食事＝義務＝面倒である	3	3.9%	8	9.1%
食欲の差が激しく，食欲のない時はとことん食べず，ある時はとことん食べまくる	14	18.4%	7	8.0%
自分が何を食べたいのかわからないので，毎日同じものを食べる	7	9.2%	7	8.0%
給食は圧倒的に量が多く，食べるのがいつも遅い	5	6.6%	7	8.0%
生野菜は，シャリシャリした食感が嫌である	4	5.3%	7	8.0%
何か気になることがあると，口にいれたまま飲み込むことができなくなってしまう	4	5.3%	7	8.0%
食べ物を完全に飲み込まないうちに次を口に入れるとうまく飲み込めなくなってしまう	4	5.3%	7	8.0%
異常に喉が渇き，一日に何リットルも飲み物を飲んでしまう	14	18.4%	6	6.8%
お腹がすいたと感じることはめったにない	9	11.8%	6	6.8%
食べ物に関しては無頓着である	9	11.8%	6	6.8%
辛いもの，スパイスの効いたもの，塩分や糖分が強すぎるものは，体が受け付けない	9	11.8%	6	6.8%
大人数の食事は，音や匂いなどの情報があふれて辛い	9	11.8%	6	6.8%

なのは，新しいもの試しに食べてみることである」15名17.0%，「変な舌ざわりの物は食べたくない」14名15.9%，「味が混ざるのが嫌なのでおかずをすべて食べてからご飯に移るという食べ方をしてしまう」14名15.9%，「食べ物の味が混ざり合うのが苦手である」14名15.9%，「噛むのがいやなので，何でも丸飲みしたり，水で流し込んでしまう」14名15.9%，「色や形以前に，見るだけで気持ち悪かったり，怖い食べ物がある」13名14.8%，「固さや食感によっては口に入れるだけで苦しくなるほど不快な食べ物がいくつもある」13名14.8%，「高塩分や高糖分の食品，加工された食品を多く食べてしまう」13名14.8%，「特定の店・メーカーのものしか食べられない食品があ

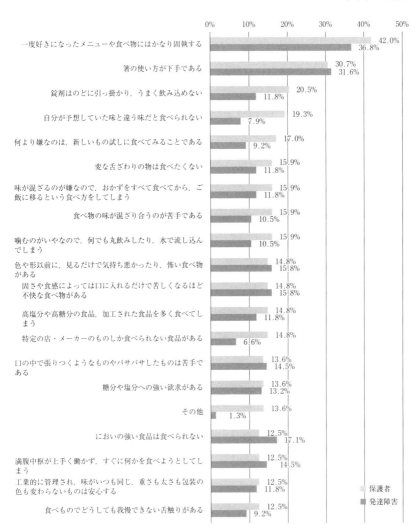

図4.2　保護者が認識している子どもの食の困難に関するチェック率（上位20項目）
（n＝発達障害当事者76名，保護者88名）

る」13名14.8%である（n＝88名）。

　自由記述では，具体的に「食べられるメニューは10種類くらいです（市販の特定のミートソース・カレー，自家製ハンバーグ・餃子・オムライス）。しかし外食先では，上記のメニューであっても香辛料が入っているせいか食べられません。給食にもまったく手を付けられませんでした。旅行先でも苦労しています」「飴などの少し硬くて大きなものを飲んでしまいます。飲んだ時の喉の感触を楽しんでいるような時さえあるので，窒息してしまわないか心配です。小さい梅干しの種やサクランボの種，ブドウの種などを口の中から出すことができません」「外だと水を飲まないので脱水になりやすい。みんなの食事の匂いが混ざると全く食べないので，別の場所で食べたりする。日によって食事量や好みが変わる。食べられるものの方が少なく，何を作ったらよいかわからない」等の記述があった。

　保護者が発達障害等の子どもの食に関する躾において，特に気にかけていることを挙げる（図4.3）。「基本的な食事マナー」59名67.0%，「身支度や手

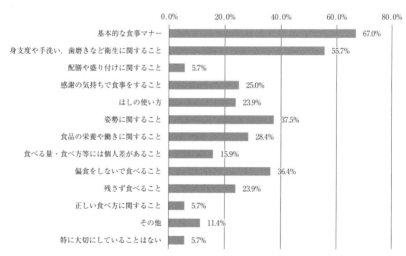

図4.3　食に関するしつけ（n＝88名）（複数回答）

洗い，歯磨きなど衛生に関すること」49名55.7%，「偏食をしないで食べること」32名36.4%，「姿勢に関すること」33名37.5%，「食品の栄養や働きに関すること」25名28.4%，「感謝の気持ちで食事をすること」22名25.0%と続く（n＝88名）。

　発達障害等の子どもの食べることそのものへの嗜好を問うと，保護者の回答では「とても好き」40名53.3%，「好き」25名33.3%，発達障害当事者は「とても好き」32名42.7%，「好き」27名36.0%である（n＝保護者88名，発達障害当事者75名）。家庭での喫食状況は，「いつも全部食べる」41名47.1%，「無理をして全部食べるようにしている」1名1.1%，「時々残すことがある」35名40.2%，「いつも残す」8名9.2%，「全く食べられない」1名2.3であった（n＝87名）。

　保護者が発達障害等の子どもの食に関して困っていることや気がかりなことを問うた（表4.3，図4.4）。発達障害当事者調査では，手先の操作や目と手の協応，姿勢などの身体操作の問題，偏食や食事量の調整などに関する困難が目立ったが，保護者調査ではチェック頻度の高いものから順に，「咀嚼・嚥下が苦手」26名29.5%，「食欲や食事量にムラがある」22名25.0%，「特定の味の好み」19名21.6%，「医師による食事に関する制限・指導」15名17.0%，「食事に対する意欲がない」15名17.0%である（n＝88名）。

　偏食の状況を図4.5に示す。偏食の有無では，「非常にある」12名14.0%，「かなりある」12名14.0%，「少しある」28名32.6%，「ほとんどない」28名32.6%，「ない」6名7.0%（n＝86名）。偏食の始まりは，「授乳期」6名11.5%，「離乳食」10名19.2%，「幼児期」30名57.7%，「就学以降」6名11.5%（n＝52名）で，成長とともに偏食の状態が「減った」のは33名64.7%，「変わらない」10名19.6%，「増えた」8名15.7%であった（n＝51名）。

　偏食が軽減した理由として，「学校生活上，周囲の関わり方やキャンプ，調理実習などの楽しい経験を積むにつれて安心して食べられるようになった」「学校給食で食べ物の幅が広がった」「保育園でみんなと一緒に少しずつ

表4.3　食に関して困っていることや気がかりなこと（複数回答）

	発達障害 n＝76名		保護者 n＝88名	
咀嚼・嚥下が苦手	3	3.9%	26	29.5%
食欲や食事量にムラがある	12	15.8%	22	25.0%
特定の味の好み	5	6.6%	19	21.6%
医師による食事に関する制限・指導	4	5.3%	15	17.0%
食事に対する意欲がない	3	3.9%	15	17.0%
食事に時間がかかる	8	10.5%	14	15.9%
手づかみで食べる	7	9.2%	14	15.9%
むせる	5	6.6%	14	15.9%
食事マナーが悪い・定着しない	4	5.3%	14	15.9%
遊び食べ	3	3.9%	14	15.9%
食感による食事の偏り	3	3.9%	13	14.8%
欠食（朝食等）が多い	7	9.2%	12	13.6%
口から出す	2	2.6%	12	13.6%
食事中の離席・立ち歩き	5	6.6%	11	12.5%
見た目による食事の偏り	5	6.6%	11	12.5%
食事中の姿勢	17	22.4%	10	11.4%
食べこぼす	16	21.1%	9	10.2%
偏食	15	19.7%	9	10.2%
拒食	1	1.3%	9	10.2%
同じ状況の指向（特定の食器・場所等）	1	1.3%	9	10.2%
水分をゴクゴク飲めない	2	2.6%	8	9.1%
食べられないものが多い	10	13.2%	7	8.0%
満腹感・空腹感を感じにくい	5	6.6%	7	8.0%
食事中の落ち着きのなさ	5	6.6%	6	6.8%
特定の人以外の手作りを受付けない	4	5.3%	6	6.8%

特徴的な食べ方がある		4	5.3%	6	6.8%
食物で汚れることへの敏感さ		2	2.6%	5	5.7%
食器具を投げる・落とす・ひっくり返す		1	1.3%	4	4.5%
丸飲み・流し込み		8	10.5%	3	3.4%
なかなか飲み込まない		4	5.3%	3	3.4%
過食		11	14.5%	2	2.3%
会食が苦手		9	11.8%	2	2.3%
特定の人以外の食事介助を受付けない		1	1.3%	2	2.3%
他の人の皿・食べ物に手を出す		1	1.3%	2	2.3%
その他		2	2.6%	1	1.1%
食具（箸など）がうまく使えない		17	22.4%	0	0.0%
少食		6	7.9%	0	0.0%

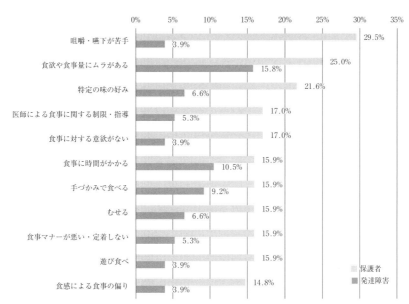

図4.4　食に関する気がかりチェック率（上位11項目）
（n＝発達障害当事者76名，保護者88名）

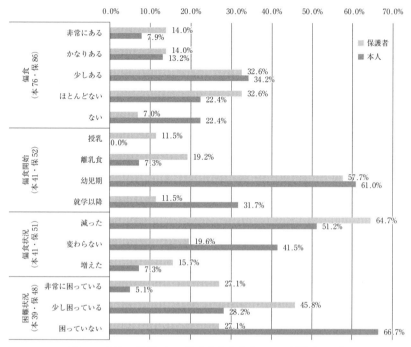

図4.5 偏食の状況 (n＝発達障害当事者76人, 保護者88人)

食べられるようになった」「いろいろなものを食べる経験値が増えた。食べ物の味などに対する理解や想像が深まった」「少し試してみようという気持ちが芽生えた」「場に応られるようになった」など経験の積み重ねや,「感覚過敏の軽減とともに偏食にも変化があった」「口や舌の動きが関係していることが多いと感じる」など身体感覚や口腔機能の発達の影響,「野菜がだめなら海藻, きのこ類, 豆腐がだめなら納豆と食べられるものでバランスをとった」「無理強いせず食べたら褒められたという経験」「食べなくても食卓に並べていた。文句は言っても残すことを許した」「無理なものは残してよい。代わりになるものを考えて作るなどし, 負担を減らしたこと。好きなものを必ず一つは作るなど」など本人の抱える困難や支援ニーズに向き合いな

がら策を講じたことなどが挙げられた。

　発達障害等の子どもの偏食に困っているかどうかでは、「非常に困っている」13名27.1％、「少し困っている」22名45.8％である（n＝48名）。さらに、どうしても「食べられない」のに、周囲に「わがまま」「好き嫌い」で「食べない」と言われたりして困ったことがあるのは26名32.9％であった（n＝79名）。自由記述には「まわりから躾の問題と言われるのも嫌だが、他の保護者からあの子だけ特別なのはずるいと電話が来て、それを担任が私に伝えてきたこともある。担任も知識をつけて合理的配慮の説明をしてほしい」等の記述があった。

　なお、発達障害等の子どもが抱える食に関する困難や傾向が家族にも共通する傾向かどうかを問うと、「非常に思う」7名8.1％、「少し思う」21名24.4％、「思わない」52名60.5％、「わからない」6名7.0％となった（n＝86名）。

3.4.　食に関する困難への対応と支援

　発達障害等の子どもの有する食の困難に関して、保護者として苦慮していることを問うた（**図4.6**）。「工夫しても食べてくれないので、食べるものだけ与えるしかない」23名26.1％、「家族の食事と分けて献立を考えたり、作ったりしなければならず大変だ」23名26.1％、「せっかく作ったものをいつも食べてもらえず、自信や意欲を失う」18名20.5％、「本調査対象の子どもは外食に連れて行きにくい（連れていきたくない）」16名18.2％、「食事介助の時などに怒鳴ったり、叱責してしまったことがある」13名14.8％、「もう食事を作ることに時間や手間をかけることをやめた（やめたい）」12名13.6％となった（n＝88名）。

　発達障害等の子どもの食に関する困難に関する学校への報告状況では、「伝えている」35名39.8％、「伝える事項はあるが伝えていない」3名3.4％、「伝える事項はない」50名56.8％であった（n＝88名）。伝えている内容は、

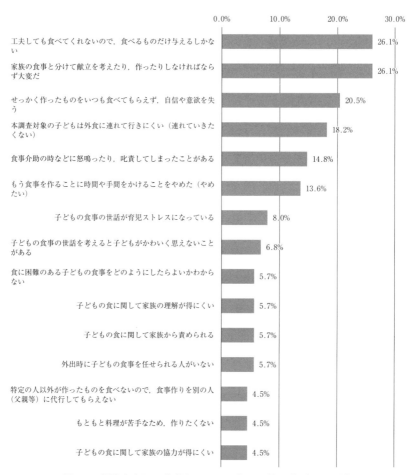

図4.6　保護者として苦慮していること　上位10位（n＝88人）

「極端な偏食」17名44.7％，「感覚過敏・低反応」9名23.7％，「少食・過食」7名18.4％，「食物アレルギー」5名13.2％，「水分摂取」4名10.5％，「投薬禁止食物」2名5.3％，「異食」2名5.3％，「その他」10名26.3％，「アナフィラキシー」0名，「食事制限」0名である（n＝38名）。

保護者からみた発達障害等の子どもが求める食の困難への理解と支援を問

うた（**表4.4，図4.7**）。チェック頻度の高い順に，「食べないものも一応食卓
に出す（給食では配膳する）」29名33.0％，「残すこともできるようにする」27
名30.7％，「一緒に調理をする」27名30.7％，「ほめる・頑張りを認める」25
名28.4％，「必ず同じものを食卓に出すが，食べなくてもよい」22名25.0％
であった（n＝88名）。

　発達障害当事者調査（第2章）に示された「本人のニーズ」をもとに支援
ニーズのチェックリストを作成した（**表4.5，図4.8**）。保護者が考える（把握
している）発達障害等の子どもに必要な対応は，チェック頻度の高い順に，
「完食を強制せず，食べられないことも認めてほしい」24名27.3％，「配膳時
に量を調整したり，どうしても食べられない食材を入れないなど自分で決め
させてほしい」16名18.2％，「どうしたら食べられるか，親や先生の方法で
はなくて，私の意見を聞いたり一緒に考えてほしい」13名14.8％，「ふりか
け等をかけて苦手な食感や味を変えることを認めてほしい」12名13.6％，
「どうして食べられないのか，理由や気持ちを私によく聞いてほしい」12名
13.6％，「みんなと一緒に食べることを強要しないでほしい」12名13.6％，
「食べたいもの等を本人に聞いて，それを大事にしてほしい」11名12.5％，
「みんなとは違うものを食べることも認めてほしい（給食では弁当持参なども含
む）」11名12.5％と続く（n＝88名）。本人の抱える困難やニーズをまずは認め
てほしい，受け止めてほしいという支援ニーズが上位に目立つ結果となった。

　発達障害等の子どもの食に関する困難・悩みを相談できる人や機関の有無
では，「あり」36名41.9％，「なし」50名58.1％であり（n＝86名），具体的に
は，家族・親戚・知人，学校（担任，養護教諭，スクールカウンセラー，特別支
援教育コーディネーター），フリースクール，医師（児童精神科，小児科，口腔リ
ハビリ），保健所，発達支援センター，グループホーム・生活介護施設・療
育機関が挙げられている。

　発達障害等の子どもの食に関する困難・支援ニーズについて学ぶ機会は
「あり」14名16.3％，「なし」72名83.7％であった（n＝86名）。具体的には，

表4.4　保護者からみた発達障害等の子どもが求める食の困難への理解と支援（複数回答）

	発達障害 n＝76名		保護者 n＝88名	
食べないものも一応食卓に出す（給食では配膳する）	8	10.5%	29	33.0%
残すこともできるようにする	17	22.4%	27	30.7%
一緒に調理をする	10	13.2%	27	30.7%
ほめる・頑張りを認める	10	13.2%	25	28.4%
必ず同じものを食卓に出すが，食べなくてもよい	8	10.5%	22	25.0%
好きな料理で外食する	10	13.2%	20	22.7%
本人が楽しく食べて過ごすことを意識する	6	7.9%	20	22.7%
一緒に買い物に行く（材料の搬入など，経過を示す）	9	11.8%	19	21.6%
家族（友達・教師）が楽しく食べているのを本人に見せる	4	5.3%	18	20.5%
様々な場所で食べる経験を積む	9	11.8%	16	18.2%
本人の希望する量を盛り付ける	12	15.8%	15	17.0%
「〇分間黙って食べる」「三角食べ」など食べ方を強制・ルール化しない	7	9.2%	15	17.0%
初めて・嫌いな食材でもまずは口に入れる	5	6.6%	15	17.0%
それとなく誘導し，介助者が強制・固執しない	4	5.3%	15	17.0%
好きなものを最後にするなど自分で順番を決めてよい	14	18.4%	11	12.5%
「前回食べられたのに今日食べられないのはおかしい」というような声かけ・指導をしない	6	7.9%	11	12.5%
パニックを起こしても焦らない	7	9.2%	10	11.4%
調理の経過を示したり，調理室見学などを行う	2	2.6%	10	11.4%
調理法を変え，好きな食感に変える	7	9.2%	9	10.2%

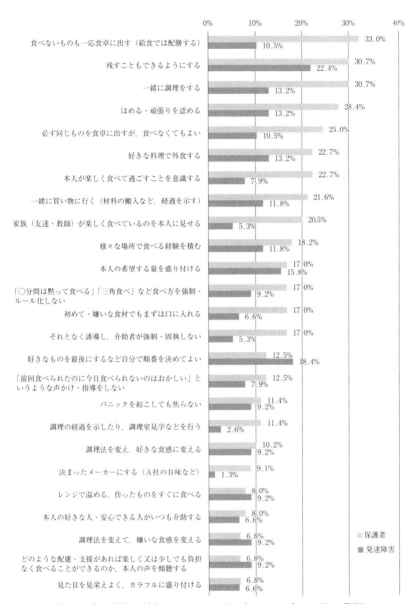

図4.7　食の困難に対応してほしいこと（チェック率・上位25項目）
(n＝発達障害当事者76名，保護者88名)

表4.5 保護者が捉える発達障害等の子どもの支援ニーズ（複数回答）

	発達障害 n＝76名		保護者 n＝88名	
完食を強制せず，食べられないことも認めてほしい	19	25.0%	24	27.3%
配膳時に量を調整したり，どうしても食べられない食材を入れないなど自分で決めさせてほしい	20	26.3%	16	18.2%
どうしたら食べられるか，親や先生の方法ではなくて，私の意見を聞いたり一緒に考えてほしい	5	6.6%	13	14.8%
ふりかけ等をかけて苦手な食感や味を変えることを認めてほしい	11	14.5%	12	13.6%
どうして食べられないのか，理由や気持ちを私によく聞いてほしい	8	10.5%	12	13.6%
みんなと一緒に食べることを強要しないでほしい	7	9.2%	12	13.6%
食べたいもの等を本人に聞いて，それを大事にしてほしい	16	21.1%	11	12.5%
みんなとは違うものを食べることも認めてほしい（給食では弁当持参なども含む）	9	11.8%	11	12.5%
自分の適量がわかるような支援をしてほしい	6	7.9%	9	10.2%
野菜にドレッシング等をかけてにおいや味を変えることを認めてほしい	12	15.8%	8	9.1%
個室・別室で食べることを認めてほしい	9	11.8%	7	8.0%
自分の使いやすい食具を使いたいので箸を使うことを強要しないでほしい	6	7.9%	7	8.0%
自分の適量・分量がわかるようにしてほしい	6	7.9%	6	6.8%
苦手な食感や舌触りをなくすために揚げ物の衣をはがしたり，ソースをたくさんかけたりすることを認めてほしい	6	7.9%	5	5.7%
みんなとはちがう食器具を使うことも認めてほしい（給食では自分のはし持参なども含む）	5	6.6%	5	5.7%
食べ物をつぶしたり，混ぜたり，かけたりするような食べ方をしていても，食べる努力をしているので指摘しないでくれた	5	6.6%	5	5.7%
献立の詳細を事前に説明してほしい	12	15.8%	4	4.5%

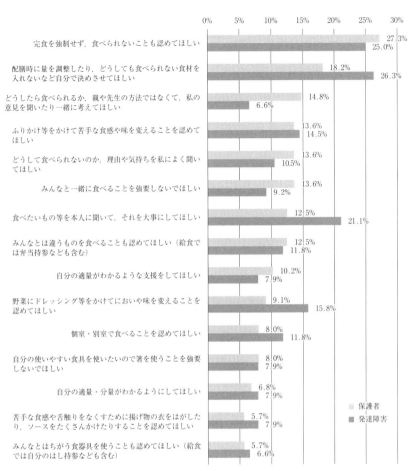

図4.8 保護者が捉える発達障害等の子どもの支援ニーズ
(n＝発達障害当事者76名，保護者88名)

「シンポジウムを企画した」「歯科医による口腔リハビリの研修を受けた」「自閉症親の会主催の講演を聞いた」「学校・育成会・療育先からの情報をもとに参加している」等の回答が複数寄せられているが，学ぶ機会は十分に用意されていない。

「食べることに関する困りごと」について専門家に相談したい保護者は17名19.8％で，約8割は特に相談はないという（n=86名）。具体的には「咀嚼せずに丸呑みするのを直したい」「主に米，味噌汁，カレーライス，ラーメン，うどん，ジュース，麻婆豆腐丼，コーヒー，牛乳，プルーンジュースしか食べず，生野菜，果物，お茶は全く食べない。こうした偏食の直し方を相談したい」「今は成人してしまったのであきらめましたが，幼いころどんなものをどのように食べさせたらよいか，具体的な手立ては思いつかず，様々な機関で相談しました。専門家から子どもの食についてどうしたらいいかアドバイスが欲しかったです。異食についても相談したかったです」「食が細いので栄養面や成長などが心配です」「今は無理に食べさせることはしませんがこのままでよいのか不安です」「糖尿病予備軍なので母（看護師）からではなく，今の食行動で疾患につながることを丁寧に何度も説明してほしい。反抗するため親子ではできない」「咀嚼・嚥下に関する専門家の見立てと口腔過敏に関する支援を受けたい」「栄養学の専門家に相談したい。実際に食べることに関して困難だった子の保護者にも過去の体験談を聞きたかった」等が寄せられ，保護者が抱える発達障害等の子どもの食に関する戸惑いや悩みを「何処に相談したらいいかわからない」との意見も多い。

「食べることに関する困りごと」を学校や先生に知ってほしいことやしてほしいことが「ある」28名32.9％，学校の栄養士や調理員に知ってほしいことやしてほしいことが「ある」11名12.9％であった（n=85名）。

学校や先生に知ってほしいことでは「初めて口にする食品に対して恐怖心を持つ子どもがいるということ，好き嫌い以前に怖くて口に入れることができない気持ちを分かってほしい」「日によって食べられるものが違うこと」「食べられないことを理解してほしい」「無理強いしないでほしい」等，食べられない状態への理解を求める声が寄せられている。

「単なる好き嫌いではなく，不安感が強くて食べられないと思うので，余計に不安にさせたり，罰を与えるようなやり方をしないことを理解してほし

かった」「完食を強要せず，少しずつ食べられるように促してほしい」「完食が食育だという考え方を押し付けないでほしいです。以前そう教えられ，子どもはいまだにその時の想いを口にします」「給食の献立に嫌いなものがあるだけで登校を嫌がる子がいることを理解してほしい」「感覚過敏があることを理解してほしい。無理やり食べさせることはある意味で虐待であり，しないでほしい」等，食に関する困難が登校状況や学校生活の安心度にも影響することが示唆されている。

　また，「丼物は別盛り。別室で食べること。食べられる分だけを配膳する。弁当持参」「本人のわがままで食べないのではないので，食べ方にはオプション（選択肢・許容できる幅）を用意してほしい。など個別の対応を求める声もあり，「無理に食べさせるとずっと食べなくなるのでどうしても無理な場合は残したい」「無理強いしなければ食べる努力をしようとするので，食べきれない場合，一人だけ残して食べさせるなどせず，残しても大丈夫な雰囲気があるとありがたい」「ほかの子どもにからかわれたり，強く言われたりしたら止めてほしい」等，「困っていることを知ってほしい。そのうえでの対応であれば納得できる」ことや「少しでも苦手なものを食べようとしたときは褒めてあげてほしい」との声も多い。

　学校の栄養士や調理員に知ってほしいことでは「見た目や食感，熱さや出し方で食べられないことがあること。ある場所で食べられても，別の場所では食べられないことがあること」「細かく切れば混ぜても食べられるというわけではないので，食材を混ぜないメニューを増やしてほしい」「小さく刻めば食べられるものもあります。柔らかくすれば食べられるものもあります」「調理方法で食べられることもあることを知っておいてほしい」「調理方法によっては食べられるものもあることや食事をすること自体がストレスになる」ことへの理解を求める声が複数寄せられた。

　「栄養の過不足なく，またいろいろな食品から栄養を取ったほうが好ましいという思いはよくわかります。ただ，偏食の強い子どもに食べてもらうに

は時間もまたとてもかかるということを理解してほしい」など，偏食を軽減させることには長い時間を要することなどへの理解を求める声が寄せられている。

「給食を何も食べずに帰ってくることもありましたが，小2からは白米の代わりになるものを持参してよいということになったら食べる量も増え，完食できるようになった。中学生になった今でもお弁当を持参していますが，給食のお替りもするほどです」「幼児期は偏食がひどかったが，年齢が上がるにつれて，なんでも食べられるようになった。幼稚園，小学校はお弁当で，中学校から給食になったことも影響していると思う。食べることの楽しさ，興味がわいたと思う。今は美味しいと思うものをどうやって作るか，調理にも関心があるように感じられる。嫌いなものは無理強いせず，家族が食べることを本当に楽しんでいることを見せて気長に食育に取り組むことが大切だと思う」「野菜が足りていないと感じていた時に，子どもがスーパーで自ら野菜の入ったジュースなどを選んでくると，体が欲していると見ています。考えすぎてイライラするよりは，とことん子どもの偏食に付き合っていると次の偏食に移るので，おおらかに向き合っています。本当においしいもの，楽しいときは口にします」。このように当事者の支援ニーズに丁寧に対応していく発達支援を講じることにより，発達障害等の子どもの食の困難が改善していく様子も見られた。

4．考察

子どもの偏食等の食に関する困難は，親にとって，子育てのストレス要因になり（二木・帆足・川井ほか：2004，冨田・髙橋・内海ほか：2013，冨田・髙橋・内海ほか：2016），障害や疾病により食の困難がある子どもの親は，より強く不安・ストレス・疲労を抱えて日々の食事づくりや世話をしていることが指摘されてきた（山根・加藤：2007，Postorino V ほか：2015，田角：2016，梶：2017）。

本調査の結果，保護者88名中の80名90.9％，発達障害当事者76名中の67名88.2％が何らかの食に関する困難があり，チェック数の平均は保護者8.5項目，発達障害当事者10.2項目，中央値は保護者6.0項目，発達障害当事者6.0項目，チェック数の最大値は保護者58項目，発達障害当事者61項目であり，保護者は発達障害等の子どもの抱える食の困難をほぼ把握していると推測される（n＝保護者88名，発達障害76名）。

　保護者のチェック頻度が高かった発達障害等の子どもの食の困難は順に，「一度好きになったメニューや食べ物にはかなり固執する」37名42.0％，「箸の使い方が下手である」27名30.7％，「錠剤はのどに引っ掛かり，うまく飲み込めない」18名20.5％，「自分が予想していた味と違う味だと食べられない」17名19.3％，「何より嫌なのは，新しいもの試しに食べてみることである」15名17.0％，「変な舌ざわりの物は食べたくない」14名15.9％，「味が混ざるのが嫌なのでおかずをすべて食べてからご飯に移るという食べ方をしてしまう」14名15.9％，「食べ物の味が混ざり合うのが苦手である」14名15.9％，「噛むのがいやなので，何でも丸飲みしたり，水で流し込んでしまう」14名15.9％であった。

　「食の困難」と「各種の発達困難」の相関では，保護者の把握している発達困難等の子どもの困難と発達障害当事者の抱える困難は同様の傾向を示し，いずれも分散が大きく，抱える困難の幅広さをみることができる（**図4.9**）。保護者は自分の子どもに食の困難や各種の発達困難が「ある」ということは把握しているものの，困難の具体的な内容では，発達困難等の子どもの挙げる内容とは異なるものが上位となり，子どもは「不安・ストレス・緊張が強い」31名40.8％，「気にしすぎる傾向がある」31名40.8％という内面的な困難が上位となっているのに対し，保護者は「学習に困難がある」43名48.9％，「姿勢が崩れがち」42名47.7％，「イメージすることが苦手」42名47.7％，「こだわりが強い」37名42.0％，「気にしすぎる傾向がある」33名37.5％，「集中力に欠ける・気が散りやすい」33名37.5％，「パニック・かんしゃく」

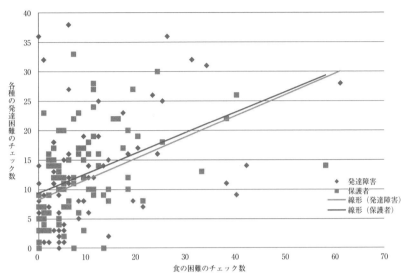

図4.9 食の困難と各種の発達困難の相関（n＝発達障害当事者76人，保護者88人）

30名34.1％など，発達障害の特性に関わる項目を挙げていた。

　食に関する困っていることや気がかりなこととして，発達障害当事者調査では，手先の操作や目と手の協応，姿勢などの身体操作の問題，偏食や食事量の調整などに関する困難が目立ったが，保護者調査ではチェック頻度の高いものから順に，「咀嚼・嚥下が苦手」26名29.5％，「食欲や食事量にムラがある」22名25.0％，「特定の味の好み」19名21.6％などが挙がっている（n＝保護者88名）。偏食の有無では，「非常にある」12名14.0％，「かなりある」12名14.0％，「少しある」28名32.6％となり（n＝86名），偏食の始まりは，「授乳期」6名11.5％，「離乳食」10名19.2％，「幼児期」30名57.7％，「就学以降」6名11.5％である（n＝52名）。

　自由記述では「気が散りやすく集中すると周りが見えなくなる。すると呼んでも食べに来ないか食べる前に動いてしまう。それを年長者にはとても我慢できない。対人関係等のトラブルがあり食事だけにかまっていられない。

そして中学生ころにすでに尿路結石になっている。食生活に問題があるのは
わかっていてもどうするか」というように発達障害の障害特性と食の困難が
合わさって，一層困っている保護者の様子がみられた。食べるものを増やす
ような偏食指導だけでは保護者の心理的負担を増大させる可能性がある。

　発達障害等の子どもの偏食に保護者が困っているかどうかでは，「非常に
困っている」13名27.1％，「少し困っている」22名45.8％であった（n＝48名）。
具体的には「工夫しても食べてくれないので，食べるものだけ与えるしかな
い」23名26.1％，「家族の食事と分けて献立を考えたり，作ったりしなけれ
ばならず大変だ」23名26.1％，「せっかく作ったものをいつも食べてもらえ
ず，自信や意欲を失う」18名20.5％，「本調査対象の子どもは外食に連れて
行きにくい（連れていきたくない）」16名18.2％，「食事介助の時などに怒鳴っ
たり，叱責してしまったことがある」13名14.8％，「もう食事を作ることに
時間や手間をかけることをやめた（やめたい）」12名13.6％（n＝88名）など，
発達障害等の子どもの食の困難が親子の関係性や生活スタイルに影響してい
ることも推察される。さらに，どうしても「食べられない」のに，周囲から
「わがまま」「好き嫌い」で「食べない」と言われたりして困ったことがある
のは26名32.9％であった（n＝79名）。

　自由記述では「今でこそ食べられないのは納豆だけになった娘ですが，小
学校低学年までは自閉症のこだわりが強く，ものすごい偏食でした。5歳ぐ
らいまで哺乳瓶が手放せず，口にするのは白いご飯と味付け海苔。家族以外
と食事をする保育園給食は，ほとんど自分から食べないので，給食時間の最
後にご飯もおかずも全部混ぜて無理やり口に放り込まれ，いやいや食べてい
ました。その後も豚肉しか食べない時期，マグロしか食べない時期もありま
したが，小学校の給食はなぜか食べられる様になり，家庭でも信頼できてい
つも一緒に食事をする祖父に食べさせてもらうようにしたら，どんどん偏食
が減り，箸の使い方もうまくなり，今では外食が大好きでメニューも自分で
選べるまでになりましたが，あの乳幼児期の偏食がずっと続いていたらと考

えるとぞっとします」との記載もあった。

　子どもの食への対応は，家庭のなかでも母親に任されていることが多い。山根・加藤（2007）は食の困難のある子どもとその家族の実態について「本来は家族団らんとしての楽しい食事時間が，家族にとっても子どもにとっても苦痛な時間となることも多い。さらに，食物形態（大きさ，粘度，味付け）も家族とは異なるものを用意しなければならないことも多く，家族にかかる負担は大きい。母親が作った食事は食べずに，インスタント食品やスナック菓子などの偏った食べ物しか食べない知的発達障害者の子どもを育てる母親は，育児に対し自信を無くしている場合がある。さらに多動の子どもをもつ家族は食事時間でさえ子どもから目を離すことができず，家族団らんの楽しい時間すら，あわただしく過ぎてしまう」と紹介している。さらに「いろいろなものを食べさせたいという願いで，初めはいろいろと試行錯誤する。しかし，ほとんどの場合，子どもの拒否やパニックに合い，結局いつも同じものを与えてしまう。そのことが結果として，子どもの『こだわりとしての偏食』を助長することにつながり，ますます偏食が強くなる。このような悪循環に陥ってしまうケースが多い」と指摘している。

　本調査において発達障害等の子どもの食の困難・悩みについて相談できる人や機関の有無では，「あり」36名41.9%，「なし」50名58.1%であり（n＝86名），また食の困難や支援ニーズについて学ぶ機会が「あり」14名16.3%，「なし」72名83.7%であった（n＝86名）。また，「食べることに関する相談をしたいが，どこが専門機関なのかがわからない」「身体的な障害に起因する摂食の問題ではないので，偏食への対応は家庭の問題と考え，相談に至っていないが悩んでいる」との記述もあった。

　前述のように，発達障害等の子どもの食に関する困難や行動特徴が養育者の育児不安や育児ストレスの程度をより強める可能性が考えられ，日々，「考え，作り，食べさせ，片付ける」母親（保護者）と食べることに困難のある子どもは相談支援機関に結びついていないケースが多いことが明らかにな

った。乳幼児健診や育児相談等，子育ての早期の段階から，養育者が食の困難に伴う育児困難感を一人で抱え込まないようにサポートしていくような早期介入と専門的な支援開始が不可欠である。

食べることに困難と支援ニーズを有する親子を孤立させず，「食べる」ことの課題を相談しやすい環境を整えていくことは，子どもの発達支援のみならず，家族関係や子育てへの保護者支援でもあり，子どもの発達全体にかかわる緊要の課題である。

5．おわりに

本章では，発達障害等の子どもの保護者を対象とした質問紙法調査を通して，発達障害等の発達上の特性・困難を有する子どもがどのような「摂食困難（偏食，食物選択性，咀嚼・嚥下困難等）」を有しているのか，また保護者は発達障害等の子どもの「食の困難」に対してどのような対応をし，支援を求めているのかを検討した。

発達障害等の子どもの有する食の困難への対応において，保護者がとても苦慮していることが明らかになり，自由記述では「学校給食で食べることを強要されたことがトラウマになっている」「どうしても食べられないものがあることをわかってほしかった」等の学校・教師の対応へのコメントも多く寄せられていた。

発達障害等の子どもの食の困難が，保護者の育児不安・ストレスをより強めている可能性が示唆されたが，保護者は「どこに相談したらよいかわからない」「相談するような内容なのかどうか判断に迷う」などの理由で，相談・支援機関に繋がることができず，その後も「家庭内の問題」として食の困難に対して親子ともども長く苦しむ事態が続いていた。

食べることに困難を有する親子を孤立させず，食の困難について相談しやすい環境を整えていくことは，子どもの発達支援全体に関わる緊要の課題である。乳幼児健診や育児相談等，子育ての早期の段階から，保護者が食の困

難に伴う育児困難・ストレスを一人で抱え込まないように支援していくための早期介入が不可欠である。そのためには，子どもの食の困難に関わる多分野の専門家が協働していくための相談・支援ネットワーク構築の検討が求められている。

第5章　特別支援学校・学級等の教師調査からみた発達障害等の子どもの食の困難の実態と支援の課題

1．はじめに

　本章では，東京都内の小・中学校の特別支援学級（自閉症・情緒障害）・通級指導学級（情緒障害等），知的障害特別支援学校（小学部・中学部・高等部）の学校給食担当責任者への質問紙法調査を通して，発達障害等の子どもが有する食の困難の実態と支援の課題について明らかにしていく。

2．方法

（1）調査対象

　東京都内の通級指導学級（情緒障害等）・特別支援学級（自閉症・情緒障害）を有する小学校531校・中学校273校，知的障害特別支援学校（小学部・中学部・高等部）38校，合計842校の各学級・学部を担当する教師のうち学校給食担当責任者である。

（2）調査内容

　筆者らの「『食』の困難・ニーズに関するチェックリスト」（髙橋・斎藤・田部ら：2015）を学校対象の質問項目用に改良し，予備調査や先行研究を参考に学校給食における困難・支援ニーズが把握できるように作成した。各学校における子どもの「食」の困難に関する実態把握と対応状況を明らかにする調査項目を加えている。調査項目は，発達障害等の子どもが有する食の困難の実態とその支援体制（発達障害等の子どもの食に関する実態把握状況，食に関する困難・気がかり，学校給食に関する発達障害等の子どもへの指導・支援，発達障

害等の子どもへの食の支援体制）である。

（3）調査方法

郵送質問紙法調査。質問紙調査票「『食』の困難・ニーズに関する調査票」
（資料編の調査票を参照）を作成し，郵送にて依頼・回収を行った。回答は375
通（有効回答359通，無効回答16通），回収率は44.5％であった。回答があった
のは，特別支援学級207学級（小学校特別支援学級131，中学校特別支援学級76），
通級指導学級128学級（小学校通級指導学級92，中学校通級指導学級36），特別支
援学校22学部（小学部12，中学部5，高等部5）の合計357学級・学部である。

（4）調査期間

2014年12月～2015年3月。

3．結果

3.1．回答校の概要

回答者は，「学級担任」245人69.4％，「学級・学部の学校給食担当責任者」
98人27.8％，「その他」21人5.9％であった（n＝353校）。回答校の調査対象学
級数と在籍児童生徒数は，「小学校通級指導学級」282学級1,915人，「中学校
通級指導学級」62学級713人，「小学校特別支援学級」335学級2,329人，「中
学校特別支援学級」179学級2,257人，「特別支援学校小学部」173学級281人，
「特別支援学校中学部」73学級96人，「特別支援学校高等部」80学級102人，
合計1184学級7,693人であった（n＝357校）。

以下の分析においては，通級指導学級（小学校・中学校），特別支援学級
（小学校・中学校），特別支援学校（小学部・中学部・高等部）の3グループを基
本としてクロス集計を行った。グループ間比較のためにχ^2検定を実施した
が，学級・学校種別の有意差はみられなかった。

学校給食の形態を表5.1に示す。学校に栄養士・管理栄養士・調理師が所

第5章　143

表5.1　学校給食の形態

	校	%
学校所属の管理栄養士等が栄養管理を行い，校内で調理をする完全自校調理給食	196	55.5
教育委員会等行政に所属する管理栄養士等が栄養管理を行い，校内で調理をする自校調理給食	57	16.1
教育委員会等行政に所属する管理栄養士等が栄養管理を行い，給食センターで調理する業者委託給食	64	18.1
業者に所属する管理栄養士等が栄養管理を行い，給食センターで調理する完全業者委託給食	9	2.5
給食を実施していないが，家庭の事情等で弁当を持参できない場合には弁当申込み制	5	1.4
昼食を提供していない（給食・弁当申込みともに実施せず）	5	1.4
その他	17	4.8
n	353	100.0

属し，必要に応じて他の教職員と連携しながら栄養管理から調理，提供までの一連の業務を校内で完結できる環境を有する「完全自校調理給食」は196校55.5%のみであった（n＝353校）。

3.2.　食に関する注意の必要な発達障害等の子どもの在籍状況

　2014年度において発達障害等の特別な配慮を要する子どもが「在籍していた」のは，全体では349校98.0%（n＝356校）であり，特別支援学級197校99.0%，通級指導学級114校96.6%，特別支援学校21校100.0%であった（n＝338校）（**表5.2**）。報告された該当の子ども数は全体で6,759人である。学級種別では特別支援学級2,519人37.8%，通級指導学級2,580人38.8%，特別支援学校1,557人23.4%となり，通級指導学級からの報告人数が最多であった（n＝6,656人）。

　このうち障害種が報告された子どもはのべ8,405人である（障害の複数診断

あり）。障害種は，全体では「広汎性発達障害」1,895人22.5%が最も多く，次いで「自閉症」1,222人14.5%，「軽度の知的障害」1,652人19.7%であった。学級種別にみると，特別支援学級では「軽度の知的障害」944人29.0%，「広汎性発達障害」776人23.9%，「自閉症」456人14.0%，通級指導学級では「広汎性発達障害」865人27.0%，「注意欠陥多動性障害（ADHD）」635人19.8%，「分類しにくいが発達障害様の特徴を有する児童生徒」603人18.8%，特別支援学校では「自閉症」507人38.1%，「軽度の知的障害」313人23.6%，「その他」240人18.1%となっている。

　表5.2で回答のあった発達障害等の子どものうち，食に関する注意の必要な子どもの在籍状況を表5.3に示す。食に注意の必要な子どもが「在籍している」のは全体で290校81.5%（n＝356校），学級種別では「通級指導学級」84校71.8%，「特別支援学級」173校86.1%，「特別支援学校」18校90.0%であった（n＝338校）報告された該当の子ども数は，全体では891人であった。学級種別では，通級指導学級291人33.3%，特別支援学級443人50.7%，特別支援学校139人15.9%となり，特別支援学級からの報告人数が最多であった（n＝873人）。

　報告された子どもはのべ1,365人である。食の困難に関して，全体では「極端な偏食」425人31.1%が最も多く，次いで「食物アレルギー」411人30.1%，「少食・過食」187人13.7%である。学級種別にみると通級指導学級では「極端な偏食」141人34.6%，「食物アレルギー」117人28.7%，「少食・過食」86人21.1%，特別支援学級では「食物アレルギー」177人29.9%，「極端な偏食」165人27.9%，「少食・過食」86人21.1%，特別支援学校では「極端な偏食」112人41.2%，「食物アレルギー」99人36.4%，「その他」19人7.0%となっている。食物アレルギーのアレルゲンは，三大アレルゲンに限らず，魚類，甲殻類，卵，乳・乳製品，果物，野菜，穀類等の多様な食品が報告された。

　子どもの学校給食等に関わる疾患・障害・要望（摂取禁止の食物や形態の要

第5章　　145

表5.2　発達障害等の子どもの在籍状況

発達障害等の子どもの在籍状況	全体		特別支援学級		通級指導学級		特別支援学校		学校種合計	
	校	%	校	%	校	%	校	%	校	%
いる	349	98.0	197	99.0	114	96.6	21	100.0	332	98.2
いない	3	0.8	1	0.5	2	1.7	0	0.0	3	0.9
わからない	4	1.1	1	0.5	2	1.7	0	0.0	3	0.9
計（校）	356	100.0	199	100.0	118	100.0	21	100.0	338	100.0
報告された該当の子ども数	6,759		2,519	37.8	2,580	38.8	1,557	23.4	6,656	100.0
障害種（のべ人数・複数回答）										
学習障害（LD）	415	4.9	149	4.6	248	7.8	8	0.6	405	5.2
注意欠陥多動性障害（ADHD）	994	11.8	297	9.1	635	19.8	30	2.3	962	12.4
アスペルガー症候群	319	3.8	101	3.1	200	6.3	4	0.3	305	3.9
高機能自閉症	289	3.4	86	2.6	153	4.8	46	3.5	285	3.7
自閉症	1,222	14.5	456	14.0	154	4.8	507	38.1	1,117	14.4
広汎性発達障害	1,895	22.5	776	23.9	865	27.0	145	10.9	1,786	23.0
軽度の知的障害	1,652	19.7	944	29.0	100	3.1	313	23.6	1,357	17.4
その他	818	9.7	288	8.9	241	7.5	240	18.1	769	9.9
分類しにくいが発達障害様の特徴を有する	801	9.5	155	4.8	603	18.8	36	2.7	794	10.2
計（人）	8,405	100.0	3,252	41.8	3,199	41.1	1,329	17.1	7,780	100.0

【その他】　精神遅滞，ダウン症，てんかん，緘黙症，プラダーウィリー症候群，睡眠障害，愛着障害，協調性運動障害，コミュニケーション障害，統合失調症，情緒不安，脳性麻痺，水頭症，緊張性筋ジストロフィー，脳梁欠損，口蓋裂　等

（注）　全体と学校種の数値が合致しないのは，学校・学級種の未回答校が含まれているため。

表5.3　食に関する注意の必要な発達障害等の子どもの在籍状況

食に注意の必要な子どもの在籍状況	全体		特別支援学級		通級指導学級		特別支援学校		学校種合計	
	校	%	校	%	校	%	校	%	校	%
いる	290	81.5	173	86.1	84	71.8	18	90.0	275	81.4
いない	57	16.0	23	11.4	32	27.4	2	10.0	57	16.9
わからない	9	2.5	5	2.5	1	0.9	0	0.0	6	1.8
計（校）	356	100.0	201	100.0	117	100.0	20	100.0	338	100.0
報告された該当の子ども数	891		443	50.7	291	33.3	139	15.9	873	100.0
具体的状況　（複数回答）										
食物アレルギー	411	30.1	177	29.9	117	28.7	99	36.4	393	30.9
アナフィラキシーショック	33	2.4	14	2.4	13	3.2	6	2.2	33	2.6
投薬による禁止食物がある	112	8.2	42	7.1	7	1.7	1	0.4	50	3.9
水分摂取に注意が必要	17	1.2	13	2.2	3	0.7	1	0.4	17	1.3
医師の指示による食事制限	49	3.6	29	4.9	11	2.7	7	2.6	47	3.7
極端な偏食	425	31.1	165	27.9	141	34.6	112	41.2	418	32.9
少食・過食	187	13.7	87	14.7	86	21.1	14	5.1	187	14.7
異食	36	2.6	10	1.7	9	2.2	13	4.8	32	2.5
その他	95	7.0	55	9.3	20	4.9	19	7.0	94	7.4
計（人）	1,365	100.0	592	100.0	407	100.0	272	100.0	1,271	100.0

【アレルゲン】　胡桃，アーモンド，ピーナッツ，いか，たこ，えび，かに，青魚，魚卵，柑橘類，バナナ，メロン，桃，キウイ，乳・乳製品，里芋，れんこん，卵，そば，小麦　等

【異食】　テープ類，紙，布，花，葉，草，土，砂，石，クレヨン，消しゴムのカス，鉛筆の芯，糊，おもちゃ，爪，皮膚，髪，落ちているもの　等

【その他】　宗教上の理由，ベジタリアン等の家庭の思想，放射能関係で心配な食材は与えないという家庭の方針，食に関して常に満たされていない危険を感じている印象　等

（注）　全体と学校種の数値が合致しないのは，学校・学級種の未回答校が含まれているため。

望など）の把握をしている学校は全体で308校93.1％であった（n＝331校）。学級種別では通級指導学級103校89.6％，特別支援学級183校94.3％，特別支援学校20校100.0％であった（n＝306校）。具体的な把握の方法は，入学・進級時の「保護者への聞き取り」「保護者に健康調査票やアレルギー調査票への記入を依頼する」のほか，「用紙への記入結果をもとに担任・栄養士・養護教諭・管理職等で面談をし，具体的な対応策について確認しておく」「医師による診断結果を毎年確認する，連携する」「個別の指導計画への反映」「全校のアレルギー等児童の名簿を作り，各クラスに掲示する」等の取り組み287件が報告されている。

3.3. 食に関する困難・気がかり

　子どもの生活習慣や身体状況に関する心配な点を**表5.4**に示す。子ども全体において心配な点は「睡眠不足・睡眠リズムの乱れ」が最多となっているが，発達障害等の子どもへの心配な点を学級種別にみると，通級指導学級では「偏食」97校78.9％，「感覚過敏」96校78.0％，特別支援学級では「偏食」133校64.9％，「睡眠不足・睡眠リズムの乱れ」120校58.5％，特別支援学校では「睡眠不足・睡眠リズム乱れ」15校12.2％，「偏食」「感覚過敏」14校11.4％となった。子ども全体と発達障害等の子どもを比較すると総じて発達障害等の子どもに心配な点を多く回答している。さらに選択率が60％以上となったのは通級指導学級5項目，特別支援学校1項目，特別支援学校0項目となり，通級指導学級では発達障害等の子どもの生活習慣や身体状況に関する課題が多い状況と考えられる。

　「その他」の心配として，「食べ方にこだわりがある（おかずを全部食べてからご飯を全部食べる等）」「咀嚼が苦手（硬いもの，弾力のあるものが食べられない，舌や口の使い方等）」「食品を食べやすくするためはさみで細かくしなければならない」「食事のマナーが身についていない」「服薬による食欲不振」「スケジュール管理や投薬管理等，家庭に支援が必要」「保護者の関わり方（子

表5.4　生活習慣や身体状況に関する心配ごと（複数回答）

	子ども全体						発達障害等の子ども					
	特別支援学級		通級指導学級		特別支援学校		特別支援学級		通級指導学級		特別支援学校	
	校	%	校	%	校	%	校	%	校	%	校	%
欠食（朝食欠食等）	79	38.5	44	35.8	9	40.9	77	37.6	48	39.0	10	8.1
偏食	79	38.5	36	29.3	9	40.9	133	**64.9**	97	**78.9**	14	11.4
小食	35	17.1	17	13.8	3	13.6	43	21.0	41	33.3	5	4.1
拒食・過食	32	15.6	14	11.4	5	22.7	59	28.8	27	22.0	8	6.5
肥満	68	33.2	26	21.1	12	54.5	103	50.2	44	35.8	11	8.9
やせすぎ	23	11.2	10	8.1	2	9.1	25	12.2	15	12.2	4	3.3
家庭の食事内容	68	33.2	47	38.2	10	45.5	91	44.4	50	40.7	12	9.8
食事の時に家族団欒が少ない	46	22.4	28	22.8	2	9.1	60	29.3	36	29.3	2	1.6
睡眠不足・睡眠リズム乱れ	86	42.0	52	42.3	12	54.5	120	**58.5**	81	**65.9**	15	12.2
運動不足	72	35.1	31	25.2	10	45.5	97	47.3	65	52.8	13	10.6
不器用	49	23.9	23	18.7	7	31.8	97	47.3	84	**68.3**	8	6.5
感覚過敏	36	17.6	16	13.0	8	36.4	103	50.2	96	**78.0**	14	11.4
不定愁訴	22	10.7	12	9.8	4	18.2	46	22.4	28	22.8	6	4.9
不安・ストレス・プレッシャー	56	27.3	25	20.3	8	36.4	94	45.9	78	**63.4**	12	9.8
慢性疲労	21	10.2	13	10.6	3	13.6	24	11.7	19	15.4	2	1.6
その他	4	2.0	3	2.4	1	4.5	5	2.4	2	1.6	1	0.8
n（校）	205	100.0	123	100.0	22	100.0	205	100.0	123	100.0	22	17.9

どもへの関心)」「自傷行為」「集団不適応」等が挙げられた。

　発達障害等の子どもの学校給食における様子の気がかり点を**表5.5**に示す（n＝353校）。「気がかり」の度合いが高い項目は，通級指導学級では「偏食」3.56，「食事マナー」3.44，「姿勢」3.37，特別支援学級では「姿勢」3.72，

第5章　149

表5.5　学校給食における発達障害等の子どもの気がかりな点（平均値）

	特別支援学級	通級指導学級	特別支援学校
5 非常に気がかり　4 やや気がかり　3 気がかり　2 わからない　1 問題ない　　　　　　　　　　　　　　n	207	122	22
偏食	3.53	3.56	4.27
食事量	3.11	2.98	3.73
食具操作	3.33	3.12	3.68
食べこぼし	2.88	2.90	3.05
咀嚼	3.19	2.77	4.09
嚥下（丸飲み・流し込み）	3.18	2.73	4.09
姿勢	3.72	3.37	4.00
食事マナー	3.66	3.44	3.91
離席	2.20	2.48	3.27
食事中の意欲集中不足	2.28	2.65	3.05
給食前の意欲集中不足	2.21	2.34	2.91
給食後の落ち着きなさ	2.23	2.29	3.00

「食事マナー」3.66，「偏食」3.53，特別支援学校では「偏食」4.27，「咀嚼」4.09，「嚥下（丸飲み・流し込み）」4.09と続く。学校種を共通して「偏食」「姿勢」の気がかりの度合いが高い。生活習慣や身体状況に関する心配な点では「不器用」が高く，学校給食における「食具操作」「姿勢」への気がかり度の高さとの関連がうかがえる。

　発達障害当事者を対象に実施した調査（第2章）で挙げられた食に関する困難のうち，上位22項目を取り上げ，同様の困難を有する発達障害等の子どもの在籍状況を表5.6と図5.1にまとめた。全体では「箸の使い方が下手である」248校77.5%，「味が混ざるのが嫌なのでおかずをすべて食べてからご飯

表5.6　食に関する困難を有する発達障害等の子どもの在籍状況（複数回答）

		全体		特別支援学級		通級指導学級		特別支援学校	
1	人の輪の中でどのようにふるまえばいいのかわからないので会食はおそろしい	60	18.8	29	15.7	27	24.8	3	14.3
2	においの強い食品は食べられない	111	34.7	50	27.0	51	46.8	8	38.1
3	大人数の食事は，音や匂いなどの情報があふれて辛い	69	21.6	31	16.8	28	25.7	8	38.1
4	自分が予想していた味と違う味だと食べられない	170	53.1	85	45.9	70	64.2	13	61.9
5	魚の小骨は全部外さないとのどに引っかかってしまう（ように感じる）	83	25.9	53	28.6	24	22.0	5	23.8
6	色や形以前に見るだけで気持ち悪かったり，怖い食べ物がある	105	32.8	50	27.0	46	42.2	7	33.3
7	ブロッコリーは，体が受け付けない	23	7.2	12	6.5	10	9.2	1	4.8
8	頭をよく働かせているときには水分がほしくなり，四六時中ガバガバと水を飲んでしまう	10	3.1	5	2.7	4	3.7	1	4.8
9	納豆は体が受け付けない	23	7.2	16	8.6	6	5.5	1	4.8
10	異常に喉が渇き，一日に何リットルも飲み物を飲んでしまう	15	4.7	7	3.8	5	4.6	3	14.3
11	ひどい猫舌で熱いものを食べられない	16	5.0	8	4.3	8	7.3	0	0.0
12	味が混ざるのが嫌なので，おかずをすべて食べてから，ご飯に移る食べ方をしてしまう	173	54.1	90	48.6	64	58.7	18	85.7
13	自分が何を食べたいかわからないので毎日同じものを食べる	27	8.4	13	7.0	13	11.9	1	4.8
14	おなかがすくという感覚がよくわからない	19	5.9	5	2.7	12	11.0	2	9.5
15	きゅうりは体が受け付けない	16	5.0	6	3.2	10	9.2	0	0.0
16	サンドイッチなど片手で食べられるものは味を楽しむ余裕があるので食べやすい	4	1.3	2	1.1	2	1.8	0	0.0

17	箸の使い方が下手である	248	77.5	140	75.7	86	78.9	19	90.5
18	気が付いたらひどくおなかがすいていることがある	11	3.4	4	2.2	7	6.4	0	0.0
19	食堂，パン屋，魚売り場，レストランの厨房などはにおいが強く，吐き気をもよおす	10	3.1	3	1.6	6	5.5	1	4.8
20	いつもと違う順序，時間に食べることは苦痛である	39	12.2	17	9.2	14	12.8	7	33.3
21	ブッフェスタイルなど，いつもの給食と違うパターンで提供するとパニックになる	6	1.9	3	1.6	1	0.9	2	9.5
22	給食の食器具が使えない（他人と共用できない）	10	3.1	3	1.6	6	5.5	1	4.8
23	その他	70	21.9	37	20.0	23	21.1	10	47.6
	n	320	100.0	185	100.0	109	100.0	21	100.0

(注)　全体と学校種の数値が合致しないのは，学校・学級種の未回答校が含まれているため。

に移る食べ方をしてしまう」173校54.1％，「自分が予想していた味と違う味だと食べられない」170校53.1％，「においの強い食品は食べられない」111校34.7％，「色や形以前に，見るだけで気持ち悪かったり，怖い食べ物がある」105校32.8％，「魚の小骨は全部外さないとのどに引っかかってしまう（ように感じる）」83校25.9％，「大人数の食事は，音や匂いなどの情報があふれて辛い」69校21.6％と続く。

　「その他」には70校から129コメントの多様な困難がよせられ，記述をコード化してカテゴリーごとに分類し，KJ法による分析を行った（**図5.2**，**表5.7**）。「食べ物そのものの性質や，感覚過敏が背景と想定される『味などの感覚処理』に関する困難」が多く，52件42.3％，咀嚼・嚥下等の摂食機能や空腹感の感じにくさなどの「身体機能の困難」は24件19.5％，「環境や手順に困難・こだわりがあり食べられない」のは11件8.9％であった。

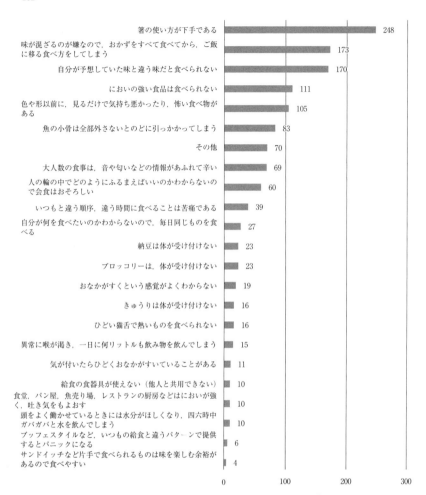

図5.1　食に関する困難を有する子どもの状況【全体順位】（n=320校）

第 5 章　153

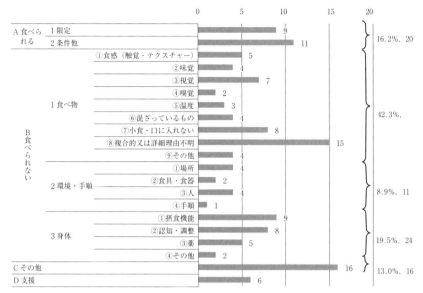

図5.2　食に関する困難を有する子どもの状況【「その他」の分類】
(n=70校, 129コメント)

表5.7　食に関する困難を有する子どもの状況【「その他」の分類】より一部抜粋
(n=70校, 129コメント)

A 食べられる	1 限定		9	7.0%	白いご飯のみ食べる 外食はいつも同じ店のラーメン 食べられるのは，牛乳・白飯・海苔・きな粉・納豆・バナナ・ポテトチップのみ 家庭で限られたものだけ食べ，幼稚園ではお弁当の場合，経験不足のために偏食が強くなっている子がいる
	2 条件他		11	8.5%	常に匂いを嗅いでから食べ始める 混ぜご飯は具を先にすべて食べる もやしのひげはすべてきれいに手でちぎって食べる コーンはすべてつぶして食べる
B 食べられない	1 食べ物	①食感（触覚・テクスチャー）	5	3.9%	春雨，こんにゃく，糸寒天等，味がなく食感に特徴のあるものが苦手 歯ごたえ，食感に敏感なので，きのこ類が食べられない生徒が多い つぶつぶのものは食べられない

B食べられない	1 食べ物	②味覚	4	3.1%	甘いものが食べられない（ケーキ，おかし，甘いパンなど） 家庭の味（自分の好みの味）と違う給食はほとんど受け付けない
		③視覚	7	5.4%	シシャモやじゃこがあると魚の目が怖い 白いもの（白飯等）が食べられない
		④嗅覚	2	1.6%	初めての食物や慣れていない食物の匂いをかいで食べる又は食べない
		⑤温度	3	2.3%	冷たい飲み物は常温からぬるめにしないと飲めない 牛乳が冷たくないと飲めない（給食までにぬるくなるので飲めない）
		⑥混ざっているもの	4	3.1%	混ぜご飯などのいろいろな具材が混ざった食べ物は食べられない 和えたもの，混ざったものは苦手，食べられない
		⑦小食・口に入れない	8	6.2%	偏食なので食べないものは絶対に口に入れない 学校給食が全く食べられない 食べ方がほんの一口ずつ
		⑧複合的又は詳細理由不明	15	11.6%	食べたことのない食材・料理を口にすることへの抵抗感が非常に強い 感覚過敏とのことだが，いつもジャンクフードしか食べていないので，給食のメニューは食べ慣れいので食べられない
		⑨その他	4	3.1%	おにぎりのように外見から中身が分からないものには見通しが立たないので怖くて食べられない 面倒くさいもの（みかんの皮をむく，袋から出す等）は食べない
	2 環境	①場所	4	3.1%	場所が変わると食べられない 家では食事をするが，学校給食を拒否する 縦割り活動などで場が変わると給食を食べられない
		②食具・食器	2	1.6%	食器具が「消毒のにおいがする」といって使用できない 紙パックの牛乳が飲めない
		③人	4	3.1%	大人数での食事はほかの人が気になり，集中しにくく食べることが遅くなる 縦割り活動などで人が変わると給食を食べられない
		④手順	1	0.8%	一品ずつ完食しないと次の料理に手を付けない

B食べられない	3身体	①摂食機能	9	7.0%	飲み込むまでに時間がかかり，しばらく口の中にためている 麺がすすれない 口を閉じて噛むことが難しい ご飯・うどんを流し込み よく噛まずに飲み込む
		②認知・調整	8	6.2%	夏場，暑い日にも拘わらず水分を摂取しない 満腹の感覚が分からず食べ過ぎてしまう 食べることに興味がない
		③薬	5	3.9%	服薬している薬（コンサータ）の副作用を気にしすぎて食べられないという 服薬による食欲不振
		④その他	2	1.6%	少しの野菜も食べられず，家ではミキサーにかけて食べていて，便秘がひどい 家庭で好きなものしか食べず，食の経験が少ないため偏食になる
Cその他			16	12.4%	ストローを噛み潰してしまう 食事時間がゆっくりで遅い 皿をなめてしまう 食べたくないものがあると食べ物や食器を投げる 嫌いなものも食べなくてはならないという意識から逃避するために，皿を割ったり，食べ物をひっくり返したりする
D支援			6	4.7%	量を少なくする 「にんじんだよ」「○に似た味だよ」と料理の中の食材の正体を知らせると食べられる 給食で「混ぜご飯，炊き込みごはん」の時には，栄養士に相談して白米を出すようにお願いしてある 食べられないものが多いのでふりかけを持参させている 混ぜご飯の時は白飯と具を分けて提供している 自宅から箸等を持参している
		合計	129	100%	

3.4. 学校給食に関する発達障害等の子どもへの指導・支援

　学校給食を通した指導内容と発達障害等の子どもにとくに指導することを表5.8に示す。子ども全体と発達障害等の子ども，各学級種ともに共通して，「基本的な食事のマナー」「身支度や手洗い，歯磨きなどの衛生に関するこ

表5.8 学校給食を通した指導内容（複数回答）

	子ども全体						発達障害等の子ども					
	特別支援学級		通級指導学級		特別支援学校		特別支援学級		通級指導学級		特別支援学校	
	校	%	校	%	校	%	校	%	校	%	校	%
基本的な食事のマナー	143	69.1	62	52.1	14	63.6	160	77.3	102	85.7	15	68.2
身支度や手洗い,歯磨きなどの衛生に関すること	131	63.3	52	43.7	15	68.2	142	68.6	88	73.9	17	77.3
配膳や盛り付けに関すること	93	44.9	38	31.9	10	45.5	105	50.7	62	52.1	11	50.0
感謝の気持ちで食事をすること	104	50.2	46	38.7	11	50.0	95	45.9	44	37.0	10	45.5
はしの使い方	96	46.4	30	25.2	10	45.5	113	54.6	0	0.0	12	54.5
食事の姿勢に関すること	124	59.9	44	37.0	14	63.6	5	72.0	92	77.3	16	72.7
「正しい食べ方」に関すること	80	38.6	28	23.5	8	36.4	89	43.0	42	35.3	10	45.5
食べる量・食べ方等には個人差があること	74	35.7	36	30.3	6	27.3	83	40.1	68	57.1	8	36.4
偏食をしないで食べること	111	53.6	41	34.5	10	45.5	126	60.9	58	48.7	10	45.5
残さず食べること	104	50.2	38	31.9	8	36.4	101	48.8	53	44.5	10	45.5
食品の栄養や働きに関すること	81	39.1	38	31.9	8	36.4	81	39.1	47	39.5	7	31.8
その他	4	1.9	4	3.4	1	4.5	8	3.9	6	5.0	3	13.6
n（校）	207	100	119	100	22	100	207	100	119	100	22	100

と」「食事の姿勢に関すること」が上位を占める。「その他」には「必ず完食するよう，事前に量の調節をさせる。調整後はがんばらせる」「嫌いなもの，苦手なものでも一口は食べる。食べる前に量を調整して残さず食べることを目指す」「飲み込めなくとも口唇に触れる，吐き出しても最初はよしとする」「集中して食べること（気が散って食が進まない）」「食べ物を無駄にしない」「食べられない児童には励ましながら口に運んであげる」「食事の途中でトイレに行ったりしない」等28件が挙げられた。

　「正しい食べ方」を指導しているのは，子ども全体では通級指導学級28校23.5％，特別支援学級80校38.6％，特別支援学校8校36.4％であり，発達障害等の子どもでは通級指導学級42校35.3％，特別支援学級89校43.0％，特別支援学校10校45.5％であった。

　「正しい食べ方」とはどのような食べ方を指すのかを問うと，「主菜・副菜等を交互に食べる『三角食べ』」90校60.0％，「器を持つ，手を添える」30校20.0％，「よく噛む」22校14.7％，「姿勢」18校12.0％，「口に入れたまま話さない，口を閉じて噛む」15校10.0％，「口に入れすぎない」11校7.3％，「その他」60校40.0％であった（n＝150件）。「その他」の「正しい食べ方」には，「適切な話題を選ぶ，話し方や声の大きさに気を付ける」「周囲が不快になるような食べ方をしない」「離席しない」「食べる前に自分の適量に調整する（減らす）」「口や手，周囲が汚れたらすぐに拭う」「食具を正しい操作で使う」「犬喰いや刺し箸，寄せ箸など食事マナーに注意する」「時間内に食べ終える」等の記述があった。

　偏食や感覚過敏など食に関する特別な配慮を要する子どもの給食・授業等の場面における配慮実施の可能性を**表5.9**に示す。本項目は立山・宮嶋・清水（2013）を参考に作成した。「すでに実施している」「すぐに実施できる」と配慮実施の可能性が高かった項目は，通級指導学級14項目，特別支援学級14項目，特別支援学校31項目であった。このうち「ほめる・頑張りを認める」「『前回食べられたのに今日食べられないのはおかしい』」というような指

表5.9 特別な配慮を要する子どもの給食・授業等の場面における配慮実施の可能性 (平均値)

5 すでに実施　4 すぐに実施できる　3 わからない　2 たぶん実施できない　1 実施できない	特別支援学級	通級指導学級	特別支援学校
n	204	117	22
調理法を変え，好きな食感に変える	2.02	2.06	2.82
調理法を変えて，嫌いな食感を変える	2.06	2.07	3.23
調理法を変えて，味を変える	2.04	2.12	2.91
決まったメーカーにする（A社の味など）	2.08	2.12	2.73
調理法を変えて柔らかくする	2.13	2.14	4.50
擦って混ぜ，スープ等にして繊維質をなくす	2.19	2.15	3.64
野菜スープ等にして匂いを減らす	2.08	2.18	3.09
味をしみこませる（煮込む）	2.13	2.19	2.77
水分と固形物は分ける	2.49	2.33	4.14
硬さや形・大きさを一口サイズに統一する	2.89	2.41	4.27
好きな料理で外食する	2.93	2.45	3.86
自宅環境と同じにする（仕切りを作る）	2.55	2.61	3.23
好きな聴覚刺激を組み合わせる	2.57	2.63	3.45
嫌いなものに好きな触覚刺激を徐々に混ぜる	2.64	2.71	3.77
嫌いなものに好きな味覚刺激を徐々に混ぜる	2.71	2.74	3.86
見た目を見栄えよく，カラフルに盛り付ける	2.65	2.77	3.50
嫌いなものを好きな味覚刺激に混ぜる	2.74	2.78	3.68
様々な場所で食べる経験を積む	3.48	2.82	3.77
調理の経過を示したり，調理室見学などを行う	3.30	2.87	3.82
レンジで温める，作ったものをすぐに食べる	2.83	2.88	2.95
一緒に買い物に行く（材料の搬入など，経過を示す）	3.32	2.88	3.64
いつもと同じコップを選ばせる	3.08	2.95	4.32
容器を変更する・入れなおす	3.18	2.97	3.82
似ている料理に挑戦する	3.12	3.09	3.45
好きなものにわからないように混ぜる	3.19	3.14	4.09
れんげですくってあげる	3.52	3.35	4.27

本人の好きな人・安心できる人がいつも介助する	3.75	3.49	4.36
量が見えるお椀に入れる	3.72	3.62	4.36
落ち着いて食べられる別室を用意する	3.41	3.68	3.36
ゴミ箱を出して残すこともできるようにする	3.55	3.74	4.50
少しずつ量を増やし，気づかせないようにする	3.40	3.31	4.05
おなかがすくような運動等の学習を給食前にする	3.44	3.74	3.73
(味が混ざらないように) 一口ずつ終わらせる	3.57	3.75	4.45
料理を一つずつ食べさせる	3.61	3.83	4.55
同じ場所（椅子）で食べる	3.83	3.83	4.64
丼ものなどはご飯と具材を別皿に盛りつける	3.78	3.85	4.41
スプーンに少量とって提示する	4.15	3.89	4.95
食べなくても，皆の「ごちそうさま」と同時にすぐに片づける	3.94	3.93	4.09
必ず同じものを食卓に出すが，食べなくてもよい	3.69	4.00	4.18
食事指導の内容・ポイントをいつも同じにする	4.19	4.04	4.55
「〇分間は黙って食べる」「三角食べ」など食べ方を強制・ルール化しない	3.88	4.05	4.27
少しずつ食べる量を増やす	4.33	4.10	4.86
「終わり」「次」を明確にする	4.27	4.15	4.95
パニックを起こしても焦らない	4.32	4.15	4.68
本人が楽しく食べて過ごすことを意識する	4.28	4.19	4.64
嫌いなものから食べ，好きなものを最後にするなど自分で順番を決めてよい	4.19	4.24	4.64
食べないものも一応食卓に出す（給食では配膳する）	4.45	4.25	5.00
どのような配慮・支援があれば楽しく又は負担なく食べられるか本人の声を傾聴	4.03	4.29	4.32
家族（友達・教師）が楽しく食べているのを本人に見せる	4.28	4.30	4.50
それとなく誘導し，介助者が強制・固執しない	4.45	4.36	4.86
本人の希望する量を盛り付ける	4.48	4.38	4.55
「前回食べられたのに今日食べられないのはおかしい」というような指導をしない	4.30	4.42	4.59
ほめる・頑張りを認める	4.70	4.50	4.95

導をしない」「本人の希望する量を盛り付ける」「それとなく誘導し，介助者が強制・固執しない」「家族（友達・教師）が楽しく食べているのを本人に見せる」「どのような配慮・支援があれば楽しく又は少しでも負担なく食べることができるのか本人の声を傾聴する」「食べないものも一応食卓に出す（給食では配膳する）」「嫌いなものから食べ，好きなものを最後にするなど自分で順番を決めてよい」「本人が楽しく食べて過ごすことを意識する」「パニックを起こしても焦らない」等13項目ではすべての学級種に共通していた。

「たぶん実施できない」「実施できない」理由には「給食センターでの調理のため，手を加えることができない」「衛生管理上，教室内での調理，ひと手間を加えることができない」「他の児童生徒もいるため，個別の対応を容認することはできない」「学校給食なので個別配慮はできない」「教職員の人員不足」「空き室がなく，別部屋を用意できない」「栄養士・調理師に確認してできるといわれなければ無理」「アレルギー児童への対応で多忙を極め，その他の困難を有する児童生徒まで手が回らない」等が挙げられた。

発達障害当事者が求めている食に関する支援ニーズ（第2章）の内容を提示し，偏食や感覚過敏など食に関する特別な配慮を要する子どもの給食・授業等における配慮実施の可能性について表5.10に示す。

「すでに実施している」「すぐに実施できる」と配慮実施の可能性が高かった項目は，通級指導学級5項目，特別支援学級3項目，特別支援学校10項目であった。このうち，「給食を残してしまっても，強い指導をしないでほしい。（完食を強制しないでほしい）」「食事は一人分ずつ分けてあると，食べる量がわかりやすいのでそうしてほしい（自分の適量・分量がわかるようにしてほしい）」の2項目ではすべての学級種に共通していた。

実施できない理由には，「学校給食は栄養管理をされているため，指定の食材・調味料以外に加えることができない」「給食以外の時間に食事を摂ることやおやつ等を食べることは許可できない」「飴やガム等の学習に必要のないものの持ち込みやそれを口にすることがあれば生活指導・生徒指導の対

第 5 章　　161

表5.10　発達障害当事者の支援ニーズの学校給食における配慮実施の可能性（平均値）

5　すでに実施　4　すぐに実施できる　3　わからない　2　たぶん実施できない　1　実施できない	特別支援学級	通級指導学級	特別支援学校
n	199	112	22
1　生野菜は匂いがしなくなるように火を通してほしい	3.21	3.18	3.95
2　外食でも個室だと食べられる（給食を個室・別室で食べることを認めてほしい）	3.55	3.77	3.55
3　新しい食べ物は事前に紹介されていれば大丈夫（給食献立の詳細を事前説明してほしい）	3.96	4.03	4.27
4　自分で選んだ食べ物は美味しく味わい，楽しむことができる（選択制の献立，または献立のなかから何を食べるか，量を自分で決めさせてほしい。配膳時に量を調整したり，どうしても食べられない食材を入れないなど自分で決めさせてほしい）	3.80	3.86	3.95
5　こまめにおやつをつまむことを認めてほしい（給食以外の時間に持参した飴等を食べることを認めてほしい）	2.34	2.45	2.45
6　大皿からとるおかずは取り皿を決めて，食べすぎを減らすようにしている（自分の適量がわかるような支援がほしい）	3.84	3.54	4.18
7　空腹の目安として一番頼りにしているのは時刻である（おなかがすいたという感覚がない，または優先順位が低いので，時刻を目安にするような支援がほしい）	3.72	3.78	4.27
8　ガムを噛むと気持ちが安定する（気持ちの安定のためにガムをかむことを認めてほしい）	2.32	2.33	2.50
9　一人にさせてもらえば，少しは食べられるときもある（一緒に食べることを強要しないでほしい）	3.65	3.86	3.77
10　一度に少量ずつ何回も食べることで，空腹になるのを防いでいる（空腹になると落ち着かないので，給食以外の時間にも何かを食べることを認めてほしい）	2.71	2.46	3.73
11　食事は一人分ずつ分けてあると，食べる量がわかりやすいのでそうしてほしい（自分の適量・分量がわかるようにしてほしい）	4.29	4.19	4.64
12　歯ごたえのあるものをふりかければ嫌いな食感をごまかせるときもある（ふりかけ等を持参して，ご飯等にかけることを認めてほしい）	3.17	3.03	3.86
13　行きつけのお店では毎回同じ座敷，座る席順も同じなので安心できる（給食を食べる場所・席はいつも同じにしてほしい）	3.97	3.79	4.36
14　舌触りが柔らかく，口の中に刺さらない食べ物は食べられる（揚げ物の衣などをはがして残すことを認めてほしい）	4.01	3.91	4.23

15	硬い物は大きく切り，柔らかいものは細かく切り，フォークを使って食べると誤嚥が減る（自分の使いこなしやすい食具を使いたいので箸を使うことを強要しないでほしい）	3.93	3.75	4.41
16	レタスを食べると頭の中が爽やかになり，よどんだ感じがなくなり，血がきれいになった感じがする（食べたいもの等を本人に聞いて，それを大事にしてほしい）	3.28	3.34	3.45
17	みんなで食べるときには一皿でおしまいのものなら食べることができる（取り分けたりして加減することが難しいので，自分の分はこれだけとわかるようにしてほしい）	3.97	4.03	4.36
18	生野菜は和風・中華・青じそドレッシングをかけると雑草の臭いがかなり消えるのでそうしてほしい（生野菜にドレッシング等をかけることを認めてほしい）	3.15	2.77	3.14
19	キャベツの千切りは細くて，水にさらしてあると臭いが消えているので食べられる	2.90	2.54	2.86
20	食べ物をつぶして，練り混ぜて食べると歯ごたえや舌触りをごまかせるのでそうさせてほしい（このような食べ方をしていても指摘しないでほしい）	3.27	3.53	3.77
21	給食を残してしまっても，強い指導をしないでほしい。（完食を強制しないでほしい）	4.26	4.45	4.73
22	給食に食べられないものが多い場合は，お弁当を持参することを認めてほしい	3.61	4.16	3.41
23	自分の食器具を持参することを認めてほしい	3.84	3.59	4.14

象となる」「給食は楽しく食べることや仲間との関わりも重視したいので，別室で食べることはできれば許可したくない」「O-157の大規模食中毒が発生して以降，給食に生野菜は出されなくなっているため，対応する状況がない」等が挙げられた。

3.5. 発達障害等の児童生徒の食の支援体制

　発達障害等の子どもの有する問題のうち，感覚過敏，不定愁訴，睡眠困難，食の困難について，校内の会議等でどの程度話題になるかを質問して**表5.11**にまとめた。平均値は「感覚過敏」2.51，「不定愁訴」2.72，「睡眠困難」2.62，「食の困難」2.54であった（n＝357校）。学級種別で比較すると，最も

表5.11　校内の会議等で話題になる発達障害等の子どもの問題

5　いつもなる　4　ほぼなる　3　わからない　2 ほとんどならない　1　ならない	全体	特別支援学級	通級指導学級	特別支援学校
	357	207	124	22
感覚過敏	2.51	2.26	2.73	3.32
不定愁訴	2.72	2.52	2.78	3.45
睡眠困難	2.62	2.40	2.71	3.45
食の困難	2.54	2.34	2.56	3.23

表5.12　障害をもつ子どもの栄養管理・食事指導を学んだ教職員の所属

	全体		特別支援学級		通級指導学級		特別支援学校	
いる	79	24.3	41	21.9	20	17.1	16	84.2
いない	246	75.7	146	78.1	97	82.9	3	15.8
n（校）	325	100.0	187	100.0	117	100.0	19	100.0

「話題になる」と回答しているのは特別支援学校であり，通級指導学級が続く。

　職員会議や日常の職員室などにおいて発達障害等の子どもの支援方法等に関する相談，情報の共有・交換・助言の実施状況を**表5.12**に示す。平均値は全体では3.52，通級指導学級で3.38，特別支援学級で3.64，特別支援学校で3.32であった。全体の8割強の学級が「行えている」と回答した。

　障害をもつ子どもの栄養管理・食事指導のあり方について学んだ教職員が所属している学校は全体で79校24.3%であり（n＝325校），特別支援学級41校21.9%，通級指導学級20校17.1%，特別支援学校16校84.2%であった（n＝323校）。特別支援学校では84.2%に所属しているが，小中学校の場合にはほぼいない（**表5.12**）。職種は「特別支援学級・通級指導学級・特別支援学校の学級担任」「特別支援教育コーディネーター」「養護教諭」「栄養士・管理栄養士」であり，学びの機会として「特別支援学校勤務時の研修」「個人的に

外部研修に参加」が多く，障害児の摂食指導・医療ケア研修，都立病院や保健所の研修等に参加していた。

発達障害等の子どもの食支援のために教職員の研修の必要性を感じている学校は多く，全体では3.64，特別支援学級3.46，通級指導学級3.62，特別支援学校4.14であった。「とてもそう思う」「まあまあそう思う」を合わせると，全体では237校67.5%（n＝351校），特別支援学級130校66.0%，通級指導学級86校71.7%，特別支援学校20校90.9%が教職員への研修の必要性を感じている。特に特別支援学校では90.9%が研修の必要性を感じている（n＝339校）。

子どもの食支援についてアドバイスを受けられる外部専門家がいるのは全体で138校40.7%，特別支援学級80校41.0%，通級指導学級39校31.7%，特別支援学校18校90.0%であった（**表5.13**）。特別支援学校では90.0%の学校に外部専門家がいるが，小中学校の場合には少ない。外部専門家の職種は，全体では「口腔リハビリ専門家」10校5.8%，「医師」49校28.5%，「管理栄養士」77校44.8%，「研究者」5校2.9%，「その他」31校18.0%であった。

学級種別でみると，通級指導学級・特別支援学級では「管理栄養士」が最

表5.13　食に関するアドバイスを受けられる外部専門家の有無

	全体		特別支援学級		通級指導学級		特別支援学校	
n（校）	339	100.0	195	100.0	123	100.0	20	100.0
いる	138	40.7	80	41.0	39	31.7	18	90.0
口腔リハビリ専門家	10	5.8	3	3.4	4	7.1	3	10.3
医師	49	28.5	24	27.6	16	28.6	9	31.0
管理栄養士	77	44.8	47	54.0	24	42.9	6	20.7
研究者	5	2.9	1	1.1	3	5.4	1	3.4
その他	31	18.0	12	13.8	9	16.1	10	34.5
n（校）	172	100.0	87	100.0	56	100.0	29	100.0
いない	201	59.3	115	59.0	84	68.3	2	10.0

多であるが，特別支援学校では「医師」のほか「ST」「OT」「主治医」「歯科衛生士」「保健師」「臨床心理士」「スクールカウンセラー」を挙げる学校が多い。しかし，摂食問題の専門性が高く，肢体不自由特別支援学校等に関わりの大きい口腔リハビリ専門家については，いずれの学級種においてもほとんど連携できていないことが明らかとなった。

　食に関する困難を有する発達障害等の子どもに対応するため，校外機関と連携・協力をしたことがあるのは，全体で87校25.1%，通級指導学級21校17.1%，特別支援学校50校24.9%，特別支援学校16校80.0%であった（表5.14）。校外機関は「医療機関」47校38.2%，「本人が通っている支援機関」26校21.1%，「教育委員会」11校8.9%，「保健所・保健センター」8校6.5%，「その他」8校6.5%，「特別支援学校」9校7.3%，「児童相談所」7

表5.14　校外機関との連携・協力

	全体		特別支援学級		通級指導学級		特別支援学校	
n（校）	346	100.0	201	100.0	123	100.0	20	100.0
ある	87	25.1	50	24.9	21	17.1	16	80.0
教育センター	3	2.4	2	2.6	0	0.0	1	4.3
教育委員会	11	8.9	8	10.4	2	8.7	1	4.3
保健所・保健センター	8	6.5	4	5.2	1	4.3	3	13.0
福祉課	4	3.3	3	3.9	0	0.0	1	4.3
児童相談所	7	5.7	4	5.2	2	8.7	1	4.3
医療機関	47	38.2	24	31.2	14	60.9	9	39.1
特別支援学校	9	7.3	9	11.7	0	0.0	0	0.0
本人が通っている支援機関	26	21.1	19	24.7	3	13.0	4	17.4
その他	8	6.5	4	5.2	1	4.3	3	13.0
n（校）	123	100.0	77	100.0	23	100.0	23	100.0
ない	259	74.9	50	24.9	102	82.9	4	20.0

校5.7%，「福祉課」4校3.3%，「教育センター」3校2.4%であった。「その他」には「ST」「OT」「主治医」「歯科衛生士」「保健師」「臨床心理士」「スクールカウンセラー」が挙げられている。

発達障害等の子どもの食支援のために巡回相談の活用の必要性（5件法平均値）は全体で2.69，通級指導学級2.75，特別支援学級2.71，特別支援学校3.55となった。「とてもそう思う」「まあまあそう思う」を合わせると，全体では117校33.2%（n＝352校），通級指導学級40校32.0%，特別支援学級64校31.5%，特別支援学校12校54.5%が教職員への研修の必要性を感じている。特に特別支援学校では過半数が巡回相談の活用の必要性を感じている（n＝116校）。

専門家チームの活用の必要性（5件法平均値）は，全体で2.84，通級指導学級2.76，特別支援学級2.53，特別支援学校3.50となった。「とてもそう思う」「まあまあそう思う」を合わせると，全体では108校31.3%（n＝345校），通級指導学級41校33.6%，特別支援学級54校27.1%，特別支援学校12校54.5%が教職員への研修の必要性を感じている。特に特別支援学校では過半数が専門家チームの活用の必要性を感じている（n＝339校）。

教師がいつでも必要に応じて相談できる専門家との連携があるなど，発達障害等の子どもと関わる教師への支援体制が十分だと思うかを問うと，全体では2.90，通級指導学級2.83，特別支援学級2.63，特別支援学校3.00であった。すべての特別支援学校が「十分だと思う」と回答している一方，通級指導学級93.9%，特別支援学級48.5%は「不十分である」と回答した。

食に困難を有する発達障害等の子どもを支援するために校外機関からの支援として必要なことを自由記述で問うた（n＝55件）。複数件寄せられた記述をカテゴリーに分類し，まとめた。学校への支援では「摂食指導に詳しい専門家や口腔関係の医師のアドバイス」「STが摂食指導もできるので巡回相談の日数を増やしてほしい」「感覚統合に詳しいOTのアドバイスを受けたい」「咀嚼に関して医療機関のリハビリに通っている児童がおり，医療機

関・口腔歯科療育機関との連携と支援が必要」「感覚過敏のために偏食と思われる生徒がいるが具体的な診断もできていないため的確な対応ができていない。個別に観察，指導のアドバイスを行える専門家の支援が必要」「苦手な食べ物を無理して食べさせなくても良いのか。栄養バランスを考えて何でも食べるように指導したほうがいいのか専門家の意見を聞きたい」等の要望があった。

　学校以外への支援では「給食センターにも教えてほしい」「特別食を一食から受注できる給食業者（行政からの補助があるとなおよい）」「家庭への理解啓発。家庭を支援してほしい」との意見が寄せられている。一方で，「誰に相談していいかわからない（どのような校外機関があるかわからない）」「食事の時間がゆったりとあればしっかりと指導できるし，外部の専門家の指導もほしいが…（食までは手が回らない）」等の戸惑いを抱える声もあった。

　特別支援教育の体制整備とその運用状況を表5.15に示す。特別支援学校では，ほぼすべての項目で機能している。特別支援学級・通級指導学級では「気づき」「実態把握」に関する項目はほぼ機能しているものの，その他の項目では特別支援教育の基本的機能すら運用されていない。特別支援教育は2007年に制度化され，本調査時点で8年が経過しており，文部科学省が毎年実施している「特別支援教育体制整備状況調査結果」において公立義務教育学校ではほぼ100％の体制整備状況が報告されているが，その「運用」となると不十分な実態であった。

　学校給食においても子どもの心身状態・ニーズに適した個別対応が広まることが必要かを問うた。「必要」「少しは必要」を合わせると，全体では310校89.3％（n＝347校），通級指導学級106校90.6％，特別支援学級181校90.5％，特別支援学校22校100％であった（n＝339校）。

　食に関する指導・配慮のうち，特別な配慮を要する児童生徒への個別的対応に関連する3つの事項の認知度を表5.16にまとめた。学習指導要領に学校給食の目的や食育の推進が記載されていることを「知っている」のは全体で

表5.15　特別支援教育体制整備に関する運用状況

5　機能している　4　少し機能している　3　わからない　2　機能していない　1　取り組みなし	特別支援学級	通級指導学級	特別支援学校
n（校）	202	123	22
《a．気づき》			
1　担任の特別な支援が必要な児童生徒への気づき	4.43	4.32	4.73
2　特別な支援が必要な児童生徒への学年での気づき	4.44	4.32	4.73
3　担任以外の児童生徒にかかわりのある教員からの気づき	4.28	4.32	4.73
4　校内員会が組織として気づきの機能がある	4.20	4.32	4.73
5　全職員の特別な教育的支援の必要な児童生徒へ気づく体制	3.96	4.32	4.73
《b．実態把握》			
6　特別な教育的支援の必要な児童生徒の学年による実態把握	4.45	4.20	4.82
7　特別な教育的支援の必要な児童生徒の校内員会による実態把握	4.30	4.20	4.82
8　個人カルテ等を活用した職員の児童生徒情報の共有化	3.83	4.20	4.82
9　実態把握のために専門性のある教員や校外の専門機関を活用	3.89	4.20	4.82
10　実態把握を個別の指導計画の作成に活用	4.03	4.20	4.82
《c．支援》			
11　担任の学級内での個別的支援の工夫	4.18	3.85	4.68
12　学年での支援内容の話し合い，学年単位での支援の工夫	4.13	3.87	4.73
13　学級以外に特別な支援の場の設置（指導室設置や放課後学習等）	3.50	3.69	3.45
14　支援について専門性のある教員や校外の専門機関の活用	3.78	3.93	4.14
15　全職員での組織的な校内支援体制	3.73	3.86	4.27

《d. 相談》				
16	担任が児童生徒の相談に常時対応	4.37	4.04	4.77
17	教育相談組織の校務分掌等への位置づけと相談対応	4.10	3.98	4.73
18	保護者の相談に常時対応	4.36	4.33	4.95
19	専門的な相談機関の積極的な活用	3.88	3.92	4.36
20	全職員がいつでも相談可能な体制	3.85	3.84	4.27
《e. 連絡調整》				
21	連絡調整に関する役割分担が明確	3.88	3.85	4.50
22	校内の連絡調整を行う場の位置づけ	3.95	4.01	4.41
23	校内の連絡調整	3.95	4.01	4.41
24	校外の関係機関との連絡調整	3.96	3.87	4.50
25	校内委員会の特別支援教育に関する連絡調整機能の位置づけ	3.98	3.96	4.55
《f. 研修》				
26	特別支援教育に関する理解研修の実施	3.86	3.85	4.55
27	実態把握や指導法等，具体的支援に関する研修の実施	4.18	3.85	4.55
28	事例検討会等で児童生徒一人ひとりの支援について話し合い	4.13	3.87	4.27
29	保護者や他の児童生徒への支援について研修	3.50	3.69	4.14
30	関係図書，資料等が常時用意	3.78	3.93	3.32

は279校82.3％，通級指導学級94校77.7％，特別支援学級163校83.6％，特別支援学校20校95.2％であった。

　学校給食法（平成21年一部改正）第三章「学校給食を活用した食に関する指導」第十条には，「栄養教諭は，児童又は生徒が健全な生活を営むことができる知識及び態度を養うため，学校給食において摂取する食品と健康の保持増進との関連性についての指導，食に関して特別の配慮を必要とする児童又

表5.16　食に関する指導・配慮の根拠事項の認知度

		全体		特別支援学級		通級指導学級		特別支援学校	
学習指導要領の学校給食の目的や食育の推進に関する記載									
知っている		279	82.3	163	83.6	94	77.7	20	95.2
知らない		60	17.7	32	16.4	27	22.3	1	4.8
n（校）		339	100.0	195	100.0	121	100.0	21	100.0
学校給食法第3章10条の食に関する配慮の必要な児童への個別的な指導の実施と校長の責務に関する記載									
知っている		183	53.4	114	56.4	50	42.4	18	81.8
これに則り指導を実施している		82	45.8	47	42.0	21	43.8	21	43.8
具体的指導はしていない		86	48.0	56	50.0	25	52.1	25	52.1
現在検討中		11	6.1	9	8.0	2	4.2	2	4.2
n（校）		179	100.0	112	100.0	48	100.0	48	100.0
知らない		160	46.6	88	43.6	68	57.6	4	18.2
n（校）		343	100.0	202	100.0	118	100.0	22	100.0
文部科学省「食に関する指導の手引き」2007の障害のある児童生徒への食に関する指導の意義に関する記載									
知っている		169	49.0	101	50.0	50	41.7	17	77.3
これに則り指導を実施している		85	55.9	51	55.4	23	53.5	23	53.5
具体的指導はしていない		61	40.1	36	39.1	20	46.5	20	46.5
現在検討中		6	3.9	5	5.4	0	0.0	0	0.0
n（校）		152	100.0	92	100.0	43	100.0	43	100.0
知らない		176	51.0	101	50.0	70	58.3	5	22.7
n（校）		345	100.0	202	100.0	120	100.0	22	100.0

は生徒に対する個別的な指導その他の学校給食を活用した食に関する実践的な指導を行うものとする。この場合において，校長は当該指導が効果的に行われるよう，学校給食と関連付けつつ，当該義務教育諸学校における食に関する指導の全体的な計画を作成することその他の必要な措置を講ずるものと

する」。また同条三項では「栄養教諭以外の学校給食栄養管理者は，栄養教諭に準じて，第一項前段の指導を行うよう努めるものとする」との記載がなされている。

これを「知っている」のは全体では183校53.4％，通級指導学級50校42.4％，特別支援学級114校56.4％，特別支援学校18校81.8％であり，通級指導学級・特別支援学級では「知らない」と回答した人のほうが多かった。「知っている」と回答したうち，「これに則り指導を実施している」のは全体で82校45.8％，通級指導学級21校43.8％，特別支援学級47校42.0％，特別支援学校21校43.8％に留まり，「知っているが具体的指導はしていない」学級が上回っている。

文部科学省（2007）「食に関する指導の手引き」には「障害のある児童生徒が，将来自立し，社会生活する基盤として，望ましい食習慣を身につけ，自分の健康を自己管理する力や食物の安全性等を自ら判断する力を身につけることは重要である」との記載がなされている。これを「知っている」のは，全体では169校49.0％，通級指導学級50校41.7％，特別支援学級101校50.0％，特別支援学校17校77.3％であり，通級指導学級・特別支援学級では「知らない」と回答した人のほうが多かった。「知っている」と回答したうち，「これに則り指導を実施している」のは，全体で85校55.9％，通級指導学級23校53.5％，特別支援学級51校55.4％，特別支援学校23校53.5％に留まっている。

食の困難を有する発達障害等の子どもへの支援を進めていくための意見（自由記述）が90件寄せられ，複数件寄せられた同義の記述をコード化してカテゴリーごとにまとめた。

食物アレルギー対応に関する意見には「特別支援学校が適していると判断が出ているお子さんの支援学級入学に伴い，給食等においても対応が日々難しくなっている」「アレルギー生徒の除去食提供を行っている人数が学校全体として多く，これ以上の取り組み（調理段階における）は無理」「学校では発達障害の子どもの食の問題よりもアレルギーをもつ子どもへの対応・配慮

の優先度・緊急度が高いのが現状である」「近年はアレルギーのある児童が増える一方であり，栄養士，調理員は日々対応に追われています。エピペン常備の子が増えています。命に係わる支援が最優先され，「過敏」の範疇のケースにはとても支援の手が回らないのが実情です」等があった。

　感覚情報処理障害（感覚過敏・低反応）や身体症状への対応に関する意見には「特別支援学級の生徒のなかにはこだわりが食に関しても強く，家庭でも放置されていることが多いので正しくない食習慣を続けて行っている者が多い。特に手を入れるべき」「自閉症児が独特な感覚を持っていることが理解され，より充実した支援が構築されることを望む。一方，指導・発達の中で改善していくケースも多く経験している。食に限らずこだわり，おもいこみ，思考のかたさ等が様々な困難につながっているため，身体感覚の自覚表現，系統的脱感作による度合いの理解等，指導が必要だと思う」「通級では個別対応をして給食を食べられる生徒が，在籍している学校では給食を一口も食べられないという事例が数件あります。集団の中では匂いの対応が十分にできない現状があります」「感覚過敏等の問題や偏食についての正しい知識を得ることで食に関するプレッシャーはなくしていくべき」「生徒の好き嫌いがわがままのようにとらえられる傾向があるため，味覚過敏が好き嫌いの原因になっている場合の周りの教員の理解が必要」「本校ではかなり大変な食に関する困難を抱える児童に対して他のこだわり行動と一緒にスモールステップで給食指導をしてきましたが，ほぼ全員が学級内での給食指導の範囲内（小さくきる，丼ものをごはんと具に分ける，少しずつ食べさせる）で普通に食事できるように成長しています。食は色々な行動の困難さの一つと考えています」等があった。

　給食形態に関する意見には「自校調理・自校栄養士のシステムですが，廃止になりそうな動きは常にあります。自校でなくなれば個のニーズに応じることはより一層困難になると思い，危惧しています」「給食の調理員さんは業務委託された会社に所属しており，入札して三年ごとに変わることがある。

それにより安かろう，悪かろうという業者に委託され，給食の質を維持することが難しくなっている」等があった。

　人員の不足・充実に関する意見には「アレルギー対応等で日々大変な栄養士や給食室の主事さんに，それ以上の食材や調理法の工夫をお願いするのは難しい（全体に関わることではなく，児童数人や個人のことならなおさら）」「個別的な配慮は必要と思うが，今の人員配置で行なうことに難しさを感じる」「支援を進めていくためには担任以外（保護者や調理員または外部の指導者）の協力が必要」等があった。

　食に関する特別な配慮を要する子どもへの支援方法・指導内容に関する意見には「『食に関する個別的な配慮』をすべきことが指導の手引き等に書かれていることは知っているが，これをアレルギー対応で十分としているところがある。この調査にあるような個別的な見えにくい事情も明らかにし，対応するシステムも必要と思う」「食に対する楽しく豊かな時間にするためにさらにわかりやすい指導書などがあればと思っています」「生活を豊かにするため食・食行動についても支援をする必要があると思う」「チェックリスト等を使った簡単な実態把握を入るときにできるとよい。また，障害特性による効果的な食事に関する支援方法の手引きがあるとよい」「給食時間が15〜20分しかない。ゆっくり噛むことなどを意識させるためにももっと時間がほしい」「好き嫌いの多い生徒はお弁当を持参している（通級学級は弁当が注文できないため完全にお弁当）。給食指導は楽だが，栄養バランスが心配であり，苦手なものを克服するチャンスがないと感じる。食べ方に課題がありそうに感じる生徒はパン持参が多い」等があった。

　給食指導や個別的指導のあり方の平準化に関する意見には「実施するのであれば行政レベルで統一した方法，人員配置，予算措置とアレルギー対応と同様に必修の研修を組んでいく事が必要なのではないか。一学校の一特別支援学級では食形態，調理法までの配慮は行なえない」「発達障害等の児童生徒が増えていく中で学校としての給食指導のあり方をどうしていくか考える

時期ではないかと思う。指導は担任に任されることが多いが，指導に対する考え方もまちまちで統一できているとも思えない」「一人ひとり違う場合が多い支援であり，教員間でも指導の程度に差があり，共通理解を持って指導にあたりたい」「合理的配慮として全国的に共通した方法の提供が望まれる」等があった。

研修実施や専門性向上に関する意見には「偏食，過食等の課題をもっている児童に対しての適切な食事指導，支援方法を学びたい。研修等の機会ほしい」「通常学級の先生方にも特別支援学校の実践を知る機会があるべき」「発達障害の児童の偏食，こだわり，味覚過敏，触覚過敏等の実情と対応について通常学級の担任に知らせるリーフレットなどがあるとよい」「通級については個別配慮を行っているが在籍校の担任はみんな一緒の指導で配慮がなされていない場合もありパニックになることもある。食に関する困難さを知ってもらい，適切な支援ができるようになるとよい」「本校の栄養士は個々のニーズへの対応・工夫を積極的に進めてくれます。今後も共通理解を進めていけるとよいです。ニーズが増えていくことが予想されているので研修の充実など教員の力量を高める必要があると思います」「専門家の方に年に一度でも食に関する指導を受けられるとよい」等があった。

家庭との連携・協力に関する意見には「保護者の意識と学校側の認識のずれをどのように解消し，連携するのかが難しいので研修会などを開いてほしい」「アレルギーに関する対応はきめ細かくなっているが，食行動は家庭との連携もあり，学校だけでは難しさを感じる」「困難を改善するためには学校だけの取り組みでは不十分。家庭の協力が不可欠である」等があった。

4．考察

4.1. 発達障害等の子どもの食の困難と支援ニーズに関する実態把握

調査時において発達障害等の特別な配慮を要する子どもは98.0％の学級・学部に在籍し（n＝356校），報告された該当児童生徒数は6759人であった。障

害種が報告された子どもはのべ8,405人である（障害の複数診断・判定あり）。発達障害等の子どものうち，食に注意の必要な子どもは81.5％の学級・学部に在籍しており（n＝356校），報告された該当の子ども数は891人であった。

　具体的状況が報告された子どもはのべ1,365人で，全体では「極端な偏食」425人31.1％が最も多く，次いで「食物アレルギー」411人30.1％，「少食・過食」187人13.7％である。

　文部科学省（2014b）「学校生活における健康管理に関する調査」結果によれば，食物アレルギーの有病率は小学生4.5％，中学生4.8％，高校生4.0％であった。アナフィラキシーを起こしたことのある小中高校生は調査対象の0.5％である。その他の調査結果も総合すると，子どもの食物アレルギー有病率は 1 ～ 3 ％の範囲内にあるとの見解が示されている。

　日本学校保健会（2008）は，食物アレルギーの原因食物は多岐にわたり，学童期では鶏卵，乳製品だけで全体の約半数を占めるが，実際に学校給食で起きた食物アレルギー発症事例の原因食品は甲殻類（えび・かに）や果物類（特にキウイフルーツ）が多いこと，学校給食で起こったアレルギー症状の約60％は新規発症であったこと，食物アレルギーの約10％がアナフィラキシーショックまで進んでいることを報告している。本調査で報告された食物アナフィラキシーショックへの特別な配慮を要する子どもは，通級指導学級13名3.2％，特別支援学級14名2.4％，特別支援学校 6 名2.2％であった（％は食に関する配慮が必要な子ども数に占める割合）。

　前出の文科省調査（2014b）において，アレルギー疾患の罹患者のうち学校生活管理指導表（アレルギー疾患用）や医師の診断書等の提出があった子どもは，食物アレルギーで97,088人21.4％，アナフィラキシーで18,477人37.1％であったと報告されている。本調査において，子どもの学校給食等に関わる疾患・障害・要望（摂取禁止の食物や形態の要望など）の把握は，書面の提出や面接などにより，ほぼすべての学校で実施されていたが，対象となるのは食物アレルギー等に限られる傾向があり，発達障害等の子どもが有す

る感覚過敏，偏食・異食等への配慮・対応のために実施されているとの記述はごくわずかであった。

4.2. 食に関する困難・気がかり

　子どもの生活習慣や身体状況に関する心配な点は，「睡眠不足・睡眠リズムの乱れ」が最多となった。発達障害等の子どもの生活習慣や身体状況に関する心配な点を学級種別にみると，通級指導学級では「偏食」97校78.9%，「感覚過敏」96校78.0%，特別支援学級では「偏食」133校64.9%，「睡眠不足・睡眠リズムの乱れ」120校58.5%，特別支援学校では「睡眠不足・睡眠リズム乱れ」15校12.2%，「偏食」「感覚過敏」14校11.4%となった。さらに選択率が60%以上となったのは通級指導学級5項目，特別支援学校1項目，特別支援学校0項目となり，通級指導学級では発達障害等の子どもの生活習慣や身体状況に関する課題が多いもしくは表面化している状況と考えられる。

　小渕（2007）は親の聴き取り等から「ぐずってばかりいる，なかなか寝付かない，泣かない，ミルクを嫌がる，極端に偏食がある」等の発達障害児の「育てにくさ」が乳幼児期からあることも少なくないと指摘しているが，本調査結果から発達障害等の子どもは学童期・青年期においてもなお，こうした課題を継続して抱えている傾向がみられた。なお，文部科学省が「中高生を中心とした子供の生活習慣づくりに関する検討委員会」をたちあげ，「睡眠を中心とした生活習慣と子供の自立等との関係性に関する調査」（2015年3月結果公表）を実施するなどして，特に中高生の睡眠等の生活習慣に着目した調査・検討を行った。これと同様の問題を発達障害等の子どもも抱えていることが推察される。

　食生活，睡眠などの生活習慣，生体リズムの乱れは，子どもの健康保持に悪影響を及ぼし，体力の低下，気力や意欲の減退，集中力の欠如など，精神面に与える影響も大きく，生活リズムが乱れると自律神経に乱れが生じて，体温や血圧，脳の働き（活性化），全身の代謝活性にも負の影響が現れてくる。

藤澤（2010），宮崎・服部・三谷（1991）は，幼少期からの「早寝早起き朝ごはん」といった生活習慣が，生活リズムを整え，体内の消化吸収，栄養素の代謝など，脳神経やホルモンによって微妙に調整されている機能を伸ばすとともに，小児期に十分に規則的な生活を習慣づけ，体内リズムを完成しておけば，基本的な体調の変化を起こしにくく，崩れた場合も治りやすいことを述べている。

　岩崎（2010）も「生活の質」を構成する「睡眠」「食生活」「運動」「他者との交流」などに焦点化して子どもの状態を把握していくことが肝要であり，子どもの「生活習慣」の見直しを行い，「生活のゆがみ」や「生活の屈折」を是正すべく，「生活」を再建していく支援が必要と提案している。こうした問題は発達障害等の子どもにおいても重要な示唆であり，食生活，睡眠などの生活習慣，生体リズムの乱れが，発達障害そのものの特性に起因する「生活のしにくさ」「困難」から，拡大化・複雑化させている可能性を孕んでいることが懸念される。

　発達障害等の子どもの学校給食における「気がかり」の度合いが高い項目（5件法平均値）は，通級指導学級では「偏食」3.56，「食事マナー」3.44，「姿勢」3.37，特別支援学級では「姿勢」3.72，「食事マナー」3.66，「偏食」3.53，特別支援学校では「偏食」4.27，「咀嚼」4.09，「嚥下（丸飲み・流し込み）」4.09と続き，学校種を共通して「偏食」「姿勢」の気がかりの度合いが高かった。生活習慣や身体状況に関する心配な点では「不器用」が高く，学校給食における「食具操作」「姿勢」への気がかり度の高さとの関連がうかがえる。

　近年の子どもの特徴的な食べ方には，食卓に水，お茶，牛乳など飲み物類を置いて，食べ物をよく噛まずに飲み物で流しこみをする姿がある。これは食事時間を十分に取らず，また食べ物の「のどごしのよさ」を求めることに原因があると思われるが，食べ物を「よく噛んで味わうこと」は咀嚼筋，舌など口腔周囲の様々な筋肉を動かし，唾液を分泌させ，末梢組織からの刺激

は大脳中枢に働きかけるとともに，脳の血流量を増加させて，知的発達を促すと考えられている（日本学校保健会：2013）。

「障害者（児）の健康・栄養状態に関する実態調査」（大和田・中山：2007）によると，日頃，利用者の食行動で気になっている項目は「早食い（噛まずに飲み込んでしまう）」1081件88.2%と回答した施設が最も多く，続いて「偏食（特定の食物を極端に嫌い，ある食物しか食べない）」887件72.3%であった。さらにプラダーウィリー症候群及び Lawrence Moon-Bidel 症候群では異食症，自閉症では偏食及び異食症の頻度の高いことが報告されている。

口と手の協調運動が完成される以前の乳幼児や障害児，中途障害者，高齢者のなかには，手により食物を口に運ぶのではなく，開口したまま顔を回旋させて食物に向かうような食べ方や，上肢が体幹から離れ，肘関節が上方に引き上げられて，食物を上方から開口したままの口へ落とし込むような摂食動作・姿勢がみられることがある。このような非協調動作によって，捕食のタイミングを狂わされて，摂食・嚥下が正常に営めずに，食物をこぼすばかりか誤嚥の原因や姿勢保持の困難にも影響していることを把握するべきである（綾野・向井・金子：1997）。

さらに「噛もうとしない」子には，噛むことによって感じる味や素材の有する特徴への感覚情報の処理・調整等に問題があって噛まずに飲み込もうとしている場合や，「飲み込めないで口にためている」子には，正しく咀嚼して唾液と食物を混ぜてまとめ，飲み込める状態に処理できない場合が考えられることから，感覚過敏や咀嚼・嚥下発達に関する要因はないのかみていく必要がある（山崎：2013）。

このような先行研究の指摘も踏まえ，これまでの育ちのなかで「食べる」ことに関する各機能の未発達や感覚過敏，心理的問題，誤学習の蓄積した結果が，現在の「気がかり」として表れている可能性も高く，特に気がかりの度合いが高かった項目については，子どもの状況について専門的かつ丁寧な実態把握と支援が必要と考えられる。

4.3. 学校給食に関する発達障害等の子どもへの指導・支援

　学校給食を通した指導内容は，子ども全体と発達障害等の子ども，各学級種ともに共通して，「基本的な食事のマナー」「身支度や手洗い，歯磨きなどの衛生に関すること」「食事の姿勢に関すること」が上位を占める。「正しい食べ方」を指導している学級・学部は発達障害等の児童生徒では通級指導学級42校35.3％，特別支援学級89校43.0％，特別支援学校10校45.5％であった。「正しい食べ方」とはどのような食べ方を指すのかを問うと，「主菜・副菜等を交互に食べる『三角食べ』」90校60.0％，「器を持つ，手を添える」30校20.0％，「よく噛む」22校14.7％，「姿勢」18校12.0％，と続く（n＝150件）。

　発達障害等の子どもの学校給食における「気がかり」の度合いが高い項目は，通級指導学級では「偏食」「食事マナー」「姿勢」，特別支援学級では「姿勢」「食事マナー」「偏食」，特別支援学校では「偏食」「咀嚼」「嚥下（丸飲み・流し込み）」であったことと関連して，学校給食を通した指導内容にも取り上げられている。様々な感覚・知覚刺激をもとに，食べる時の条件を自動的に調節し，上手に食べることが可能になっていくことを踏まえ，姿勢や食べ方に課題がある場合は，全体の姿勢づくりや頭部のコントロール，食べる際の口唇や下あごのコントロールを行って適切な動きを教えるようにすることも重要である（田角：2009）。

　偏食や感覚過敏など食に関する特別な配慮を要する子どもの給食・授業等の場面における配慮として「すでに実施している」「すぐに実施できる」と配慮実施の可能性が高かった項目は，通級指導学級14項目，特別支援学級14項目，特別支援学校31項目であった。

　学校給食における対応としては「ほめる・頑張りを認める」「『前回食べられたのに今日食べられないのはおかしい』というような指導をしない」「本人の希望する量を盛り付ける」「それとなく誘導し，介助者が強制・固執しない」「家族（友達・教師）が楽しく食べているのを本人に見せる」「どのような配慮・支援があれば楽しく又は少しでも負担なく食べることができるの

か本人の声を傾聴する」「食べないものも一応食卓に出す（給食では配膳する）」「嫌いなものから食べ，好きなものを最後にするなど自分で順番を決めてよい」「本人が楽しく食べて過ごすことを意識する」「パニックを起こしても焦らない」等の13項目ではすべての学級種に共通して「すでに実施している」か「すぐに実施できる」との回答が高い。しかし，安全・衛生面，人員不足，場所不足，栄養士等の許可などに関わる項目は「たぶん実施できない」「実施できない」と回答されやすかった。

　立山・宮嶋・清水（2013）は保護者が行っている子どもの偏食への対応を調査し，ASD児においても「ほめて」「楽しく」との基本的な対応は変わらないが，ASD児の苦手とするファーストチャレンジを支援すること，特性であるこだわりを活用し，子どもの口腔機能や感覚ニーズにそった支援が重要と述べている。またASD児の場合，「混ぜる」ことによって食べさせようとする対応は効果が低く，味が混ざらないようにする，食感などの感覚を変える工夫は偏食への対応として効果が高いことも示されている。立山・宮嶋・清水（2013）の調査は保護者を対象としており，家庭と学校給食で対応できることには違いがあることを十分に認識しながらも，食に困難を抱える子どもへの個別的対応は，栄養教諭・管理栄養士の現状では十分とは言い難く，今後は学校栄養職員，養護教諭，担任等への理解啓発と具体的支援の充実・拡張が求められる。

　発達障害当事者が求める食に関する周囲の理解や支援に関する調査項目全46項目（第2章参照）のうち，残差分析の結果，発達障害当事者が他の項目に比べて特に理解・支援を求める割合が最も大きい項目は「自分で選んだ食べ物は，おいしく味わい，楽しむことができる」8.2であった。次いで，「ガムを噛むと気持ちが安定する」6.1，「空腹の目安として一番頼りにしているのは時刻である」4.1，「こまめにおやつをつまむことを認めてほしい」「食事は一人分ずつ分けてあると，食べる量がわかりやすいのでそうしてほしい」がともに3.7，「周りの人が食べている姿を見ると，自然と食べようとい

う気持ちになる」3.3と続いた。

　この調査項目を使用して，偏食や感覚過敏など食に関する特別な配慮を要する子どもの給食・授業等における配慮実施の可能性を問うと，「すでに実施している」「すぐに実施できる」と配慮実施の可能性が高かった項目は，通級指導学級5項目，特別支援学級3項目，特別支援学校10項目であった。実施できない理由には「学校給食は栄養管理をされているため，指定の食材・調味料以外に加えることができない」「給食は楽しく食べることや仲間との関わりも重視したいので，別室で食べることはできれば許可したくない」「給食以外の時間に食事を摂ることやおやつ等を食べることは許可できない」等があげられた。

　また，調査では発達障害当事者からの要望が高かったにも関わらず，学校からは「飴やガム等の学習に必要のないものの持ち込み禁止やそれを口にすることがあれば生活指導・生徒指導の対象となる」との記述が多数寄せられている。一様に生活指導・生徒指導の対象となる行為として受け止めるのではなく，心身の状態を調えるために必要な子どももいるという認識の転換が必要である。

4.4.　発達障害等の子どもが有する食の困難・ニーズへの支援体制

　発達障害等の子どもの有する問題のうち，感覚過敏，不定愁訴，睡眠困難，食の困難について，校内の会議等でどの程度話題になるかを問うと，平均値は「不定愁訴」2.72,「睡眠」2.62,「食・食行動」2.54,「感覚過敏」2.51であった（n＝375校）。

　山口（2010）は，食の問題は身体の不調の原因となっており，身体の不調が強迫的傾向の原因となっている可能性を，さらに食の問題が身体的症状の原因となり，身体的症状が精神的症状の原因となっていることが示唆されると述べている。

　職員会議や日常の職員室などで発達障害等の子どもの支援方法等に関する

相談，情報の共有・交換・助言を行えているのは全体の8割強であった。しかし，平均値は全体では3.52，通級指導学級で3.38，特別支援学級で3.64，特別支援学校で3.32であり，全体に十分とは言い難い。「生活の質」を構成する「睡眠」「食生活」「運動」「他者との交流」「心身の状態」等の子どもの状態を日ごろから把握し，生活や学習など様々な支援の基礎情報として活用していくことが肝要である。

　発達障害等の子どもの食支援のために教職員の研修の必要性を感じている学校は多く，「とてもそう思う」「まあまあそう思う」を合わせると，全体では237校67.5％が教職員への研修の必要性を感じている（n＝351校）。とくに特別支援学校では90.9％が研修の必要性を感じていた（n＝339校）。しかし，障害児の栄養管理・食事指導のあり方について学んだ教職員が所属している学校は全体で79校24.3％（n＝325校）と僅かであり，その84.2％が特別支援学校所属で小中学校にはほとんどいない。また子どもの食についてアドバイスを受けられる外部専門家がいる学校は全体で138校40.7％，特別支援学級80校41.0％，通級指導学級39校31.7％，特別支援学校18校90.0％であった。

　食に関する困難を有する発達障害等の子どもに対応するために校外機関と連携・協力をしたことがあるのは全体で87校25.1％，通級指導学級21校17.1％，特別支援学級50校24.9％，特別支援学校16校80.0％であった。連携した校外機関は「医療機関」47校38.2％，「本人が通っている支援機関」26校21.1％であった。「その他」には「ST」「OT」「主治医」「歯科衛生士」「保健師」「臨床心理士」「スクールカウンセラー」「特別支援学校」が挙げられている。

　食の困難を有する子どもの理解・支援のためには教職員の研修や校外機関との連携が不可欠である。本調査では，各学級・学部とも発達障害等の子どもの食支援において巡回相談や専門家チームの活用の必要性を感じていた。しかし例えば，摂食問題の専門性が高い口腔リハビリ専門家とはほとんど連携できていなかった。教師への支援相談体制については，すべての特別支援

学校が「十分だと思う」と回答しているが，通級指導学級93.9％，特別支援学級48.5％は「不十分である」と回答していた。

学校給食においても児童生徒の心身状態・ニーズに適した個別対応が広まることが「必要」「少しは必要」との考えは全体で310校89.3％（n＝347校），通級指導学級106校90.6％，特別支援学級181校90.5％，特別支援学校22校100％であった（n＝339校）。校外機関からの支援として，偏食対応や栄養管理のほか，「咀嚼に関して医療機関・口腔歯科療育機関との連携・支援が必要」「感覚過敏のために偏食と思われる生徒がいるが具体的な診断もできていないため的確な対応ができていない。個別に観察，指導のアドバイスを行える専門家の支援が必要」等の要望が複数あった。

近年，子どもの偏った栄養摂取や不規則な食生活，肥満・痩身傾向などが問題として取り上げられることも多く，次代を担う子どもの望ましい食習慣の形成に学校，家庭，地域，産業界が連携して努めることが緊要の課題となっている。これまでに述べてきたように子どもへの食に関する指導の必要性は学校給食法をはじめ，文部科学省も明らかに示しているが，学校においてはその理解が不十分であるおそれもあり，その認識を問うこととした。

学習指導要領に学校給食の目的や食育推進が記載されていることを「知っている」のは，全体では279校82.3％，通級指導学級94校77.7％，特別支援学級163校83.6％，特別支援学校20校95.2％であった。

学校給食法第10条には「栄養教諭は，児童又は生徒が健全な生活を営むことができる知識及び態度を養うため，学校給食において摂取する食品と健康の保持増進との関連性についての指導，食に関して特別の配慮を必要とする児童又は生徒に対する個別的な指導その他の学校給食を活用した食に関する実践的な指導を行うものとする。この場合において，校長は当該指導が効果的に行われるよう，学校給食と関連付けつつ，当該義務教育諸学校における食に関する指導の全体的な計画を作成することその他の必要な措置を講ずるものとする」。また同条３項では「栄養教諭以外の学校給食栄養管理者は，

栄養教諭に準じて，第一項前段の指導を行うよう努めるものとする」との記載がなされている。これを「知っている」のは全体で183校53.4％，通級指導学級50校42.4％，特別支援学級114校56.4％，特別支援学校18校81.8％であり，通級指導学級・特別支援学級では「知らない」と回答した人のほうが多かった。「知っている」と回答したうち「これに則り指導を実施している」のは全体で82校45.8％，通級指導学級21校43.8％，特別支援学級47校42.0％，特別支援学校21校43.8％に留まり，「知っているが具体的指導はしていない」学級が上回っている。

　文部科学省（2007）「食に関する指導の手引き」には「障害のある児童生徒が，将来自立し，社会生活する基盤として，望ましい食習慣を身につけ，自分の健康を自己管理する力や食物の安全性等を自ら判断する力を身につけることは重要である」との記載がなされている。これを「知っている」のは全体では169校49.0％，通級指導学級50校41.7％，特別支援学級101校50.0％，特別支援学校17校77.3％であり，通級指導学級・特別支援学級では「知らない」と回答した人のほうが多かった。「知っている」と回答したうち，「これに則り指導を実施している」のは，全体で85校55.9％，通級指導学級23校53.5％，特別支援学級51校55.4％，特別支援学校23校53.5％に留まっている。

　食に特別な配慮を要する子どもへの学校・教職員の対応やその認識は不足しているといわざるを得ない。例えば前述のように，子どもの学校給食等に関わる疾患・障害・要望の把握は，書面提出や面接などによりほぼすべての学校で実施されていたが，対象となるのは食物アレルギー等の安全面から対応すべきものに限られる傾向があり，発達障害等の子どもの有する感覚過敏・偏食・異食等に実施されているのはごく僅かであった。また，給食指導・偏食指導は学級担任の指導方針に任せられ，担任が変わる度に指導方針も変わることが明らかになっている。

　インクルーシブ教育に向けて，学校にこれまでよりも多様な心理的・身体的な発達課題や支援ニーズを有する子どもの増加が見込まれていることや，

食物アレルギー・生活習慣病予防など食に関する国民的健康課題への対応が学校給食にも求められている今，学校における食の支援・対応の充実は一層重要性を増している。

文部科学省は学習指導要領や改正学校給食法（2008年6月成立，2009年4月施行）を踏まえ，学校における食育の必要性，食に関する指導の目標，栄養教諭が中心となって作成する食に関する指導の全体計画，各教科等や給食の時間における食に関する指導の基本的な考え方や指導方法を取りまとめ，「食に関する指導の手引－第1次改訂版－」（2010年3月）を発行した。

第4章2「給食の時間における食に関する指導」では毎日繰り返し行われる給食の時間における食に関する指導は，食育を推進する上できわめて重要であるとし，給食の時間における指導の特質として特に留意すべき項目に「個に応じた指導」を挙げている。「児童生徒の体格や活動量，健康状態は様々であり，給食の時間の指導は，集団を基本としながら，一人一人の児童生徒の特性を考慮し，その指導が画一的なものとならないよう配慮する必要がある。例えば，食事の量，食べる速度，嗜好等について個別に把握し，指導の必要がある場合には，少しずつ根気強く改善に向けた対応や指導を行うことが大切である。その際には，保護者の理解と協力を得るとともに，学級担任と栄養教諭が連携・協力を図る必要がある。特に，食物アレルギー，肥満傾向，痩身願望等，専門的な立場から個別的な指導を必要とする場合には，学級担任，栄養教諭，養護教諭，学校医，担当医，保護者等の連携のもと，一人一人の食生活の実態を把握した上で個に応じた対応や相談指導を行うことが大切である」と，学校における食に関する個別的指導の必要性が明確に示されている。

さらに第6章「個別的な相談指導の進め方」においては「個別的な相談指導においては，食習慣以外の生活習慣や心の健康とも関係することが考えられるので，学級担任，養護教諭，他の教職員，スクールカウンセラー，学校医，主治医などとも密接に連携をとりながら，共通理解のもと，適切に対応

することが大切である。また，食に関する問題への対応は児童生徒の食の大部分を担う家庭での実践が不可欠であるので，保護者への助言・支援や働き掛けを合わせて行うことが重要である。このためには校内において，例えば『個別相談指導委員会』のような組織を立ち上げるなど指導体制を整える必要がある」とし，加えて「改善目標は対象の児童生徒との合意により決定していくことが大切であり，改善への意欲を高めるためには，児童生徒が自ら決めた目標を設定することが望ましいこと」「個に応じた指導計画を作成し，指導内容や児童生徒の変化を詳細に記録するとともに，必ず評価を行いながら，対象の児童生徒にとって適正な改善へ導くこと」と記されている。

このように，食物アレルギー，肥満傾向，痩身願望，激しいスポーツなど食に関する配慮の必要な子どもに対応するために，「個に応じた指導」「保護者との連携」「本人との合意形成」「個別的な相談指導や個に応じた指導計画の作成」「個別相談指導委員会の設置」などを提案しており，特別支援教育のあり方と親和性の高い考え方・方法が示されている。

本調査の回答の中に少数ながら「食に関する困難・ニーズの把握結果と指導を個別の教育支援計画に反映している」ことが報告されていたように，今後はこうした取り組みの充実が望まれる。この「個別な配慮の必要な児童生徒」のなかに，現在は想定されていない感覚過敏や偏食等を有する障害児への対応も含めて考えることができるよう，栄養士等の養成課程の再考や学校栄養士等への専門職研修の実施が必須となるような改善が求められている。

5．おわりに

本章では，東京都内の小・中学校の特別支援学級（自閉症・情緒障害）・通級指導学級（情緒障害等），知的障害特別支援学校（小学部・中学部・高等部）の学校給食担当責任者への質問紙法調査を通して，発達障害等の子どもが有する食の困難の実態と支援の課題について検討した。

学校における発達障害等の子どもの食の困難に関する具体的な支援のあり

方については，各校・各担任の自己判断に任されており，大きなばらつきが
見られた。また，子どもの食に関する対応は，食物アレルギー対応をしてい
ることで「十分」もしくは「児童生徒の食に関する個別的対応ができてい
る」と捉えられている節もあった。

　学校では発達障害等の子どもの食の困難ないし特異性に気づき始めている
が，栄養・食事指導や摂食に関する専門機関（保健所，口腔リハビリテーショ
ン等）との連携が十分になされていない現状が示された。口腔や身体感覚な
発達困難が強く，嗜好に偏りや独特な食べ方をしている子どもには，口腔と
ともに身体の過敏な部分へのアプローチや感覚等の学習経験の広がりなど，
子どもの全般的な発達困難と関連させて食の困難性を理解し，発達支援を組
織していくことが求められている（高見：2007）。

第6章　特別支援学校等の学校栄養職員調査からみた 発達障害等の子どもの食の困難の実態と支援の課題

1．はじめに

　本章では，東京都内の特別支援学級（自閉症・情緒障害）・通級指導学級（情緒障害等）を設置する小・中学校および知的障害特別支援学校の管理栄養士・栄養士・栄養教諭等の学校栄養職員への質問紙法調査を通して，発達障害等の子どもが有する食の困難の実態と支援の課題について明らかにしていく。

2．方法

（1）調査対象

　東京都内の通級指導学級（情緒障害等）・特別支援学級（自閉症・情緒障害）を有する小学校531校・中学校273校，知的障害特別支援学校38校，合計842校の管理栄養士・栄養士・栄養教諭である。

（2）調査内容

　調査項目は，①学校の概要，②発達障害等の子どもの食に関する困難・ニーズと支援体制：発達障害等の子どもの食に関する実態把握状況，食に関する困難・気がかり，学校給食に関する発達障害等の子どもへの指導・支援，発達障害等の子どもの食に関する支援体制，③栄養士の業務と栄養士としての発達障害等の子どもへの支援内容である。

（3）調査方法

郵送質問紙法調査。質問紙調査票「食の困難・ニーズに関する調査票（管理栄養士・栄養士・栄養教諭用）」を作成し，郵送にて依頼を行った。回答は134通（有効回答128通，無効回答6通），回収率は15.9％であった。小学校74校（通級指導学級設置42校，特別支援学級設置37校），中学校44校，（通級指導学級設置15校，特別支援学級設置30校），特別支援学校（知的障害）10校の合計128校である。

（4）調査期間

2014年12月～2015年5月。

3．結果

3.1．回答校の概要

回答者は128校135人，内訳は「管理栄養士」26人19.3％，「栄養士」56人41.5％，「栄養教諭」14人10.4％，「その他」39人28.9％であった（n＝135人，複数人による回答あり）。以下の分析においては，小学校，中学校，特別支援学校の3グループを基本としてクロス集計を行った。さらにグループ間比較のためにχ^2検定を実施したが，学級・学校種別の有意差はみられなかった。

学校給食の形態は，学校に管理栄養士・調理師等が所属し，必要に応じて他の教職員と連携しながら栄養管理から調理，提供までの一連の業務を校内で完結できる環境を有する「完全自校調理給食」は78校60.9％であった（n＝128校）。次いで「教育委員会等行政に所属する管理栄養士等が栄養管理を行い，給食センターで調理する業者委託給食」22校17.2％，「教育委員会等行政に所属する管理栄養士等が栄養管理を行い，校内で調理をする自校調理給食」16校12.5％と続く。

管理栄養士・栄養士・栄養教諭（以下，学校栄養職員と記す）の業務遂行にあたり，「学校に所属して所属校の業務を行っている」109校86.5％，「学校

に所属して近隣の学校の業務も兼任している」6校4.8%，「教育委員会に所属し，担当の学校の業務を行っている」5人4.0%，「管理栄養士・栄養士・栄養教諭が配置されておらず，学校給食担当の分掌の教諭として業務を行っている」4人3.2%，「その他」（委託栄養士として学校で業務）2人1.6%であった（n＝126人）。

　学校栄養職員の日常業務のうち最も行なわれていた業務は「アレルギーやその他の疾病・障害をもつ児童生徒の対応・相談」100校80.6%，次いで「調理及び配食に関する指導」95校76.6%，「給食放送指導，配膳指導，後片付け指導」93校75.0%，「衛生管理全般」93校75.0%，「給食試食会，親子料理教室，招待給食の企画立案・実施」92校74.2%であった（n＝124校）。

　一方，実施状況の低い業務内容では，特別支援教育システムとも深く関わると考えられる業務が目立ち，「望ましい食生活に関し，専門的立場から担任教諭等を補佐して，児童生徒に対して集団又は個別の相談指導を行う」55校44.4%，「偏食傾向，強い痩身願望，肥満傾向，食物アレルギー及びスポーツを行う児童生徒等に対する個別の指導」54校43.5%，「学校給食の食事内容及び児童生徒の食生活の改善に資するため，必要な調査研究を行う」46校37.1%，「学校給食を通じて，家庭及び地域との連携を推進するための各種事業の策定及び実施に参画する」39校31.5%，「保護者に対する個別の指導」35校28.2%，「特別支援教育推進のための「校内委員会」やケース会議への参加」34校27.4%，「研究授業の企画立案，校内研修への企画・参加」34校27.4%，「『個別の指導計画』『個別の教育支援計画』作成に関与」25校20.2%，「主治医，学校医，病院の栄養士等との連携調整」19校15.3%であった。

3.2．食に関する注意の必要な発達障害等の子どもの在籍状況

　調査を実施した2014年度に発達障害等の特別な配慮を要する子どもが「在籍していた」のは83校69.2%（n＝120校），校種別では小学校46校66.7%，中

学校26校70.3%，特別支援学校9校90.0%であった（n＝116校）。報告された該当の子ども数は全体で2,650人である。校種別では，小学校837人31.7%，中学校414人15.7%，特別支援学校1,391人52.6%となった（n＝2,642人）。

　障害種が報告されたのは237人でであり，その内訳は「学習障害」30人12.7%，「注意欠陥多動性障害」39人16.5%，「アスペルガー症候群」19人8.0%，「高機能自閉症」22人9.3%，「自閉症」27人11.4%，「広汎性発達障害」33人13.9%，「軽度の知的障害」27人11.4%，「その他」20人8.4%，「分類しにくいが発達障害様特徴を有する」20人8.4%であった。

　上記回答のあった発達障害等の子どものうち，食に関する注意の必要な子どもの在籍状況を表6.1に示す。食に注意の必要な子どもが「在籍している」のは71校60.7%（n＝117校），校種別では小学校40校60.6%，中学校23校63.9%，特別支援学校3校37.5%であった（n＝66校）。報告された該当の子ども数は840人で，校種別では小学校529人65.1%，中学校189人23.3%，特別支援学校94人11.6%となった（n＝812人）。さらに，食に注意の必要な子どもとして具体的状況を報告された子どもはのべ922人である。食の困難に関して，全体では「食物アレルギー」599人65.0%が最も多く，「極端な偏食」92人10.0%，「アナフィラキシーショック」73人7.9%である。

　子どもの学校給食等に関わる疾患・障害・要望（摂取禁止の食物や形態の要望など）の把握をしている学校は86校71.7%であった（n＝120校）。校種別では小学校49校73.1%，中学校27校69.2%，特別支援学校9校90.0%であった（n＝85校）。具体的な把握の方法は，入学・進級時の「保護者への聞き取り」「健康調査票やアレルギー調査票への記入を保護者に依頼」のほか，「医師による診断結果を毎年確認」「個別の指導計画への反映」「全校のアレルギー等児童の名簿を各クラスに掲示する」等の取り組み82件が報告されている。

3.3. 食に関する困難・気がかり

　発達障害等の子どもの生活習慣や身体状況に関する心配な点を校種別にみ

表6.1　食に関する注意の必要な発達障害等の児童生徒の在籍状況

	全体		小学校		中学校		特別支援学校		学校種合計	
	校	%	校	%	校	%	校	%	校	%
いる	71	60.7	40	60.6	23	63.9	3	37.5	66	60.0
いない	27	23.1	16	24.2	7	19.4	3	37.5	26	23.6
わからない	19	16.2	10	15.2	6	16.7	2	25.0	18	16.4
計（校）	117	100.0	66	100.0	36	100.0	8	100.0	110	100.0
報告された該当児童生徒数	840		529	65.1	189	23.3	94	11.6	812	100.0
具体的状況										
食物アレルギー	599	65.0	355	61.7	135	61.4	84	87.5	574	64.4
アナフィラキシーショック	73	7.9	42	7.3	23	10.5	7	7.3	72	8.1
投薬による禁止食物がある	57	6.2	35	6.1	18	8.2	0	0.0	53	5.9
水分摂取に注意が必要	24	2.6	16	2.8	8	3.6	0	0.0	24	2.7
医師の指示による食事制限	22	2.4	10	1.7	11	5.0	0	0.0	21	2.4
極端な偏食	92	10.0	73	12.7	14	6.4	5	5.2	92	10.3
少食・過食	35	3.8	27	4.7	8	3.6	0	0.0	35	3.9
異食	11	1.2	10	1.7	1	0.5	0	0.0	11	1.2
その他	9	1.0	7	1.2	2	0.9	0	0.0	9	1.0
計（人）	922	100.0	575	100.0	220	100.0	96	100.0	891	100.0

【異食】　テープ類，紙，布，花，葉，草，土，砂，石，クレヨン，消しゴムのカス，鉛筆の芯，糊，おもちゃ，爪，皮膚，髪，落ちているもの等
【その他】　宗教上の理由，ベジタリアン等思想，放射能で心配な食材は与えない家庭方針，食に関して常に満たされない危険を感じている等
（注）　全体と学校種の数値が合致しないのは，学校・学級種の未回答校が含まれているため。

ると，小学校は「偏食」42校56.8％，「感覚過敏」27校36.5％，中学校は「偏食」20校47.6％，「欠食（朝食欠食等）」17校40.5％，特別支援学校は「偏食」8校19.0％，「肥満」「睡眠不足・睡眠リズムの乱れ」7校16.7％となった（n=126校）。

発達障害等の子どもの学校給食における様子に「気がかり」の度合いが高い項目は，小学校（n＝74校）では「偏食」3.05，「姿勢」2.66，「食事マナー」2.62，中学校（n＝42校）では「偏食」3.00，「姿勢」2.73，「食事量」2.68，特別支援学校（n＝10校，5件法平均値）では「偏食」2.60，「食事量」2.30，「食事マナー」2.20と続く（n＝111校）。校種を共通して「偏食」「姿勢」の気がかりの度合いが高い。

　発達障害当事者調査で示された食に関する困難（第2章）のうち，上位22項目を取り上げ，同様の困難を有する発達障害等の子どもの在籍状況を**表6.2**にまとめた。全体では「箸の使い方が下手である」47校61.0%，「自分が予想していた味と違う味だと食べられない」34校44.2%，「味が混ざるのが嫌なのでおかずをすべて食べてからご飯に移る食べ方をしてしまう」30校39.0%，「においの強い食品は食べられない」27校35.1%，「魚の小骨は全部外さないとのどに引っかかってしまう（ように感じる）」22校28.6%，「その他」21校27.3%，「色や形以前に見るだけで気持ち悪く，怖い食べ物がある」15校19.5%，「大人数の食事は，音や匂いなどの情報があふれて辛い」14校18.2%と続く。

　「その他」には24校から多様な困難がよせられ，記述をカテゴリーごとに分類し，KJ法による分析を行った。食べ物そのものの性質や感覚過敏が背景と想定される「味などの感覚処理」に関する困難が多く，「食感に敏感で特定の食材が食べられない」「白いご飯を好んで混ぜご飯を好まない。少しでも食べることはできるが声掛けをしないと食べない」「家庭で食べたことがないものは食べられない。牛乳，白飯は食べられるが，混ぜご飯，ハンバーグなど家庭と見た目が違うものは食べられない」「色がついている食べ物は食べられない（混ぜご飯は食べられないが白飯は食べられる）」「味が混ざるのが嫌なので食材別に食べる」「ソースやたれがかかっているもの，どんぶりものは受け付けない」「家でカップラーメンばかり食べている」などの状況が報告された。

第6章 195

表6.2 食に関する困難を有する発達障害等の子どもの在籍状況（複数回答）

		全体		小学校		中学校		特別支援学校	
17	箸の使い方が下手である	47	60.3	30	61.2	12	54.5	5	71.4
4	自分が予想していた味と違う味だと食べられない	34	43.6	23	46.9	8	36.4	3	42.9
12	味が混ざるのが嫌なので，おかずをすべて食べてから，ご飯に移る食べ方をしてしまう	30	38.5	18	36.7	6	27.3	6	85.7
2	においの強い食品は食べられない	27	34.6	17	34.7	6	27.3	4	57.1
5	魚の小骨は全部外さないとのどに引っかかってしまう	22	28.2	12	24.5	6	27.3	4	57.1
23	その他	24	30.8	15	30.6	9	40.9	0	0.0
6	色や形以前に，見るだけで気持ち悪かったり，怖い食べ物がある	15	19.2	10	20.4	3	13.6	2	28.6
3	大人数の食事は，音や匂いなどの情報があふれて辛い	14	17.9	6	12.2	3	13.6	5	71.4
20	いつもと違う順序，違う時間に食べることは苦痛である	13	16.7	6	12.2	5	22.7	2	28.6
7	ブロッコリーは，体が受け付けない	9	11.5	6	12.2	2	9.1	1	14.3
1	人の輪の中でどのようにふるまえばいいのかわからないので会食はおそろしい	8	10.3	7	14.3	1	4.5	0	0.0
14	おなかがすくという感覚がよくわからない	8	10.3	6	12.2	1	4.5	1	14.3
21	ブッフェスタイルなど，いつもの給食と違うパターンで提供するとパニックになる	8	10.3	8	16.3	0	0.0	0	0.0
13	自分が何を食べたいのかわからないので，毎日同じものを食べる	5	6.4	2	4.1	2	9.1	1	14.3
9	納豆は体が受け付けない	4	5.1	3	6.1	0	0.0	1	14.3
15	きゅうりは体が受け付けない	4	5.1	3	6.1	0	0.0	1	14.3
8	頭をよく働かせているときには水分がほしくなり，四六時中ガバガバと水を飲んでしまう	3	3.8	2	4.1	1	4.5	0	0.0

11	ひどい猫舌で熱いものを食べられない	3	3.8	2	4.1	1	4.5	0	0.0
22	給食の食器具が使えない（他人と共用できない）	3	3.8	2	4.1	0	0.0	1	14.3
18	気が付いたらひどくおなかがすいていることがある	2	2.6	1	2.0	1	4.5	0	0.0
19	食堂，パン屋，魚売り場，レストランの厨房などはにおいが強く，吐き気をもよおす	2	2.6	2	4.1	0	0.0	0	0.0
10	異常に喉が渇き，一日に何リットルも飲み物を飲んでしまう	1	1.3	1	2.0	0	0.0	0	0.0
16	サンドイッチなど片手で食べられるものは味を楽しむ余裕があるので食べやすい	1	1.3	1	2.0	0	0.0	0	0.0
	n	78	100.0	49	100.0	22	100.0	7	100.0

（注）　全体と学校種の数値が合致しないのは，学校・学級種の未回答校が含まれているため。

　また，咀嚼・嚥下等の摂食機能や空腹感の感じにくさなどの「身体機能の困難」により，「パンの嚥下がうまくできない。パンの時は飲み物（牛乳やスープなど）と組み合わせて食べることができないため苦手傾向である」「汁物など音を立てて食べる。よく噛まずに飲み込んでしまう。硬いものや一口サイズでないものを食べるのが難しい」「服薬しているため少量しか食べられない，気持ち悪くなってしまう。においに敏感になる」等の子どもの様子が報告された。

　「環境や手順への困難・こだわり」については，「人に見られていると食べられない」「都合により献立が変更になると納得しない。納得するのに時間がかかる」などの様子が報告された。

3.4. 学校給食に関する発達障害等の子どもへの指導・支援
　学校給食を通した指導内容は「基本的な食事のマナー」「身支度や手洗い，歯磨きなどの衛生に関すること」が上位を占める（n＝126校）。発達障害等の

子どもに「正しい食べ方」を指導しているのは，小学校17校23.0%，中学校8校19.0%，特別支援学校6校60.0%であった。

「正しい食べ方」とはどのような食べ方を指すのかを問うと，「主菜・副菜等を交互に食べる『三角食べ』」29校67.4%，「器を持つ，手を添える」7校16.3%，「よく噛む」6校14.0%，「姿勢」6校14.0%，「口に入れたまま話さない，口を閉じて噛む」4校9.3%，「口に入れすぎない」1校2.3%，「その他」14校32.6%であった（n＝43件）。「その他」の「正しい食べ方」には，「お膳立て」「周囲が不快になるような食べ方をしない」「離席しない」「食べる前に自分の適量に調整する（減らす）」「栄養バランス」「犬喰いや刺し箸，寄せ箸など食事マナーに注意する」「時間内に食べ終える」等の記述があった。

偏食や感覚過敏など食に関する特別な配慮を要する子どもの給食・授業等の場面における配慮実施の可能性を，立山・宮嶋・清水（2013）を参考にして問うた。「すでに実施している」「すぐに実施できる」と配慮実施の可能性が高い項目は，小学校1項目，中学校1項目，特別支援学校19項目であった。「ほめる・頑張りを認める」のみがすべての校種において実施可能性が高く，「それとなく誘導し，介助者が強制・固執しない」「『前回食べられたのに今日食べられないのはおかしい』というような指導をしない」「少しずつ食べる量を増やす」「食べないものも一応食卓に出す（給食では配膳する）」「家族（友達・教師）が楽しく食べているのを本人に見せる」「本人が楽しく食べて過ごすことを意識する」「本人の希望する量を盛り付ける」「終わり・次を明確にする」「パニックを起こしても焦らない」「食べなくても，皆の『ごちそうさま』と同時にすぐ片づける」「嫌いなものから食べ，好きなものを最後にするなど自分で順番を決めてよい」「どのような配慮・支援があれば楽しく又は少しでも負担なく食べることができるのか本人の声を傾聴する」「食事指導の内容。ポイントをいつも同じにする」「本人の好きな人・安心できる人がいつも介助する」「スプーンに少量とって提示する」「同じ場所（椅

子）で食べる」「初めて・嫌いな食材でもまずは口に入れてみる」「少しずつ量を増やし，気づかせないようにする」など，特別支援学校では実施可能性が高いとされた項目は，小・中学校での実施可能性は低い。

「たぶん実施できない」「実施できない」理由には，「給食センターでの調理のため，一任しており手を加えることができない」「衛生管理上，調理後に手を加えることができない」「他の児童生徒もいるため，個別の対応を容認することはできない」「学校給食なので個別配慮はできない」「教職員の人員や施設の不足」「他校より通級してきている児童がほとんどであり，在籍校と提供の仕方を統一し週1回来る児童の調理法を変えるのが難しい」「形態食は感覚過敏には対応しない」「食嗜好への対応は困難」「アレルギー児童への対応で多忙を極め，その他の困難を有する児童生徒まで手が回らない」「他校より通級してきている児童がほとんどであり，在籍校と提供の仕方を統一し，週1回来る児童の調理法を変えるのが難しい」「現在は代替食持参で対応」等が挙げられた。

さらに，「特別支援学級はあるが，担任に任せてそれほど関わっていないため回答できない。給食は主に通常学級中心となっているので対応も特別に行うことはできていない」「本校特別支援学級の生徒は軽度の知的障害で一般就労を目指す子どもが大半。そのため『普通の，常識的な』食事マナーを身に着けることを最優先とし，個人の偏食はできる限り改善するよう指導している」など，児童生徒が何らかの困難・ニーズを有することを認識・想定できたとしても，学校や教師の方針により対応されない様子も明らかになった。

発達障害当事者調査で示された当事者が求めている食に関する支援ニーズ（第2章）を示し，偏食や感覚過敏など食に関する特別な配慮を要する子どもに対して給食・授業等における配慮実施の可能性について**表6.3**に示す。「すでに実施している」「すぐに実施できる」と配慮実施の可能性が高い項目は，小学校1項目，中学校2項目，特別支援学校9項目であった。

表6.3 発達障害当事者の支援ニーズの学校給食における配慮実施の可能性（平均値）

5. すでに実施 -4. すぐに実施できる -3. わからない -2. たぶん実施できない -1. 実施できない		全体	小学校	中学校	特別支援学校
21	給食を残してしまっても，強い指導をしないでほしい。（完食を強制しないでほしい）	4.32	4.29	4.20	5.00
11	食事は一人分ずつ分けてあると，食べる量がわかりやすいのでそうしてほしい（自分の適量・分量がわかるようにしてほしい）	4.09	3.90	4.03	5.00
3	新しい食べ物は，事前に紹介されていれば大丈夫である（給食献立の詳細を事前説明してほしい）	3.87	3.87	3.70	3.90
17	みんなで食べるときには一皿でおしまいのものなら食べることができる（取り分けたりして加減することが難しいので，自分の分はこれだけとわかるようにしてほしい）	3.81	3.70	3.77	4.70
14	舌触りが柔らかく，口の中に刺さらない食べ物は食べられる（揚げ物の衣などをはがして残すことを認めてほしい）	3.77	3.70	3.47	4.90
15	硬い物は大きく切り，柔らかいものは細かく切り，フォークを使って食べると誤嚥が減る（自分の使いこなしやすい食具を使いたいので箸を使うことを強要しないでほしい）	3.74	3.59	3.60	4.80
7	空腹の目安として一番頼りにしているのは時刻である（おなかがすいたという感覚がない，または優先順位が低いので，時刻を目安にするような支援がほしい）	3.72	3.59	3.83	3.90
23	自分の食器具を持参することを認めてほしい	3.68	3.65	3.30	5.00
1	生野菜は匂いがしなくなるように火を通してほしい	3.68	3.73	3.57	3.70
13	行きつけのお店では毎回同じ座敷，座る席順も同じなので安心できる（給食を食べる場所・席はいつも同じにしてほしい）	3.68	3.59	3.37	4.80
22	給食に食べられないものが多い場合は，お弁当を持参することを認めてほしい	3.65	3.65	3.47	3.70
6	大皿からとるおかずは取り皿を決めて，食べすぎを減らすようにしている（自分の適量がわかるような支援がほしい）	3.59	3.51	3.17	4.60
20	食べ物をつぶして，練り混ぜて食べると歯ごたえや舌触りをごまかせるのでそうさせてほしい（このような食べ方をしていても指摘しないでほしい）	3.35	3.16	3.10	4.70

4	自分で選んだ食べ物は美味しく味わい，楽しむことができる（選択制の献立，または献立のなかから何を食べるか，量を自分で決めさせてほしい。配膳時に量を調整したり，どうしても食べられない食材を入れないなど自分で決めさせてほしい）	3.33	3.40	3.40	2.60
9	一人にさせてもらえば，少しは食べられるときもある（みんなと一緒に食べることを強要しないでほしい）	3.25	3.22	3.27	3.40
2	外食でも個室だと食べられる（給食を個室・別室で食べることを認めてほしい）	3.24	3.17	3.07	3.90
18	生野菜は和風・中華・青じそドレッシングをかけると雑草の臭いがかなり消えるのでそうしてほしい（生野菜にドレッシング等をかけることを認めてほしい）	3.00	3.03	3.07	2.60
19	キャベツの千切りは細くて，水にさらしてあると臭いが消えているので食べられる	2.97	2.67	3.30	3.10
16	レタスを食べると頭の中が爽やかになり，よどんだ感じがなくなり，血がきれいになった感じがする（食べたいもの等を本人に聞いて，それを大事にしてほしい）	2.91	2.94	2.70	2.80
12	歯ごたえのあるものをふりかければ嫌いな食感をごまかせるときもある（ふりかけ等を持参して，ご飯等にかけることを認めてほしい）	2.73	2.71	2.63	3.00
10	一度に少量ずつ何回も食べることで，空腹になるのを防いでいる（空腹になると落ち着かないので，給食以外の時間にも何かを食べることを認めてほしい）	2.48	2.60	2.37	1.90
8	ガムを噛むと気持ちが安定する（気持ちの安定のためにガムをかむことを認めてほしい）	2.35	2.43	2.27	1.90
5	こまめにおやつをつまむことを認めてほしい（給食以外の時間に持参した飴等を食べることを認めてほしい）	2.24	2.27	2.07	1.90
	n	106	63	30	10

（注）　全体と学校種の数値が合致しないのは，学校・学級種の未回答校が含まれているため。

　このうち「給食を残してしまっても，強い指導をしないでほしい。（完食を強制しないでほしい）」の１項目ではすべての学級種に共通していた。

　実施できない理由には「時間，設備，人手などあらゆる面において個人対応は不可」「全体を優先したいため個別対応は不可」，補食やストレスを下げるための飴やガム，飲み物などの給食以外の飲食は「医師の診断等，健康上

の理由があれば補食は可」「生活指導上は無理だが医療的必要（血糖コントロール）があれば実施できる」「通級学級の少人数の中では可能だが，通常の教室での指導となると食べ物を途中で食べたり，ドレッシングやふりかけを使うのは困難」「間食の持ち込みや持参物（飴・ガムなど）を食べることは管理職の判断によるが，私は認めたくない」「本校の生徒は障害が重くガムを噛んで安定するよりも事故につながる危険性を重視する」「菓子類は健康面から良くないので認めたくない」「一人 OK にするとほかの子も真似したくなってしまうのでは」「実施できないことに理由が必要か。何でもありになるのでは」「校内ルールに違反するため，食べ物の校内持ち込みは不可」「生徒指導上のルールや学校の決まりで譲らなくて良いと思う」等が挙げられた。

その他の意見として，「ガム，飴，ふりかけ等の持参は衛生上，他の生徒の目もあるので難しいと思う」「通級学級の少人数の中では可能であることはあるが，通常の教室での指導となると食べ物を途中で食べたり，ドレッシングやふりかけなどを使うのは困難だと思う」「通常級と特別支援学級があるとどこまで特別支援学級の子の要望を通せるのかの判断が難しいと思う。特別支援学級の生徒は特別 OK とした場合，通常級の生徒がそれを見て『いいなあ』『何であの子だけ？』となるのは避けたい」「本校は情緒の学級であくまで普通学級で生活できるようにするための訓練の場としています。そのため人と違うことをさせたりするということはあまりありません」などのコメントが寄せられている。

3.5. 発達障害等の子どもの食の支援体制

栄養士等の業務において，食に関する配慮を有する子どもへの対応経験・意識を問うた（n＝98校，図6.1）6割以上の学校栄養職員に対応経験があったのは「アレルギーやその他の疾病，発達障害やその他の障害をもつ児童生徒の対応・相談」78校79.6％が最も多く，次いで「食に関する指導（給食指導を含む），年間指導計画策定への参加」65校66.3％，「学級担任等との連

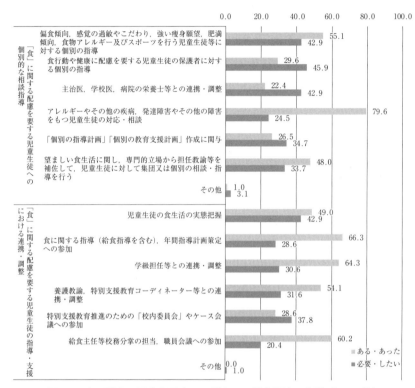

図6.1 食に関する配慮を要する子どもへの対応経験・意識（n＝98校）

携・調整」63校64.3％，「給食主任等校務分掌の担当，職員会議への参加」59校60.2％であった。この他，「偏食傾向，感覚の過敏やこだわり，強い痩身願望，肥満傾向，食物アレルギー及びスポーツを行う児童生徒等に対する個別の指導」54校55.1％，「養護教諭，特別支援教育コーディネーターとの連携・調整」53校54.1％と続く。

対応事例の報告では，食物アレルギー・アナフィラキシーショックへの対応がほとんどで，発達障害や感覚の過敏・こだわり等への対応はわずか数件しかなかった。

職員会議や日常の職員室などにおいて，発達障害等の子どもの食に関する支援方法等について学校栄養職員と教職員間の相談・情報の共有・助言等を行なえているのは，全体では2.63，小学校で2.59，中学校で2.85，特別支援学校で1.40であった（n＝116校，5件法平均値）。全体の4割程度の学級しか「行えている」と回答していない。

　発達障害等の子どもの食の困難への支援のために，教職員との情報共有や接続する学校からの移行支援として必要だと考える情報は，全体では「食物等アレルギー疾患」70校63.1％，「食支援の必要な障害」66校59.5％，「偏食等の食に関する支援事項」60校54.1％，「食支援の必要な疾患」56校50.5％，「感覚情報処理に関する困難（感覚の過敏・低反応）」50校45.0％であった（n＝111校）。校種別にみると，小学校では「食物等アレルギー疾患」「偏食等の食に関する支援事項」「食支援の必要な障害」が，中学校では「食物等アレルギー疾患」が，特別支援学校ではすべての情報が必要と5割以上の学校に選択されている。

　学校栄養職員自身が障害児者の栄養管理・食事指導のあり方について学んだ経験は，全体で「経験あり」36校31.6％，「経験なし」78校68.4％（n＝110校）であった。校種別では，小学校で19校28.8％，中学校で8校23.5％，特別支援学校で8校80.0％の学校栄養職員に学びの経験があった（n＝110校）。

　発達障害等の子どもの食・食行動支援のために自分自身の研修の必要性を感じているのは，全体では67校62.0％であり（n＝108校），校種別では小学校38校60.3％，中学校18校56.3％，特別支援学校10校100.0％であった（n＝105校）。発達障害等の子どもの食支援のために自分以外の教職員の研修の必要性は，「とてもそう思う」「まあまあそう思う」を合わせると74校64.3％（n＝115校），小学校43校64.2％，中学校20校62.5％，特別支援学校9校90.0％が教職員への研修の必要性を感じている。

　子どもの食についてアドバイスを受けられる外部専門家がいるのは全体で43校37.7％，小学校23校34.3％，中学校10校30.3％，特別支援学校9校

90.0％であった（114校）。特別支援学校では90.0％の学校に外部専門家がいるが，小中学校の場合には6割以上の学校にいない。外部専門家の職種は，全体では「口腔リハビリ専門家」7校12.7％，「医師」19校34.5％，「管理栄養士」18校32.7％，「研究者」2校3.6％，「その他」9校16.4％であった。「その他」に「特別支援学校のコーディネーター」「言語指導の先生」「歯科衛生士」「市の精神保健医」「通級学級担任」「OT・ST」「心理士」があげられていたが，口腔リハビリ専門家については，いずれの学級種においてもほとんど連携できていない。

食の困難を有する発達障害等の子どもに対応するため，校外機関と連携・協力をしたことがあるのは，全体で24校21.2％，小学校15校22.7％，中学校4校12.1％，特別支援学校5校50.0％であった（n＝113校）。連携・協力した校外機関は「医療機関」12校25.5％，「本人が通っている支援機関」7校14.9％，「特別支援学校」7校14.9％，「教育センター」7校14.9％，「教育委員会」6校12.8％，「保健所・保健センター」3校6.4％，「児童相談所」3校6.4％，「その他」1校2.1％，「福祉課」1校2.1％であった。

食の困難を有する発達障害等の子どもを支援するために校外機関からの支援として必要なことを自由記述で問うた（n＝6件）。「丸呑みや咀嚼について評価してアドバイスをもらえると通常の子どもたちにも有効と思う」「個々人の障害は様々であり，必要とする支援もバリエーションに富んでいる。個に応じた支援が可能であるように支援体制も柔軟に対応していただきたい」「東京都発達障害教育支援事業のように発達障害に詳しい支援員の配置」「調理スペースや調理器具の確保」「今入っている仕出し弁当給食【申込制】の業者への適切な指導をしてほしい」との意見が寄せられた。

しかし，食に関する指導・配慮のうち特別な配慮を要する子どもへの個別的対応に関する法的根拠や通知等の認知度は，以下のように低い。

学校給食法第10条には「栄養教諭は，児童又は生徒が健全な生活を営むことができる知識及び態度を養うため，学校給食において摂取する食品と健康

の保持増進との関連性についての指導，食に関して特別の配慮を必要とする児童又は生徒に対する個別的な指導その他の学校給食を活用した食に関する実践的な指導を行うものとする。この場合において，校長は当該指導が効果的に行われるよう，学校給食と関連付けつつ，当該義務教育諸学校における食に関する指導の全体的な計画を作成することその他の必要な措置を講ずる」「栄養教諭以外の学校給食栄養管理者は，栄養教諭に準じて，第一項前段の指導を行うよう努めるものとする」と規定されているが，これを「知っている」のは全体では97校80.8％（n＝97校），校種別では小学校58校85.3％，中学校28校73.7％，特別支援学校10校100.0％であった。「知っている」と回答したうち「これに則り指導を実施している」のは39校40.2％，校種別では小学校26校44.8％，中学校9校32.1％，特別支援学校4校40.1％に留まり，いずれの校種においても「知っているが具体的指導はしていない」学校が上回っている。

　文部科学省（2007）「食に関する指導の手引き」には「障害のある児童生徒が，将来自立し，社会生活する基盤として，望ましい食習慣を身につけ，自分の健康を自己管理する力や食物の安全性等を自ら判断する力を身につけることは重要である」と記述されているが，これを「知っている」のは全体で81校67.5％（n＝120校），校種別では小学校51校75.0％，中学校20校52.6％，特別支援学校9校90.0％であった。「知っている」と回答したうち，「これに則り指導を実施している」のは，全体で33校41.3％，校種別では小学校20校39.2％，中学校7校36.8％，特別支援学校6校66.7％に留まっている。

　文部科学省（2010）「食に関する指導の手引−第1次改訂版−」には「給食の時間における食に関する指導」にて特に留意すべき項目に「個に応じた指導」に関する記載がある。「食事の量，食べる速度，嗜好等について個別に把握し，指導の必要がある場合には，少しずつ根気強く改善に向けた対応や指導を行うことが大切である。その際には，保護者の理解と協力を得るとともに，学級担任と栄養教諭が連携・協力を図る必要がある。特に，食物ア

レルギー，肥満傾向，痩身願望等，専門的な立場から個別的な指導を必要とする場合には，学級担任，栄養教諭，養護教諭，学校医，担当医，保護者等の連携のもと，一人一人の食生活の実態を把握した上で個に応じた対応や相談指導を行うことが大切である」と記述されている。これを「知っている」のは全体で96校80.7%（n＝119校），校種別では小学校57校83.8%，中学校27校73.0%，特別支援学校9校90.0%であった。「知っている」と回答したうち，「これに則り指導を実施している」のは，全体で55校58.5%，校種別では小学校35校62.5%，中学校13校50.0%，特別支援学校6校66.7%に留まっている。

　文部科学省（2010）「食に関する指導の手引―第1次改訂版―」の「個別的な相談指導の進め方」には以下の記述がある。「個別的な相談指導においては，食習慣以外の生活習慣や心の健康とも関係することが考えられるので，学級担任，養護教諭，他の教職員，スクールカウンセラー，学校医，主治医などとも密接に連携をとりながら，共通理解のもと，適切に対応することが大切である」「保護者への助言・支援や働き掛けを合わせて行うことが重要である。このためには校内において，例えば『個別相談指導委員会』のような組織を立ち上げるなど指導体制を整える必要がある」「改善目標は対象の児童生徒との合意により決定していくことが大切であり」「個に応じた指導計画を作成し，指導内容や児童生徒の変化を詳細に記録するとともに，必ず評価を行いながら，対象の児童生徒にとって適正な改善へ導く」。これを「知っている」のは全体で76校63.9%（n＝119校），校種別では小学校51校75.0%，中学校18校50.0%，特別支援学校18校50.0%であった。「知っている」と回答したうち「これに則り指導を実施している」のは，全体で32校43.2%，校種別では小学校23校46.0%，中学校6校35.3%，特別支援学校6校35.3%に留まっている。

　これらの対応の対象として，感覚過敏・低反応（感覚情報処理障害）や極度の偏食，食事の内容や環境等に困難・支援ニーズを有する子どもも含めて考

えていくことが必要かを問うた。「必要」「少しは必要」を合わせると全体では98校82.4%（n＝119校），小学校59校85.5%，中学校28校77.7%，特別支援学校9校90.0%であった。

　食に関する困難を有する発達障害等の子どもへの支援を進めていくための意見（自由記述）が37件寄せられ，複数件寄せられた同義の記述をコード化してカテゴリーごとにまとめた。

　学校栄養職員の業務に関して「小中学校の栄養士業務に特別支援学校の栄養士同様の咀嚼・嚥下に対応する給食を提供するための知識・技術の必要性は求められていない」「栄養士として業務が多く，個別指導をするにもできない」等の意見があった。

　感覚過敏・低反応（感覚情報処理障害）や身体状況への対応に関して「本校では支援学級の先生が給食に関する指導を行って，毎日残菜がないので，このような調査で発達障害等の児童生徒の実態を知った」「子どもの発達特性に応じた食の支援は必要なことだと思いますが，軽度の子どもの場合は，思い込みやわがままによる偏食も多いのが事実だ。学校では食物アレルギー生徒に対しては個別対応していますが，それ以外では行っておらず，現状では今後も必要性を感じていない」等の意見があった。

　給食指導や個別的指導のあり方に関して「『いいなあ』『何であの子だけ？』となるのは避けたい」「支援を進めていくことは重要だと思っているが，給食調理では個別対応による多忙さからの事故の懸念あり」「調理業務を委託しているため，契約に入っていない作業の要求が難しい」「給食室での対応は，約410人分の給食を安全そして衛生的に確実に行うことを優先。アレルギー食も代替食は作らず除去食としての対応。狭い給食室での複数対応は安全面で心配であり，同じ食材費または人員で行うのは，今の状況では非常に難しいです。金銭面や環境が整うようでしたら対応も可能かと思う」「正直なところ，アレルギー対応と日々の給食を無事に提供することで精一杯なのが実情である。気になる子はいるが，個々の対応ができるのかと聞か

れると現状では難しい。きっと給食の様々な場面でつらい時もあるだろうと気にはなるが、そこまで手が回らない（食育も同様）」等の意見があった。

研修実施や専門性向上に関して「栄養士の立場として、発達障害等児童生徒への支援のための専門的な研修会があるとよいと思う。具体的な事案や支援方法など勉強の機会がほしい」「この調査を通じて、自分自身があまりにも支援ができていないことを痛感したので、研修等を重ねて知識の習得と支援する体制作りに関与したい」「発達障害の食の困難についてまだあまり知られていないことが多い。もう少し広く知ってもらえるように啓蒙する必要性を感じた」等の意見があった。

4．考察

4.1．発達障害等の子どもの食の困難に関する実態把握

発達障害等の子どものうち食に関する注意の必要な子どもは71校60.7％に在籍しており（n＝117校），報告された該当児童生徒数は全体では840人であった。本調査において食に注意の必要な子どもの課題として最も多いのは「食物アレルギー」599人65.0％，次いで「極端な偏食」92人10.0％であった。

自由記述に「担任に任せてそれほど関わっていないため回答できない」「本校では支援学級の先生が給食に関する指導を行って、毎日残菜がないので、このような調査で発達障害等の児童生徒の実態を知った」との記述があったように、学校栄養職員が給食を食している子どもの実態を十分に把握できていない可能性も大きい。

子どもの学校給食等に関わる疾患・障害・要望（摂取禁止の食物や形態の要望など）の把握は、書面の提出や面接によりほぼすべての学校で実施されていたが、対象となるのは食物アレルギー等に限られる傾向があり、発達障害児の有する感覚過敏・偏食・異食等への配慮・対応のため実施しているとの記述はごく僅かであった。

4.2. 食に関する困難・気がかり

　発達障害等の子どもの生活習慣や身体状況に関する心配な点を校種別にみると，小学校では「偏食」「感覚過敏」，中学校では「偏食」「欠食（朝食欠食等）」，特別支援学校では「偏食」「肥満」「睡眠不足・睡眠リズムの乱れ」が多くなっている。食・睡眠などの生活習慣・生体リズムの乱れは自律神経系にも影響を与え，体温や血圧，免疫・代謝・内分泌などにも負の影響が現れてくる。食生活，睡眠などの生活習慣，生体リズムの乱れが，発達障害そのものの特性に起因する「生活のしにくさ」「困難」から，拡大化・複雑化させている可能性を孕んでいる。

　発達障害等の子どもの学校給食にて「気がかり」が強い項目は，小学校では「偏食」「姿勢」「食事マナー」，中学校では「偏食」「姿勢」「食事量」，特別支援学校では「偏食」「食事量」「食事マナー」と続く。校種を共通して「偏食」「姿勢」の気がかりの度合いが高い。先行実施した教師調査では「嚥下・咀嚼」への気がかりが多かったが（第5章），学校栄養職員調査では喫食場面を観察していることが少ないためか，子どもの個別課題を把握できていない様子が多く見受けられた。

　食に関する困難を有する発達障害等の子どもの状況は，全体では「箸の使い方が下手である」47校60.3%，「自分が予想していた味と違う味だと食べられない」34校43.6%，「味が混ざるのが嫌なのでおかずをすべて食べてからご飯に移る食べ方をしてしまう」30校38.5%，「においの強い食品は食べられない」27校34.6%と続く。背景には感覚過敏・身体の動きにくさなど特有の身体感覚を有すること等が挙げられる。

4.3. 学校給食に関する発達障害等の子どもへの指導・支援

　偏食や感覚過敏など食に関する特別な配慮を要する子どもの給食・授業等の場面において「すでに実施している」「すぐに実施できる」と配慮実施の可能性が高い項目は，小学校1項目，中学校1項目，特別支援学校19項目で

あった。発達障害当事者調査で示された当事者が求めている食に関する支援ニーズ（第2章）への配慮実施の可能性が高い項目も，小学校1項目，中学校2項目，特別支援学校9項目と決して多くない。

安全・衛生面，人員不足，場所不足，管理職等の許可を要する等に関わる項目は「たぶん実施できない」「実施できない」と回答されやすく，子どもが何らかの困難・支援ニーズを有することを認識・想定できたとしても，学校や教師の方針により対応されない様子も明らかになった。

4.4. 発達障害等の児童生徒が有する食の困難への支援体制

職員会議や日常の職員室などで学校栄養職員と教職員間の発達障害等の子どもの支援方法等に関する相談，情報の共有・交換・助言を行えているのは全体の4割強であった。

発達障害等の子どもの食の困難に対する支援のために，他の教職員との情報共有や，接続する学校からの移行支援として必要と考える情報は，全体では「食物等アレルギー疾患」「食支援の必要な障害」が上位となっている。子どもの抱える食に関する困難・支援ニーズは多様であり，子どもの状態を日ごろから把握し，生活や学習など様々な支援の基礎情報として活用していくことが肝要である。

食の困難を有する子どもの理解・支援のためには，教職員の研修や校外機関との連携が不可欠である。本調査では，各学級・学校とも発達障害等の子どもの食・食行動支援に巡回相談や専門家チームの活用の必要を感じていた。しかし例えば，摂食問題の専門性が高い口腔リハビリ専門家とはほとんど連携できていない。特別支援学校では90.0％の学校に連携できる専門家がいるが，小中学校の場合には6割以上の学校にいない。

食に関して特別の配慮を必要とする子どもの支援の必要性については，法制度や行政施策において明確に示されているが，そのことが学校教育において十分に浸透していないきらいがある。実際，本調査結果からも食に特別な

配慮を要する子どもへの学校・教職員の対応やその認識は不足しているといわざるを得ない。前述のように，子どもの学校給食等に関わる疾患・障害・要望の把握は，書面提出や面接などによりほぼすべての学校で実施されていたが，食物アレルギー等の安全面から対応すべきものに限られる傾向があり，発達障害等の子どもの有する感覚過敏・偏食・異食等に実施されているのはごく僅かであった。また，給食指導・偏食指導は学級担任の指導方針に任せられ，担任が変わる度に指導方針も変わることが示された。

インクルーシブ教育に向けて，学校にはこれまで以上に多様な心理・身体的困難を有する児童生徒の在籍が見込まれていることや，食物アレルギー・生活習慣病予防など食に関する国民的健康課題への対応が学校給食にも求められている今，学校における食に関する指導と対応の充実はなお一層重要性を増している。

文部科学省は食物アレルギー，肥満傾向，痩身願望，激しいスポーツなど食に関する配慮の必要な児童生徒に対応するために，「個に応じた指導」「保護者との連携」「本人との合意形成」「個別的な相談指導や個に応じた指導計画の作成」「個別相談指導委員会の設置」などを提案している。しかし，これを「知っている」のは全体で76校63.9%（n＝119校），実際に「これに則り指導を実施している」のは32校43.2%に留まっている。

本調査の回答の中にごく僅かながら「食に関する困難・ニーズの把握結果と指導を個別の教育支援計画に反映している」ことが報告されていたように，今後はこうした取り組みの充実が望まれる。この「個別な配慮の必要な児童生徒」のなかに，現在は想定されていない感覚過敏や偏食等を有する発達障害等の子どもへの対応も含めて考えることができるよう，管理栄養士・栄養士・栄養教諭等の養成課程カリキュラムの再考や学校栄養職員等への専門職研修の実施が必須となるような改善が求められる。

5. おわりに

　本章では，東京都内の特別支援学級（自閉症・情緒障害）・通級指導学級（情緒障害等）を設置する小・中学校および知的障害特別支援学校の管理栄養士・栄養士・栄養教諭等の学校栄養職員への質問紙法調査を通して，発達障害等の子どもが有する食の困難の実態と支援の課題について検討した。

　職員会議や日常の職員室などにおいて，学校栄養職員と教職員間で発達障害等の子どもが有する食の困難に関わる相談・助言，情報の共有・交換を行えているのは全体の4割強であった。また，発達障害等の子どもが有する食の困難に対する支援を構築していくためには研修や専門機関との連携が不可欠であり，本調査ではとくに巡回相談や専門家チームの活用がニーズとして挙げられていたが，現状では摂食困難の専門性が高い口腔リハビリテーション専門家とはほとんど連携できていない。

　食に関して特別な配慮を必要とする子どもの支援のあり方は，行政施策において示されているが，それが学校教育に十分に浸透していないきらいがある。学校給食等に関わる疾患・障害・要望の把握は，ほぼすべての学校で実施されていたが，食物アレルギー等に限られる傾向があり，発達障害等の子どもの食の困難について実施されているのはごく僅かであった。また給食・偏食指導は学級担任に任せられ，担任の異動などで指導方針も変わることが明らかになった。

　今後は，学校栄養職員等の養成課程カリキュラムや専門職研修において，発達障害等の子どもの食の困難とその対応についての専門性が構築できるような改善が求められる。

終章 研究の総括と今後の課題

1. 本研究のまとめ

　本書『発達障害等の子どもの食の困難と発達支援』では，発達障害等の子どもがどのような食の困難を有し，いかなる支援を求めているのかについて発達障害当事者（学齢から成人），保護者，特別支援学校・学級等の教師，管理栄養士・栄養士・栄養教諭等の学校栄養職員への各種の調査を通して総合的に検討し，発達障害等の子どもの食の困難への対応・支援に向けた課題を明らかにしてきた。以下，各章で解明された点について述べていく。

　⑴　第1章では，発達障害等の発達困難を有する子どもの食の困難の実態と支援に関わる国内外の研究動向についてのレビューを行った。

　発達障害等の発達上の特性・困難を有する子どもは「感覚の過敏・低反応」「自律神経系や免疫・代謝の脆弱・不全に伴う各種の身体症状」などの身体感覚問題，周囲の無理解・厳しい躾・叱責・いじめ・被虐待等に伴う「不安・恐怖・緊張・抑うつ・ストレス」等を背景に，食物・料理・食器具・食事環境に関する過敏性，極端な偏食，異食，肥満，アレルギー等の極めて多様な困難を有している。

　国内外における「発達障害と食の困難・支援ニーズ」の研究動向では，近年ようやく「自閉症スペクトラム障害と食物選択性（偏食）」の問題に関心が向けられ始め，「食物選択性（偏食）」の背景として感覚過敏性が指摘されていること，「食物選択性（偏食）」が家庭・保護者の大きなストレスとなっていることなどが示されている。

　数多く出版されている発達障害当事者の手記には，例えば ASD 当事者の

ニキ・リンコ／藤家寛子（2004）は「トマトやピーマンのように単色のものは気持ち悪くて食べられない」「形が違ったり，いびつだと気持ち悪くて食べられない」と色や形などに対する視覚の過敏が語っている。ASD当事者のケネス・ホール（2001）は「ほとんどの食べ物はひどい舌触り」と食感の過敏から食べられないことを記している。

　発達障害等の子どもが抱える食の困難・支援ニーズは個人差も大きく，その様相はきわめて多様である。しかし，先行研究では調査対象は保護者が大半であり，当事者の手記や若干の当事者調査研究があるものの，当事者が抱える「摂食困難（偏食，食物選択性，咀嚼・嚥下困難等）」やその背景にある感覚過敏性等の身体感覚の困難，不安・恐怖・ストレス等の困難や支援ニーズを明らかにできておらず，発達障害等の特性を考慮した食の発達支援の確立には到底至っていない。例えば，ASDの子どもが抱える食の困難はしばしば感覚の感受性の問題に関連していると指摘されているものの，ASDの子どもの摂食障害や食生活の困難はほとんど知られていないのが現状であり，支援の可能性を拡げるために更なる研究の必要性が指摘されている（Spek AA.：2015）。

　⑵　第2章では，高校生以上の成人を中心とした発達障害当事者への質問紙法調査を通して，発達障害当事者がどのような食の困難と支援ニーズを有しているのかを検討した。

　発達障害当事者は受講学生（統制群）に比べて食に関する困難を示す割合が有意に大きく，食に関する理解・支援を求める割合も有意に大きいことが明らかとなった。発達障害当事者は，食べ物の苦手さだけではなく，「いろいろなにおいが混ざっている食事場所」「グループで食べること」「限られた時間内で食べること」「慣れない食器で食べること」などにおいても苦痛を感じている。

　また，「子どもの頃に無理強いされたものは一番苦手なものになっている」

「給食で居残りして食べさせられ，拷問であると感じた」という方も多い。学校給食や家庭において，親や教師が発達障害者の食の困難を「わがまま」ととらえて厳しい指導・対応をしてきたことが，「苦手さ」「恐怖感」をさらに増幅させてしまっているとも考えられる。残さずに食べることを強要するのではなく，食事量を自分で調整できるようにする，グループで食べることを強要しない，時間的なゆとりをもたせる，自前のカトラリーの使用を認めるなどの配慮や柔軟な対応が求められている。

(3) 第3章では，発達障害当事者調査の対象を小・中学生にまで拡げた質問紙法調査を通して，発達障害等の子どもがどのような食の困難と支援ニーズを有しているのかを検討した。

発達障害当事者76名中の67名88.2%が何らかの食に関する困難を示し，その背景要因の一つとして，発達障害当事者は受講学生（統制群）とは異なる特有の身体感覚をもっていることが示された。これまで周囲から「わがまま」「自分勝手」であると言われてきた食の問題も，実は特有の感覚過敏・低反応や身体調整機能の発達困難に起因しているのではないかということが推察された。

また，「食の困難」と「身体上の困難」に関するチェック数の相関をみると，発達障害当事者の抱える「食の困難」と「身体上の困難」は受講学生よりも分散が大きく，発達障害当事者の抱える発達困難の多様さを推察できる。発達障害者支援においては行動上の課題に注目されることが多いが，身体感覚の発達困難や身体上の不調・不具合にも着目していくことが重要である。

(4) 第4章では，発達障害等の子どもの保護者を対象とした質問紙法調査を通して，発達障害等の発達上の特性・困難を有する子どもがどのような「摂食困難（偏食，食物選択性，咀嚼・嚥下困難等）」を有しているのか，また保護者は発達障害等の子どもの食の困難に対してどのような対応をし，支援を

求めているのかを検討した。

　発達障害等の子どもの有する食の困難への対応において，保護者がとても苦慮していることが明らかになり，自由記述では「学校給食で食べることを強要されたことがトラウマになっている」「どうしても食べられないものがあることをわかってほしかった」等の学校・教師の対応へのコメントも多く寄せられていた。

　発達障害等の子どもの食の困難が，保護者の育児不安・ストレスをより強めている可能性が示唆されたが，保護者は「どこに相談したらよいかわからない」「相談するような内容なのかどうか判断に迷う」などの理由で，相談・支援機関に繋がることができず，その後も「家庭内の問題」として食の困難に対して親子ともども長く苦しむ事態が続いていた。

　食べることに困難を有する親子を孤立させず，食の困難について相談しやすい環境を整えていくことは，子どもの発達支援全体に関わる緊要の課題である。乳幼児健診や育児相談等，子育ての早期の段階から，保護者が食の困難に伴う育児困難・ストレスを一人で抱え込まないように支援していくための早期介入が不可欠である。そのためには，子どもの食の困難に関わる多分野の専門家が協働していくための相談・支援ネットワーク構築の検討が求められている。

　(5)　第5章では，東京都内の小・中学校の特別支援学級（自閉症・情緒障害）・通級指導学級（情緒障害等），知的障害特別支援学校（小学部・中学部・高等部）の学校給食担当責任者への質問紙法調査を通して，発達障害等の子どもが有する食の困難の実態と支援の課題について検討した。

　学校における発達障害等の子どもの食の困難に関する具体的な支援のあり方については，各校・各担任の自己判断に任されており，大きなばらつきが見られた。また，子どもの食に関する対応は，食物アレルギー対応をしていることで「十分」もしくは「児童生徒の食に関する個別的対応ができてい

る」と捉えられている節もあった。

　学校では発達障害等の子どもの食の困難ないし特異性に気づき始めていたが，栄養・食事指導や摂食に関する専門機関（保健所，口腔リハビリテーション等）との連携が十分になされていない現状が示された。口腔や身体感覚な発達困難が強く，嗜好に偏りや独特な食べ方をしている子どもには，口腔とともに身体の過敏な部分へのアプローチや感覚等の学習経験の広がりなど，子どもの全般的な発達困難と関連させて食の困難性を理解し，発達支援を組織していくことが求められている（高見：2007）。

　(6)　第6章では，東京都内の特別支援学級（自閉症・情緒障害）・通級指導学級（情緒障害等）を設置する小・中学校および知的障害特別支援学校の管理栄養士・栄養士・栄養教諭等の学校栄養職員への質問紙法調査を通して，発達障害等の子どもが有する食の困難の実態と支援の課題について検討した。

　職員会議や日常の職員室などにおいて，学校栄養職員と教職員間で発達障害等の子どもが有する食の困難に関わる相談・助言，情報の共有・交換を行えているのは全体の4割強であった。また，発達障害等の子どもが有する食の困難に対する支援を構築していくためには研修や専門機関との連携が不可欠であり，本調査ではとくに巡回相談や専門家チームの活用がニーズとして挙げられていたが，現状では摂食困難の専門性の高い口腔リハビリテーション専門家とはほとんど連携できていない。

　食に関して特別な配慮を必要とする子どもの支援のあり方は，行政施策において示されているが，それが学校教育に十分に浸透していないきらいがある。学校給食等に関わる疾患・障害・要望の把握は，ほぼすべての学校で実施されていたが，食物アレルギー等に限られる傾向があり，発達障害等の子どもの食の困難について実施されているのはごく僅かであった。また給食・偏食指導は学級担任に任せられ，担任異動などで指導方針も変わることが明らかになった。

今後は学校栄養職員等の養成課程カリキュラムや専門職研修において，発達障害等の子どもの食の困難とその対応についての専門性が構築できるような改善が求められる。

2．子どもの食の困難に関する発達支援構築の課題

（1）摂食における「安心・安全・信頼」の保障

「食べる」という行為は「食物＝異物」を体内に直接的に受け入れることであり，本来的に危険を伴いやすい行為である。それゆえに，各種の新たな場面・環境・状況に「不安・緊張・恐怖・ストレス」等を抱きやすい発達障害当事者にはとくに，食の場面において新たな食べ物の摂食を拒ませ，特定の食へのこだわりという「食物選択性（偏食）」として顕在化している可能性が高い。

発達障害当事者の視点から考察すると，過去に摂食経験があり，「安心・安全・信頼」のおける食べ物として判断し，主体的・積極的に選択し続けているにもかかわらず，そのことを周囲からは「偏食」と否定的に捉えられているのである。

発達障害等の子どもにおいて食についての「安心・安全・信頼」を築いていくためには，経験・慣れることばかりを求める支援ではなく，「食物選択性（偏食）」の背景にある発達障害等の子どもが抱える「不安・緊張・恐怖・ストレス」等を丁寧に把握・理解し，発達障害等の子どもが求める支援ニーズを十分に踏まえながら，食に関する発達支援を組織・構築していくことが不可欠である。

（2）当事者の「声」を起点にする発達支援のあり方

発達障害等の子どもの食の困難に関する国内外の先行研究においては，調査対象は保護者が大半であり，当事者が抱える「摂食困難（偏食，食物選択性，咀嚼・嚥下困難等）」やその背景にある感覚過敏等の身体感覚の困難，「不

安・緊張・恐怖・ストレス」等の困難や支援ニーズを明らかにできておらず，具体的支援を十分に提案できていなかった。

「子どもの声を傾聴し，読み解きながら支援のあり方を検討する」「本人のことは当事者本人に聞くのが，一番の理解と支援」という本書のスタンスは，子どもの権利条約や障害者の権利条約の理念にも関わる重要な視点と考えている。

当事者のニーズと周囲の理解・支援のミスマッチやパターナリズムをなくしていくためには，周囲から気づかれにくい困難や支援ニーズを当事者の声（抱える困難・支援ニーズ）から丁寧に傾聴し，それを科学的実証的に検証し，その中から具体的な発達支援のあり方を当事者とともに，一緒に究明していくことが肝要である。またそのことが当事者をエンパワメントしながら支援していくこととなり，広く発達支援において重視されるべき支援方法である。

（3）食の困難に伴う保護者の育児不安・ストレスへの対応と支援

発達障害等の子どもの食の困難が，保護者の育児不安・ストレスをより強めている可能性が示唆された。日々「食事の内容を考え，食事を作り，食べさせ，片付ける」保護者と「うまく食べられない」子どもは，「食べることの問題は家庭で解決すべき問題と考えているが，うまくいかず悩んでいる」「相談するような内容なのかどうか判断に迷う」「相談したいが，どこに相談したらよいかわからない」などの理由から，相談・支援機関に繋がることができず，食の困難に対して親子・家族ともども長く苦しむ事態が明らかとなっている。

そうした問題解決に向けて，食べることに困難を有する子ども・保護者を孤立させず，両者をエンパワメントしながら支えていくための「子ども・家族包括型の発達支援システム」の構築が肝要である。それは具体的に，乳幼児健診や育児相談等，子育ての早期の段階から，保護者が食の困難に伴う育児困難・ストレスを一人で抱え込まないように支援していくための早期介入

システムであり，その構築に向けて，子どもの食の困難に関わる多分野の専門家が協働していく相談・支援ネットワークの検討が求められている。

文　　献

足立己幸（2000）『知っていますか子どもたちの食卓―食生活からからだと心がみえる―』NHK 出版。

アクセル・ブラウンズ（浅井晶子訳，2005）『鮮やかな影とコウモリ―ある自閉症青年の世界』インデックス出版。

Alan Emond・Pauline Emmett・Colin Steer・Jean Golding（2010）Feeding Symptoms, Dietary Patterns and Growth in Young Children With Autism Spectrum Disorders, PEDIATRICS. Vol. 126 No. 2, pp. e337-e342.

Alison M. Kozlowski・Johnny L.Matson・Brian Belva・Robert Rieske（2012）Feeding and sleep difficulties in toddlers with autism spectrum disorders, Research in Autism Spectrum Disorders. Vol. 6, Issue 1, pp. 385-390.

荒木暁子（2007）障害のある乳幼児とその母親の食事場面における相互作用行動の特徴―時間サンプリング法を用いた頻度分析―，『千葉大学看護学部紀要』第29号，pp. 25-31。

荒木龍三／豊中市社会福祉協議会（2011）『発達障害の僕がホームレスになった理由―訓練，就労，そして再出発』ブリコラージュ／筒井書房。

粟生修司・松浦弘典・成清公弥・立野勝巳（2007）摂食調節と睡眠（2006年第47回日本心身医学会総会シンポジウム：心身機能と睡眠障害），『心身医』第47巻9号，pp. 765-770，日本心身医学会。

綾野理加・向井美恵・金子芳洋（1997）摂食動作時における口と手の協調運動―手づかみ食べにおける pick up から口唇での取り込みまで―，『昭歯誌』第17巻，pp. 13-22。

綾屋紗月・熊谷晋一郎（2008）『発達障害当事者研究―ゆっくりていねいにつながりたい―』医学書院。

アズ直子（2011）『アスペルガーですが，妻で母で社長です。』大和出版。

アズ直子（2012）『アスペルガーですが，ご理解とご協力をお願いいたします。』大和出版。

ベン・ポリス（山本俊至訳，2003）『ぼくは，ADHD！―自分を操縦する方法―』三輪書店。

ビリガー・ゼリーン（平野卿子訳，1999）『もう闇のなかにはいたくない―自閉症と

闘う少年の日記』草思社。

キャロル・ストック・クラノウィッツ（土田玲子監訳，2011）『でこぼこした発達の子どもたち―発達障害・感覚統合障害を理解し，長所を伸ばすサポートの方法―』すばる社。

Castro K・Faccioli LS・Baronio D・Gottfried C・Perry IS・Riesgo R.（2016）Feeding behavior and dietary intake of male children and adolescents with autism spectrum disorder: A case-control study, The International Journal of Developmental Neuroscience. Vol. 53, pp. 68-74.

キャスリーン・ナデュー，パトリシア・クイン（ニキ・リンコ／沢木あさみ訳，2003a）『AD／HD & BODY―女性の AD／HD のすべて―』花風社。

キャスリーン・ナデュー，パトリシア・クイン（沢木あさみ訳，2003b）『AD／HD & セラピー―女性の AD／HD と生活術―』花風社。

ダグラス・ビクレン編著，リチャード・アトフィールド，ラリー・ビショネットほか著（鈴木真帆監訳，2009）『「自」らに「閉」じこもらない自閉症者たち―「話せない」7人の自閉症者が指で綴った物語―』エスコアール。

ダニエル・タメット（古屋美登里訳，2007）『ぼくには数字が風景に見える』講談社。

ダニエル・ステファンスキー，石井哲夫監修（上田勢子訳，2011）『自閉症のある子と友だちになるには：当事者だからわかるつきあい方イラストブック』晶文社。

ドナ・ウィリアムズ（河野万里子訳，2000）『自閉症だったわたしへ』新潮社。

ドナ・ウィリアムズ（河野万里子訳，2001）『自閉症だったわたしへ（2）』新潮社。

ドナ・ウィリアムズ（河野万里子訳，2002）『ドナの結婚―自閉症だったわたしへ―』新潮社。

ドナ・ウィリアムズ（河野万里子訳，2004）『自閉症だったわたしへ（3）』新潮社。

ドナ・ウィリアムズ（2008）『ドナ・ウィリアムズの自閉症の豊かな世界』明石書店。

ドナ・ウィリアムズ（川手寛彦訳，2009）『自閉症という体験―失われた感覚を持つ人びと―』誠信書房。

Emiko IKARI, Satoru TAKAHASHI（2007）Difficulties and Needs of Students With Long-Term Absence from School Due to Illness：Nationwide Survey of High School Division Students at Special Schools for Students with Health Impairments, The Japanese Journal of Special Education, Vol. 44 No. 6, pp. 493-506, The Japanese Association of Special Education.

ゴトウサンパチ（2011）『先生がアスペルガーって本当ですか？―現役教師の僕が見つけた幸せの法則―』明石書店。

文　献　　223

藤家寛子（2004）『他の誰かになりたかった－多重人格から目覚めた自閉の少女の手記－』花風社。

藤家寛子（2005）『あの扉の向こうへ－自閉の少女と家族，成長の物語－』花風社。

藤家寛子（2007）『自閉っ子は，早期診断がお好き』花風社。

藤家寛子・浅見淳子（2009）『自閉っ子的心身安定生活！』花風社。

藤井和子・笠原芳隆（2017）特別支援学校（知的障害・肢体不自由）における給食の時間の指導に関する基礎的研究，『上越教育大学研究紀要』第37巻1号，pp. 109-118。

藤井葉子・山根希代子（2015）自閉症における偏食，食行動異常を含む食事の問題への対応，『小児の精神と神経』第55巻2号，pp. 143-151。

藤澤良知（2010）『子どもの欠食・孤食と生活リズム－子どもの食事を検証する－』第一出版。

藤原有子（2012）知的障害児の食行動の実態（主食編），『日本食育学会誌』第6巻1号，pp. 69-76。

服巻智子編・ニキ・リンコほか（2006）『自閉症スペクトラム青年期・成人期のサクセスガイド－Autism Retreat Japan 1 －』クリエイツかもがわ。

服巻智子編，リアン・ホリデー・ウィリーほか（2008）『当事者が語る異文化としてのアスペルガー－Autism Retreat Japan 自閉症スペクトラム青年期・成人期のサクセスガイド2－』クリエイツかもがわ。

服巻智子編・満石理恵ほか（2009）『当事者が語る結婚・子育て・家庭生活－Autism Retreat Japan 自閉症スペクトラム青年期・成人期のサクセスガイド3－』クリエイツかもがわ。

フワリ（2012a）『パニックダイジテン（アスペルガーの心)』偕成社。

フワリ（2012b）『わたしもパズルのひとかけら（アスペルガーの心)』偕成社。

グニラ・ガーランド（ニキ・リンコ訳，2000）『ずっと「普通」になりたかった。』花風社。

グニラ・ガーランド（中川弥生訳，2003）『あなた自身のいのちを生きて－アスペルガー症候群，高機能自閉症，広汎性発達障害への理解』クリエイツかもがわ。

グニラ・ガーランド（熊谷高幸監訳／石井バークマン麻子訳，2007）『自閉症者が語る人間関係と性』東京書籍。

端詰勝敬・岩崎愛・小田原幸・天野雄一・坪井康次（2012）摂食障害と自閉性スペクトラムの関連に関する検討（摂食障害の臨床をめぐって），『心身医学』第52巻4号，pp. 303-308。

博報財団（2018）本人・当事者の声に耳を傾け，食を通して，その子の発達特性に応じた支援ニーズを探っていきたい，博報財団（公益財団法人博報児童教育振興会）「児童教育実践についての研究助成：研究紹介ファイル No. 11」，2018年7月2日付，https://www.hakuhofoundation.or.jp/subsidy/report/no11.html。

東田直樹（2010）『続・自閉症の僕が跳びはねる理由－会話のできない高校生がたどる心の軌跡－』エスコアール。

東田直樹（2007）『自閉症の僕が跳びはねる理由－会話の出来ない中学生がつづる内なる心－』エスコアール。

東田直樹（2013）『あるがままに自閉症です－東田直樹の見つめる世界－』エスコアール。

東田直樹（2014）『跳びはねる思考－会話のできない自閉症の僕が考えていること－』イースト・プレス。

東田直樹・東田美紀（2005）『この地球にすんでいる僕の仲間たちへ－12歳の僕が知っている自閉の世界－』エスコアール。

東谷敏子・林隆・木戸久美子（2010）発達障害児を持つ保護者のわが子の発達に対する認識についての検討，『小児保健研究』第69巻1号，pp. 38-46。

筆談補助の会編（2008）『言えない気持ちを伝えたい－発達障害のある人へのコミュニケーションを支援する筆談補助－』エスコアール。

保科ハルカ（2010）『PLASTIC DOLL－アスペルガー的半生－』東京図書出版社。

星野仁彦・小松文子・熊代永（1992）幼児自閉症における偏食と食行動異常に関する調査，『小児の精神と神経』第32巻1号，pp. 59-67。

星空千手（2007）『わが家は自閉率40％－あっスペルがー症候群親子は転んでもただでは起きぬ－』中央法規。

H. Paterson・K. Peck（2011）Sensory processing ability and eating behaviour in children with autism, Journal of Human Nutrition and Dietetics. Vol. 24 No. 3, p. 301.

Hubbard KL・Anderson SE・Curtin C・Must A・Bandini LG.（2014）A comparison of food refusal related to characteristics of food in children with autism spectrum disorder and typically developing children, Journal of the Academy of Nutrition and Dietetics. Vol. 114, Issue 12, pp. 1981-1987.

古川恵美・岡本啓子（2016）自閉症スペクトラム障害のある子どもの親がとらえた社会的困難性につながる子どもの身体感覚，『小児保健研究』第75巻1号，pp. 78-85。

市川寛・原田志津・西智栄子（2004）自閉症児の食生活および生活習慣に関する調査研究，『New Diet Therapy』第20巻2号，p. 142。

飯田雅子・財団法人鉄道弘済会弘済学園（1997）『発達に遅れがある子どもの日常生活指導1食事指導編』学習研究社。

猪狩恵美子・髙橋智（2007）通常学級における「病気による長期欠席」の児童生徒の困難・ニーズ―東京都内の病気長欠経験の本人およびその保護者への調査から―，『学校教育学研究論集』第15号，pp. 39-51，東京学芸大学大学院連合学校教育学研究科。

池宮一朗（2008）『アスペルガー症候群と共に生きる僕の勇気―歪んだ社会を変えるために―』文芸社。

生野照子（1989）親子関係と"食"，『心身医』第29巻3号，pp. 278-283。

今田純雄（2005）『食べることの心理学―食べる，食べない，好き，嫌い―』有斐閣選書。

石原孝二編（2013）『当事者研究の研究』医学書院。

岩森三千代・沖田千代・岩森大（2010）食生活が及ぼす自閉症児の発語への影響―事例研究より―，『福岡女子大学人間環境学部紀要』第41巻，pp. 53-56。

岩永竜一郎，藤家寛子，ニキ・リンコ（2008）『続自閉っ子，こういう風にできてます！自立のための身体づくり』花風社。

岩永竜一郎，ニキ・リンコ，藤家寛子（2009）『続々自閉っ子，こういう風にできてます！自立のための環境づくり』花風社。

岩永竜一郎（2010）『自閉症スペクトラムの子どもへの感覚・運動アプローチ入門』東京書籍。

岩永竜一郎（2014）『自閉症スペクトラムの子どもの感覚・運動の問題への対処法』東京書籍。

岩崎久志（2010）子ども支援における生活臨床の意義，『流通科学大学論集（人間・社会・自然編）』第22巻2号，pp. 35-49。

泉流星（2003）『地球生まれの異星人―自閉者として，日本に生きる―』花風社。

泉流星（2008a）『エイリアンの地球ライフ―おとなの高機能自閉症／アスペルガー症候群』新潮社。

泉流星（2008b）『僕の妻はエイリアン―「高機能自閉症」との不思議な結婚生活―』新潮社文庫。

ジェリー・ニューポート，ジョニー・ドッド，メアリー・ニューポート（八坂ありさ訳，2007）『モーツァルトとクジラ』日本放送出版協会。

ジェリー・ニューポート，メアリー・ニューポート（ニキ・リンコ訳，2010）『アスペルガー症候群－思春期からの性と恋愛－』クリエイツかもがわ。

ジュネヴィエーヴ，エドモンズ，ルーク，ベアドン（2011）『アスペルガー流人間関係－14人それぞれの経験と工夫－』東京書籍。

ジョン・エルダー・ロビンソン（2009）『眼を見なさい！－アスペルガーとともに生きる－』テーラー幸恵訳，東京書籍。

ジョン・エルダー・ロビンソン（藤井良江訳，2012）『変わり者でいこう－あるアスペルガー者の冒険－』東京書籍。

Johnny L. Matson・Jill C. Fodstad・Timothy Dempsey（2009）The relationship of children's feeding problems to core symptoms of autism and PDD-NOS, Research in Autism Spectrum Disorders. Vol. 3, Issue 3, pp. 759-766.

ジュリー・マシューズ（大森隆史監修／小澤理絵訳，2012）『発達障害の子どもが変わる食事』青春出版社。

梶正義（2017）発達障害のある子どもの新生児期における発達上の問題と母親の子育て困難感：発達障害児と定型発達児の比較，『関西国際大学研究紀要』第18号，pp. 1-7。

カムラン・ナジュール（神崎朗子訳，2011）『ぼくたちが見た世界－自閉症児者によって綴られた物語－』柏書房。

兼田絢未（2011）『親子アスペルガー－ちょっと脳のタイプが違います－』合同出版。

金子紘子・横田雅史（2008）特別な教育的支援の必要な子どもへの養護教諭としてのかかわりに関する研究，『瀬木学園紀要』第 2 巻，pp. 83-93。

Karla Ausdera・Malorie Juarez（2013）The Impact of Autism Spectrum Disorders and Eating Challenges on Family Mealtimes, Infant, Child, & Adolescent Nutrition. Vol. 5, No. 5, pp. 315-323.

カトリン・ベントリー（室崎育美訳，2008）『一緒にいてもひとり－アスペルガーの結婚がうまくいくために－』東京書籍。

川西邦子・髙橋智（2005）LD 児の自己認識と周囲の理解の不一致に関する研究－関係性からみた LD 児の困難・ニーズ－，『SNE ジャーナル』第11巻 1 号，pp. 41-58，日本特別ニーズ教育学会。

ケネス・ホール（野坂悦子訳，2001）『もっと知ってよ ぼくらのことを』東京書籍。

権田真吾（2011）『ぼくはアスペルガー症候群』彩図社。

菊地雅彦・髙橋智（2005）中学校「通級指導学級（相談学級）」と不登校生徒の教育支援ニーズ－ある都内中学校相談学級の10年間の卒業生・保護者の事例から－，

『障害者問題研究』第33巻1号（通巻121号），pp. 62-70。

菊地雅彦・髙橋智（2006）卒業生からみた中学校「通級指導学級（相談学級）」と不登校生徒支援のあり方－卒業生とその保護者への質問紙調査から－，『学校教育学研究論集』第13号，pp. 65-77，東京学芸大学大学院連合学校教育学研究科。

Kodak T・Piazza CC.（2008）Assessment and behavioral treatment of feeding and sleeping disorders in children with autism spectrum disorders, Child and Adolescent Psychiatric Clinics of North America. Vol. 17, Issue 4, pp. 887-905.

小島賢子（2016）自閉症スペクトラム児の食行動問題に対する研究－保護者支援に向けて－，『大阪総合保育大学紀要』10号，pp. 181-190。

小道モコ（2009）『あたし研究－自閉症スペクトラム～小道モコの場合－』クリエイツかもがわ。

近藤博子・築比地昌子・田村文誉・田沼直之・髙橋智（2018）【座談会】子どもの食を育む歯科からのアプローチ，『日本歯科医学会誌』第37巻，pp. 5-32，日本歯科医学会。

国木富美子（1986）発達障害児の排泄行動，『情緒障害教育研究紀要』第5号，pp. 89-92。

日下部裕子・和田有史（2011）『味わいの認知学－舌の先から脳の向こうまで－』勁草書房。

Kuniko Kawanishi, Satoru Takahashi（2005）Trend and issues in research on self-perception of students with learning disabilities: Self-perception problems of students with LD from the viewpoint of relationships with others. The Japanese Journal of Special Education, Vol. 42 No. 6, pp. 531-546, The Japanese Association of Special Education.

Kuschner ES・Eisenberg IW・Orionzi B・Simmons WK・Kenworthy L・Martin A・Wallace GL.（2015）A Preliminary Study of Self-Reported Food Selectivity in Adolescents and Young Adults with Autism Spectrum Disorder, Research in Autism Spectrum Disorders, Vol. 15-16, pp. 53-59.

教育新聞社（2017）アレルギーや極端な偏食が上位－発達障害児の食で調査－人員不足で支援できない状況も，『教育新聞』第3526号，教育新聞社，2017年5月22日，https://www.kyobun.co.jp/news/20170517_05/。

Jennifer R. Ledford・David L. Gast（2006）Feeding Problems in Children With Autism Spectrum Disorders, Focus on Autism and Other Developmental Disabilities. Vol. 21, Issue 3, pp. 153-166.

Laura Seiverling・Keith Williams・Peter Sturmey（2010）Assessment of Feeding Problems in Children with Autism Spectrum Disorders, Journal of Developmental and Physical Disabilities. Vol. 22, Issue 4, pp. 401-413.

LITALICO（2017）偏食や過敏の根底には「不安・緊張・ストレス」がある！当事者研究で浮かび上がった食の困難とは，株式会社 LITALICO「LITALICO 発達ナビ」，2017年11月28日公開，https://h-navi.jp/column/article/35026686.

Lobin H.（2011）『無限振子―精神科医となった自閉症者の声無き叫び―』共同医書出版社。

Malhi P・Venkatesh L・Bharti B・Singhi P.（2017）Feeding Problems and Nutrient Intake in Children with and without Autism: A Comparative Study, The Indian Journal of Pediatrics. Vol. 84, Issue 4, pp. 283-288.

Maria Råstam（2007）Eating disturbances in autism spectrum disorders with focus on adolescent and adult years, Clinical Neuropsychiatry: Journal of Treatment Evaluation. Vol. 5, No. 1, pp. 31-42.

Mary Louise E. Kerwin・Peggy S. Eicher・Jennifer Gelsinger（2010）Parental Report of Eating Problems and Gastrointestinal Symptoms in Children With Pervasive Developmental Disorders, Children's Health Care. Vol. 34, Issue 3, pp. 217-234.

松葉清子（1996）発達に遅れのある子供達の食生活に関する研究，『民族衛生』第62巻4号，pp. 218-235。

松岡明希菜・松井克之・松井潤・西倉紀子・吉岡誠一郎・丸尾良浩・高野知行・竹内義博（2016）極端な偏食でビタミンD欠乏性くる病を発症した自閉症スペクトラム障害，『日本小児科学会雑誌』第120巻11号，pp. 1637-1642。

宮川佳代子・猪狩恵美子・髙橋智（2005）病気療養青年と学校卒業後の移行支援ニーズ―本人および家族のニーズ調査から―，『東京学芸大学教育実践研究支援センター紀要』第1集，pp. 195-213。

宮嶋愛弓・立山清美・矢野寿代・平尾和久・日垣一男（2014）自閉症スペクトラム障がい児の食嗜好の要因と偏食への対応に関する探索的研究，『作業療法』第33巻2号，pp. 124-136。

宮嶋愛弓・立山清美・平尾和久・中岡和代・日垣一男（2016）偏食がある子どもの保護者の自己効力感尺度の妥当性・信頼性の検討，『作業療法』第35巻2号，pp. 167-179。

宮野佐奈江・髙橋智（2007）病気療養児の進路と移行支援ニーズの検討―全国病弱養

護学校高等部在籍生徒への質問紙調査から―『日本教育保健学会年報』第14号，pp. 29-37。

宮脇大・原田朋子・山内常生（2016）児童思春期の摂食障害，『精神科』第28巻4号，pp. 296-303。

宮崎とし子・服部成子・三谷美智子（1991）栄養食事指導からとらえた発達障害児の問題点―栄養士の立場から―，『小児発達保健研究』第50巻3号，pp. 409-414。

水田一郎（2011）広汎性発達障害と摂食障害のcomorbidity，『児童青年精神医学とその近接領域』第52巻2号，pp. 162-177。

文部科学省（2007）「食に関する指導の手引き」。

文部科学省（2010）「食に関する指導の手引―第1次改訂版―」。

文部科学省（2014a）「学校給食における食物アレルギーを有する児童生徒への対応調査（結果速報）」。

文部科学省（2014b）「学校生活における健康管理に関する調査（中間報告）」。

文部科学省（2015）「睡眠を中心とした生活習慣と子供の自立等との関係性に関する調査（報告書）」。

森口奈緒美（2002）『平行線―ある自閉症者の青年期の回想―』ブレーン出版。

森口奈緒美（2004）『変光星―自閉の少女に見えていた世界―』花風社。

森主宜延・丸田裕子・甲斐正子・北見ひろ子（1986）自閉症児の齲蝕・咬合・歯肉炎，食生活，ならびに全身状態の既応についての衛生統計的調査―部・同胞との比較より―，『小児保健研究』第45巻6号，pp. 515-520。

森主宜延・北見ひろ子・福満和子（1990）自閉症ならびに自閉的傾向児の食生活の実態分析―健常児との比較から―，『小児歯科学雑誌』第28巻1号，pp. 11-25。

村上由美（2012）『アスペルガーの館』講談社。

室田洋子（2004）『こっち向いてよ―食卓の絵が伝える子供の心―』幸書房。

Nadon G・Feldman DE・Dunn W・Gisel E.（2011a）Association of sensory processing and eating problems in children with autism spectrum disorders, Autism Research and Treatment. Vol. 2011, Article ID 541926.

Nadon G・Feldman DE・Dunn W・Gisel E.（2011b）Mealtime problems in children with autism spectrum disorder and their typically developing siblings: a comparison study, Autism. Vol. 15, Issue 1, pp. 98-113.

永井洋子（1983）自閉症における食行動異常とその発生機構に関する研究，『児童青年精神医学とその近接領域』第24巻4号，pp. 260-278。

内藤千尋・髙橋智（2017）北欧における非行・薬物依存・犯罪を有する青少年の発達

支援の動向―スウェーデン・デンマークの当事者支援を中心に―，『矯正教育研究』第62巻，pp. 108-115，日本矯正教育学会。

内藤千尋・小山定明・佐野雅之・田部絢子・髙橋智（2018）少年院における発達上の課題を有する少年の困難・支援ニーズの実態と発達支援の課題―「支援教育課程Ⅲ（N3）」在院者への面接法調査を通して―，『矯正教育研究』第63巻，pp. 134-142，日本矯正教育学会。

中島滋・田中香・濱田稔・土屋隆英・奥田拓道（2000）自閉症性男性におけるエネルギー充足度と BMI との反比例関係，『肥満研究』第6巻3号，pp. 269-272。

中佳久・小谷裕実（2003a）近畿地方における知的障害児の肥満実態調査および肥満指導に関する一考察―第1報―，『小児保健研究』第62巻1号，pp. 17-25。

中佳久・小谷裕実（2003b）近畿地方における知的障害児の肥満実態調査および肥満指導に関する一考察―第2報―，『小児保健研究』第62巻1号，pp. 26-33。

中田大地（2010a）『ぼく，アスペルガーかもしれない。』花風社。

中田大地（2010b）『僕たちは発達しているよ』花風社。

中田大地（2011）『僕は，社会（みんな）の中で生きる。お家で，学校で，アスペルガーの僕が毎日お勉強していること』花風社。

中山玲（2003）『わかっているのにできない，やめられない―それでも ADHD と共存する方法―』花風社。

成澤達哉（2004）『My フェアリー・ハート　わたし，アスペルガー症候群。』文芸社。

NHK（2017a）NHK 総合テレビ「あさイチ：シリーズ発達障害・自分の「苦手」とどうつきあう？」，2017年5月24日，http://www1.nhk.or.jp/asaichi/archive/170524/1.html.

NHK（2017b）Overcoming fear of food, NHK WORLD NEWSROOM TOKYO, Apr. 18 2017, https://www3.nhk.or.jp/nhkworld/newsroomtokyo/features/20170418.html.

NHK（2017c）Overcoming fear of food, NHK WORLD NEWSROOM TOKYO, Apr. 18 2017.

NHK（2017d）けさのクローズアップ：子どもの "偏食" 実態明らかに，NHK ニュースおはよう日本，2017年4月5日，https://www.nhk.or.jp/ohayou/digest/2017/04/0405.html.

NHK（2017e）発達障害の子ども："偏食" の実態明らかに，NHK 総合テレビ「NHK ニュースおはよう日本」，2017年4月5日。

日本教育新聞社（2016）食の困難抱える発達障害児―高橋智・東京学芸大教授ら調査

—合理的配慮の視点で実態把握，支援体制を，『日本教育新聞』2016年2月1日付。

日本共産党中央委員会（2017）発達障害など子どもの偏食の陰に不安あり—東京学芸大学教授髙橋智さんに聞く—思いを聞き本人の意思を尊重，『しんぶん赤旗』2017年9月13日付。

日本歯科医学会（2018）口腔機能発達不全症に関する基本的な考え方，http://www.jads.jp/basic/pdf/document_03.pdf.

二木武・帆足英一・川井尚・庄司順一（2004）『新版小児の発達栄養行動—摂食から排泄まで／生理・心理・臨床—』医歯薬出版。

ニキ・リンコ（2005）『俺ルール！—自閉は急に止まれない—』花風社。

ニキ・リンコ（2007a）『自閉っ子，えっちらおっちら世を渡る』花風社。

ニキ・リンコ（2007b）『自閉っ子におけるモンダイな想像力』花風社。

ニキ・リンコ（2008）『スルーできない脳　自閉は脳の便秘です』生活書院。

ニキ・リンコ，藤家寛子（2004）『自閉っ子，こういう風にできてます！』花風社。

ニキ・リンコ，仲本博子（2006）『自閉っ子，深読みしなけりゃうまくいく』花風社。

西香寿巳（1988）精神遅滞の子どもの食事指導—M君の事例を通して—，『情緒障害教育研究紀要』第7号，pp. 87-90。

小渕隆司（2007）広汎性発達障害幼児の早期予兆と支援—乳幼児健康相談・健診における親からの訴え（心配事）の分析—，『障害者問題研究』第34巻4号，pp. 298-307。

落合利佳（2011）自閉症スペクトラム障害にみられる食事および食習慣の問題，『大阪大谷大学紀要』45，pp. 121-131

岡野高明，ニキ・リンコ（2002）『教えて私の「脳みそ」のかたち—大人になって自分のADHD，アスペルガー障害に気づく—』花風社。

沖田×華（2010）『ニトロちゃん—みんなと違う，発達障害の私—』光文社。

沖田×華（2012）『毎日やらかしてます。アスペルガーで，漫画家で』ぶんか社。

小野川文子・髙橋智（2015）卒業生調査からさぐる肢体不自由特別支援学校併設の寄宿舎の役割—寄宿舎経験のある卒業生の面接法調査から—，『SNEジャーナル』第21巻1号，pp. 186-199，日本特別ニーズ教育学会。

小野川文子・田部絢子・髙橋智（2016）卒業生調査からみた病弱特別支援学校および寄宿舎の教育的役割と課題，『東京学芸大学紀要総合教育科学系Ⅱ』第67集，pp. 81-89。

小野川文子・田部絢子・内藤千尋・髙橋智（2016）子どもの「貧困」における多様な

心身の発達困難と支援の課題，『公衆衛生』第80巻7号，pp. 475-479，医学書院。

大隅順子（2012）特別支援学校における「食育」の実践と課題―家庭科教員から見た栄養教諭への期待―，『同志社女子大学生活科学』第46巻，pp. 82-85。

大和田浩子・中山健夫（2007）障害者（児）の健康・栄養状態に関する実態調査，「厚生労働科学研究費補助金『障害者の健康状態・栄養状態の把握と効果的な支援に関する研究』平成18年度総括・分担研究報告書」

大和田浩子（2009）知的障害者の栄養状態と栄養管理，『栄養学雑誌』第67巻2号，pp. 39-48。

Postorino V・Sanges V・Giovagnoli G・Fatta LM・De Peppo L・Armando M・Vicari S・Mazzone L.（2015）Clinical differences in children with autism spectrum disorder with and without food selectivity, Appetite. Vol. 92, pp. 126-132.

Råstam M・Täljemark J・Tajnia A・Lundström S・Gustafsson P・Lichtenstein P・Gillberg C・Anckarsäter H・Kerekes N（2013）Eating problems and overlap with ADHD and autism spectrum disorders in a nationwide twin study of 9- and 12-year-old children, The Scientific World Journal. Vol. 2013.

リアン・ホリデー・ウィリー（ニキ・リンコ訳，2002）『アスペルガー的人生』東京書籍。

リアン・ホリデー・ウィリー（ニキ・リンコ訳，2007）『私と娘，家族の中のアスペルガー―ほがらかにくらすための私たちのやりかた―』明石書店。

ルディ・シモン（牧野恵訳，2011）『アスパーガール―アスペルガーの女性に力を―』スペクトラム出版。

ルーク・ジャクソン（ニキ・リンコ訳，2005）『青年期のアスペルガー症候群―仲間たちへ，まわりの人へ―』スペクトラム出版社。

佐久間尋子・廣瀬幸美・藤田千春・永田真弓（2013）自閉症スペクトラム障害をもつ幼児の食事に関する母親の認識とその対処，『日本小児看護学会誌』第22巻2号，pp. 61-67。

サリソルデン（ニキ・リンコ訳，2000）『片づけられない女たち』WAVE出版。

サリソルデン（ニキ・リンコ訳，2005）『「片づけられない人」の人生ガイド』WAVE出版。

Sarnat H・Samuel E・Ashkenazi-Alfasi N・Peretz B（2016）Oral Health Characteristics of Preschool Children with Autistic Syndrome Disorder, Journal of Clinical Pediatric Dentistry. Vol. 40, No. 1, pp. 21-25.

笹ケ瀬菜生・田部絢子・高橋智（2015）発達障害者の「皮膚感覚」の困難・ニーズに

関する研究—発達障害の本人調査から—，『東京学芸大学紀要総合教育科学系Ⅱ』第66集，pp. 73-106。

笹森理恵（2009）『ADHD・アスペ系ママ—へんちゃんのポジティブライフ—発達障害を個性に変えて』明石書店。

Satoru TAKAHASHI, Ayumi Ubukata（2009）Supports for Adjustment Problems of School-Age Youth With Developmental Disabilities: A Survey of People With Developmental Disabilities, The Japanese Journal of Special Education, Vol. 46 No. 6, pp. 525-543, The Japanese Association of Special Education.

柴田真緒・髙橋智（2016）発達障害者の睡眠の困難・ニーズと支援に関する研究—発達障害の当事者調査から—，『SNE ジャーナル』第22巻1号，pp. 103-119，日本特別ニーズ教育学会。

柴田真緒・髙橋智（2016）睡眠の困難の理解と支援：日中の不安やストレスが大きく影響している，『月刊実践障害児教育』第44巻4号（通巻520号），pp. 26-28，学研プラス。

柴田真緒・髙橋智（2017）発達障害者の睡眠困難と支援に関する研究—発達障害の当事者調査から—，『東京学芸大学紀要総合教育科学系Ⅱ』第68集，pp. 43-79。

柴田真緒・髙橋智（2018）発達障害児者が有する「睡眠困難」の実態と発達支援に関する研究—発達障害の当事者調査から—，『FERI 未来教育研究所紀要』第6集，pp. 23-32。

しーた（2010）『アスペルガー症候群だっていいじゃない—私の凸凹生活研究レポート—』学習研究社。

しーた（2011）『発達障害工夫しだい支援しだい—私の凸凹生活研究レポート2—』学研教育出版。

篠崎昌子・川崎葉子・猪野民子・坂井和子・高橋摩里・向井美恵（2007a）自閉症スペクトラム児の幼児期における摂食・嚥下の問題（第1報）食べ方に関する問題，『日本摂食・嚥下リハビリテーション学会雑誌』第11巻1号，pp. 42-51。

篠崎昌子・川崎葉子・猪野民子・坂井和子・高橋摩里・向井美恵（2007b）自閉症スペクトラム児の幼児期における摂食・嚥下の問題（第2報）食材（品）の偏りについて，『日本摂食・嚥下リハビリテーション学会雑誌』第11巻1号，pp. 52-59。

白井由佳（2002）『オロオロしなくていいんだね！—ADHD サバイバル・ダイアリー—』花風社。

白井由佳（2003）『ビクビクするのはやめようよ！—ADHD の人のための人間関係ガイド—』花風社。

志澤美保・十一元三・桂敏樹・星野明子（2016）子どもの好き嫌いの影響要因の探索
　　一定型発達児から広汎性発達障害児まで一，『2014年度　食生活科学・文化，環
　　境に関する研究助成　研究紀要』第29巻，pp. 123-134，公益財団法人アサヒグ
　　ループ学術振興財団。

Spek AA.（2015）Eating problems in individuals with autism spectrum disorder
　　（ASD）but no intellectual impairment, Tijdschrift voor Psychiatrie. Vol. 57,
　　pp. 749-756.

スティーブン・ショア（森由美子訳，2004）『壁のむこうへ一自閉症の私の人生一』
　　学習研究社。

菅井遥・能田昴・髙橋智（2019）東日本大震災の子どもへの心理的影響と支援の課題
　　一震災6年後の釜石市の高校生調査から一，『東京学芸大学紀要総合教育科学系
　　Ⅱ』第70集。

田部絢子（2016）発達障害児の食に関する困難・ニーズと支援，『SNE ジャーナル』
　　第22巻1号，pp. 22-37，日本特別ニーズ教育学会。

田部絢子（2016）食の困難の理解と支援一わがままと捉えた厳しい指導は困難を増幅
　　させる一，『実践障害児教育』第44巻4号，pp. 22-25。

田部絢子（2018）発達障害児・者の「食の困難」の実態と支援の課題一当事者・保護
　　者調査から探る一，『教育と医学』第66巻4号（通巻778号），pp. 76-86。

田部絢子・斎藤史子・髙橋智（2015）発達障害を有する子どもの「食・食行動」の困
　　難に関する発達支援研究一発達障害の本人・当事者へのニーズ調査から一，『発
　　達研究』第29巻，pp. 47-60，公益財団法人発達科学研究教育センター。

田部絢子・髙橋智（2015）『発達障害児者の「食」の困難・ニーズと支援に関する調
　　査研究調査報告書』，大阪体育大学教育学部田部絢子研究室。

田部絢子・髙橋智（2017a）発達障害児の「食」の困難・ニーズの実態と支援の課題
　　一都内小・中学校特別支援学級・通級指導学級，知的障害特別支援学校への質問
　　紙法調査から一，『東京学芸大学紀要総合教育科学系Ⅱ』第68集，pp. 81-113。

田部絢子・髙橋智（2017b）『発達障害児者の「食」の困難・ニーズと支援に関する
　　調査研究報告書一第2報一』大阪体育大学教育学部田部絢子研究室。

田部絢子・髙橋智（2018）発達障害児の「食の困難」の実態と支援の課題一都内の
　　小・中学校および知的障害特別支援学校の管理栄養士等の調査から一，『東京学
　　芸大学紀要総合教育科学系Ⅱ』第69集，pp. 81-106。

多田奈津子・髙橋智（2005）和光小学校における障害児と通常の子どもの「共同教
　　育」実践の検証一卒業生への聞き取り調査による共同教育の評価を中心に一，

『東京学芸大学紀要（第 1 部門・教育科学)』第56集，pp. 269 - 291。

高橋摩理・大岡貴史・内海明美・向井美惠（2012）自閉症スペクトラム児の摂食機能の検討，『小児歯科学雑誌』，第50巻 1 号，pp. 36-42。

高橋智（2016）感覚情報処理の困難やそれに伴う多様な身体問題で困っている子どもの理解と支援，『発達教育』第35巻 6 号（通巻428号)，p. 4-11，公益社団法人発達協会。

髙橋智（2016）子どもが感じている感覚や身体の困難を理解する，『月刊実践障害児教育』第44巻 4 号（通巻520号)，pp. 10-11。

高橋智（2017)「発達障害等の発達困難」の卒業生調査から見た高校の特別支援教育の課題，『月刊高校教育』第50巻 7 号，pp. 32-35，学事出版。

髙橋智（2018）発達上の特性・困難を有する当事者調査から捉える合理的配慮の視点，『心理学ワールド』第81号，pp. 27-28，公益社団法人日本心理学会。

髙橋智・増渕美穂（2008）アスペルガー症候群・高機能自閉症における「感覚過敏・鈍麻」の実態と支援に関する研究―本人へのニーズ調査から―，『東京学芸大学紀要（総合教育科学系)』第59集，pp. 287-310。

髙橋智・内野智之（2008）発達障害の本人調査にみる高校生活の困難とニーズ，『月刊生徒指導』第38巻11号，pp. 14-19，学事出版。

髙橋智・生方歩未（2008）発達障害の本人調査からみた学校不適応の実態，『SNE ジャーナル』第14巻 1 号，pp. 36-63，日本特別ニーズ教育学会

髙橋智・生方歩未・田部絢子（2009）発達障害の学校不適応の実態と支援―発達障害の本人調査から―，『月刊生徒指導』第39巻 8 号，pp. 20-25，学事出版。

髙橋智・中村美樹（2010）障害を有する外国人児童生徒の教育貧困の実態―本人・保護者及び学級担任への面接法調査から―，『障害者問題研究』第37巻 4 号，pp. 60-65。

髙橋智・石川衣紀・田部絢子（2011）本人調査からみた発達障害者の「身体症状（身体の不調・不具合)」の検討，『東京学芸大学紀要総合教育科学系Ⅱ』第62集，pp. 73-107。

髙橋智・田部絢子・石川衣紀（2012）発達障害の身体問題（感覚情報調整障害・身体症状・身体運動）の諸相―発達障害の当事者調査から―，『障害者問題研究』第40巻 1 号，pp. 34-41。

髙橋智・井戸綾香・田部絢子・内藤千尋・小野川文子・竹本弥生・石川衣紀（2013）本人・当事者調査から探るアスペルガー症候群等の発達障害の子ども・青少年のスポーツ振興の課題，『SSF スポーツ政策研究』第 2 巻 1 号，pp. 204-213，公益

財団法人笹川スポーツ財団。

高橋智・井戸綾香・田部絢子・石川衣紀・内藤千尋（2014）発達障害と「身体の動きにくさ」の困難・ニーズ―発達障害の本人調査から―，『東京学芸大学紀要総合教育科学系Ⅱ』第65集，pp. 23-60。

高橋智・斎藤史子・田部絢子・石川衣紀・内藤千尋（2015）発達障害者の「食」の困難・ニーズに関する研究―発達障害の本人調査から―，『東京学芸大学紀要総合教育科学系Ⅱ』第66集，pp. 17-72。

高橋智・田部絢子（2015）本人調査から探る発達障害者の「皮膚感覚」の困難と支援，『アスペハート』第13巻3号（通巻第39号），pp. 12-18，NPO法人アスペ・エルデの会。

高橋智・田部絢子（2017a）学校給食での困難の実態と支援の課題―発達障害と食の困難・支援ニーズ①―，『内外教育』第6594号，pp. 4-7，時事通信社。

高橋智・田部絢子（2017b）学校栄養職員，多様な「食の困難」把握―発達障害と食の困難・支援ニーズ②―，『内外教育』第6596号，pp. 4-7，時事通信社。

高橋智・田部絢子（2017c）当事者調査に見る「食の困難」の実態―発達障害と食の困難・支援ニーズ③―，『内外教育』第6598号，pp. 6-9，時事通信社。

高橋智・田部絢子（2017d）保護者調査から探る「食の困難」の実態―発達障害と食の困難・支援ニーズ④（完）―，『内外教育』第6599号，pp. 6-8，時事通信社。

高橋智・柴田真緒（2017）入眠困難，途中覚醒など多様な問題―「発達障害と睡眠困難」の実態と発達支援（上）―，『内外教育』第6625号，pp. 10-13，時事通信社。

高橋智・柴田真緒（2017）障害の特性強める睡眠不足―「発達障害と睡眠困難」の実態と発達支援（下）―，『内外教育』第6626号，pp. 8-10，時事通信社。

高橋智・内藤千尋・田部絢子（2017）少年院在院者の声に探る支援の課題―発達上の課題・困難を有する非行少年への発達支援③―『内外教育』第6633号，pp. 6-9，時事通信社。

高橋智・田部絢子・石川衣紀（2018）スウェーデンにおける摂食障害と発達支援―北欧における子ども・若者の特別ケアの動向⑲―，『内外教育』第6679号，pp. 14-18，時事通信社。

高橋智・田部絢子・内藤千尋・石川衣紀・柴田真緒（2018）薬物依存症者等を親に持つ当事者支援―北欧における子ども・若者の特別ケアの動向㉔―，『内外教育』第6690号，pp. 10-13，時事通信社。

高橋紗都・高橋尚美（2008）『うわわ手帳と私のアスペルガー症候群―10歳の少女が綴る感性豊かな世界―』クリエイツかもがわ。

高倉めぐみ（2007）知的障害児への支援，『コミュニケーション障害学』第24巻2号，pp. 129-137。

髙橋摩理・大岡貴史・内海明美・向井美惠（2012）自閉症スペクトラム児の摂食機能の検討，『小児歯科学雑誌』，第50巻1号，pp. 36-42。

高見葉津（2007）総説：言語聴覚士が実践する支援について，『コミュニケーション障害学』第24巻2号，pp. 102-110。

竹田亜古・田部絢子・髙橋智（2009）知的障害特別支援学校における家庭科教育の意義・役割に関する検討－高等部在籍生徒のニーズ調査から－，『東京学芸大学紀要総合教育科学系』第60集，pp. 365-387。

竹本弥生・田部絢子・髙橋智（2012）発達に困難を抱える高校生が求める「自立・就労・社会参加」の支援－公立高校と特別支援学校高等部分教室に在籍する生徒への調査から－，『発達』第129号，pp. 18-25，ミネルヴァ書房。

竹本弥生・青野路子・三枝あゆみ・田部絢子・内藤千尋・髙橋智（2016）「多様な困難を抱える高校」における特別支援教育の課題－卒業生・保護者・教師の面接法調査を通して－，『東京学芸大学紀要総合教育科学系Ⅱ』第67集，pp. 69-79。

高森明（2007）『アスペルガー当事者が語る特別支援教育－スロー・ランナーのすすめ－』金子書房。

高森明（2010）『漂流する発達障害の若者たち－開かれたセイフティーネット社会を－』ぶどう社。

高森明・木下千紗子・南雲明彦・高橋今日子・片岡麻美・橙山緑・鈴木大知・アハメッド敦子（2008）『私たち，発達障害と生きてます－出会い，そして再生へ－』ぶどう社。

財部盛久（2003）統合保育における自閉症圏障害児に対する食事および排泄の指導と保育者，『琉球大学教育学部障害児教育実践センター紀要』第5巻，pp. 43-55。

武井祐子・寺崎正治・門田昌子（2006）幼児の気質特徴が養育者の育児不安に及ぼす影響，『川崎医療福祉学会誌』第16巻2号，pp. 221-227。

竹内衛三・有沢広香（1996）知的障害児の偏食に関する一考察，『高知大学教育学部研究報告』第52号，pp. 221-228。

田辺里枝・曽我部夏子・祓川摩有・小林隆一・八代美陽子・高橋馨・五関－曽根正江（2012）特別支援学校の児童・生徒の食生活の特徴と体格との関連について，『小児保健研究』71(4)：582-590。

立山清美・宮嶋愛弓・清水寿代（2013）自閉症児の食嗜好の実態と偏食への対応に関する調査研究，『浦上財団研究報告書』20，pp. 117-132。

田角勝（2016）乳幼児の摂食障害（特集1・子どもの摂食障害），『教育と医学』第64巻3号，pp. 206-215。

田角勝・河原仁志（2009）『子どもの摂食指導』診断と治療社。

田角勝・向井美恵（2006）『小児の摂食・嚥下リハビリテーション』医歯薬出版。

テンプル・グランディン，マーガレット・M. スカリアーノ（カニングハム久子訳，1994）『我，自閉症に生まれて』学習研究社。

テンプル・グランディン（カニングハム久子訳，1997）『自閉症の才能開発－自閉症と天才をつなぐ環－』学習研究社。

テンプル・グランディン，ショーン・バロン（門脇陽子訳，2009）『自閉症スペクトラム障害のある人が才能をいかすための人間関係10のルール』明石書店。

テンプル・グランディン（中尾ゆかり訳，2010）『自閉症感覚－かくれた能力を引きだす方法－』日本放送出版協会。

徳田克己・水野智美・西館有沙（2013）極度の偏食傾向を示す自閉症児に対する食指導の在り方に関する研究，『食に関する助成研究調査報告書』26号，PP. 95-107，公益財団法人すかいらーくフードサイエンス研究所。

徳永瑛子（2014）発達障害児の自立した食事行動に向けての支援，『臨床作業療法』第11巻1号，pp. 25-30。

トーマス・A・マッキーン（ニキ・リンコ訳，2003）『ぼくとクマと自閉症の仲間たち』花風社。

冨田かをり・高橋摩理・内海明美・白井淳子・五十嵐由美子・吉村知恵・塩津敏子・向井美恵（2013）食べ方相談に来所した親子の相談内容の検討，『小児保健研究』第72巻3号，pp. 369-376。

冨田かをり・高橋摩理・内海明美・矢澤正人・関谷紗央里・五十嵐由美子・宮内恵・平川知恵・石崎晶子・石田圭吾・弘中祥司（2016）食事を楽しくないものにする要因の検討－新宿区乳幼児食べ方相談記録の分析から－，『小児保健研究』第75巻3号，pp. 322-328。

Tomoyuki UCHINO, Satoru TAKAHASHI（2007）Difficulties and Needs of Upper Secondary School Students With Mild Developmental Disabilities in School: A Survey of Students With Mild Developmental Disabilities Including Mild Intellectual Disabilities, The Japanese Journal of Special Education, Vol. 44 No. 6, pp. 507-521, The Japanese Association of Special Education.

利田潤（2011）『僕はアスペルガー－ある広汎性発達障害者の手記－』創風社出版。

東京都教育委員会（2004）『障害のある児童・生徒の食事指導の手引－食事指導の充

実のために一』。

鶴田真（2016）発達障害児における肥満傾向児の頻度とその生活特性，『小児保健研究』第75巻2号，pp. 203-208。

上野康一・上野景子・上野健一（2011）『発達障害なんのその，それが僕の生きる道』東京シューレ出版。

梅永雄二編（2004）『こんなサポートがあれば！LD，ADHD，アスペルガー症候群，高機能自閉症の人たちの自身の声』エンパワメント研究所。

梅永雄二編（2007）『こんなサポートがあれば！LD，ADHD，アスペルガー症候群，高機能自閉症の人たちの自身の声2』エンパワメント研究所。

和田良久（2010）発達障害を合併する摂食障害，『精神経誌』第112巻8号，pp. 750-757。

和田良久（2012）摂食障害と発達障害，『医学のあゆみ』第241巻9号，pp. 685-689。

ウェンディ・ローソン（ニキ・リンコ訳，2001）『私の障害，私の個性』花風社。

山口純枝（2010）指導の意義や目標を明確にして取り組む（特集：知的障害のある子どもへの食育），『食育フォーラム』第114号，pp. 10-17。

山口創（2010）幼児の身体的及び心理・行動的問題に関する研究，『健康心理学研究』第23巻1号，pp. 32-41。

山川眞千子（2007）学齢期における支援，『コミュニケーション障害学』第24巻2号，pp. 119-128。

山根寛・加藤寿宏（2007）『食べることの障害とアプローチ』三輪書店。

山下揺介・田部絢子・石川衣紀・上好功・至田精一・髙橋智（2010）発達障害の本人調査からみた発達障害者が有するスポーツの困難・ニーズ，『東京学芸大学紀要総合教育科学系I』第61集，pp. 319-357。

山崎祥子（2013）『じょうずに食べる―食べさせる』芽ばえ社。

読売新聞東京本社（2018）［医療ルネサンスNo.6829］子どもを守る：発達障害〈5〉偏食解消工夫を凝らす，『読売新聞』朝刊，読売新聞東京本社，2018年6月29日付。

寄林結・髙橋智（2012）生涯学習時代における障害者青年学級の役割―障害者青年学級参加の本人のニーズ調査から―，『東京学芸大学紀要総合教育科学系II』第63集，pp. 31-55。

吉田くすほみ（2000）知的障害児への摂食・嚥下指導，『聴能言語学研究』第17巻1号，pp. 19-22。

財団法人日本学校保健会〔文部科学省スポーツ・青少年局学校健康教育課監修〕

（2008）『学校のアレルギー疾患に対する取組ガイドライン』。

財団法人日本学校保健会（2013）『学校と家庭で育む子どもの生活習慣』日本学校保健会出版部。

財団法人日本学校保健会（2014）『平成24年度児童生徒の健康状態サーベイランス事業報告書』日本学校保健会出版部。

Zobel-Lachiusa J・Andrianopoulos MV・Mailloux Z・Cermak SA.（2015）Sensory Differences and Mealtime Behavior in Children With Autism, American Journal of Occupational Therapy. Vol. 69, No. 5, 6905185050p1-6905185050p8.

資料　各種質問紙調査票

調査票１：第２章

「食」の困難・ニーズに関する実態調査

東京学芸大学総合教育科学系
特別支援科学講座　高橋　智研究室

　この調査は，発達障害を有する本人・当事者の方々が「食」に関してどのような困難を感じているのかについてお聞きするものです。そしてそのような困難に対して，本人・当事者の方々がどのような理解・支援を求めていらっしゃるのかを明らかにすることを目的としています。

【ご確認事項】

① 調査はいつでも中止できます。：ご記入中にフラッシュバックや不快・不安を感じた場合は，調査をすぐに中止してください。

② プライバシーが侵害されることは一斉ありません。本調査票はすべて機械的・統計的に処理され，個人・団体が特定されることはありません。

③ 個人情報保護・データ管理には十分に配慮いたします。本調査では，「個人情報保護法」および「東京学芸大学研究倫理規程」を遵守いたします。

④ 調査の結果をご報告致します。
　本調査は，すべての調査・分析が修了した後に，ご協力いただいた各団体・個人に調査結果報告書という形で結果を報告させていただきます。

⑤ 調査を社会に広く還元していきます。
　本調査は，調査結果報告書や学会発表・論文として公表し，社会に還元していきます。

資　料　243

【ご回答者について】

1．年齢：（　　　　　）歳

2．性別：　男性　　女性

3．所属：①在学中（高校，高等専門学校，専修大学，短期大学，大学，大学院，その他）

　　　　②有職者（職種：　　　　　　雇用形態：正規雇用，パート・アルバイト）

　　　　③無職者　　④その他（　　　　　　　　　　）

4．医療機関等で正式に診断・判断を受けていらっしゃいますか。（　　有　・　無　　）

5．（4．で「有」と回答された方のみお答えください。）

　　発達障害と診断・判定された機関：

　　①医療・病院　　　②児童相談所　　③教育委員会の教育センター・教育相談所

　　④その他（　　　　　　　　　　）

　　発達障害の診断・判定名（重複の場合は複数選択してください。）：

　　①アスペルガー症候群　　②高機能自閉症　　③その他の広汎性発達障害

　　④学習障害（LD）　　⑤注意欠陥多動性障害（ADHD）　　⑥知的障害

　　⑦その他（　　　　　　　　　　）

　　診断・判定を受けたときの年齢：（　　　　　　　　）歳

6．調査結果の報告を希望されますか。（　はい　・　いいえ　）

　　「はい」とご回答された方はお名前，ご住所またはメールアドレスをご記入ください。

Ⅰ. 「食」の困難に関するチェックリスト

1. あてはまる項目の□の部分にチェックを入れてください。（例：☑, □→■など）
2. チェックのついた項目の中で，その詳細がある場合には（具体的に：　　　）に可能な範囲でお書き下さい。
　　　（例：現在はそうではないが過去はそうであったことや，あてはまる項目について自分で工夫していることなど。）
☆項目が大変多くなっていますので，ぜひ休憩をとりながらご自分のペースに合わせてお進めください。

1、体の構造と食物
【摂食中枢】
空腹感

001.	□お腹がすくという感覚がよくわからない。（具体的に：　　　）
002.	□お腹がすいたと感じることはめったにない。（具体的に：　　　）
003.	□ストレスを感じると空腹を全く感じなくなる。（具体的に：　　　）
004.	□気がついたらひどくお腹がすいていることがある。（具体的：　　　）
005.	□お腹がすいた時には，血の気が失せる・頭が重い・ふらふらするなどの症状がある。（具体的に：　　　）
006.	□お腹がすいている時ほど，少ししか食られない。（具体的に：　　　）
007.	□空腹を感じた時すぐに食べないと，その後胃痛や吐き気，貧血などに悩まされてしまう。（具体的に：　　　）
008.	□喉が渇くという感覚がよくわからない。（具体的に：　　　）
009.	□喉の渇きを感じにくく，ほとんど水分をとらない。（具体的に：　　　）
010.	□水分補給を忘れてしまい，しばしば脱水症状を起こす。（具体的に：　　　）
011.	□異常に喉が渇き，一日に何リットルも飲み物を飲んでしまう。（具体的に：　　　）
012.	□頭をよく働かせている時には水分が欲しくなり，四六時中ガバガバと水を飲んでしまう。（具体的に：　　　）

資料　245

満腹感

013.	□満腹を感じないため，食べ過ぎて吐いたことが何度もある。 （具体的に：　　　　　　　　　）
014.	□満腹中枢が上手く働かず，すぐに何かを食べようとしてしまう。 （具体的に：　　　　　　　　　）

食欲

015.	□食べることにあまり興味がない。（具体的に：　　　　　　　　　）
016.	□食べ物に関しては無頓着である。（具体的に：　　　　　　　　　）
017.	□倒れそうになるまで，食べたいという欲求を感じない。 （具体的に：　　　　　　　　　）
018.	□何か食べなくてはと感じる時は，ほとんどない。（具体的に：　　　　　　　　　）
019.	□お腹が空いたと感じても，なかなか「食べたい」とは思わない。 （具体的に：　　　　　　　　　）
020.	□食事＝義務＝面倒である。（具体的に：　　　　　　　　　）
021.	□よほどの空腹時でない限り，ものを食べることに抵抗を覚えてしまう。 （具体的に：　　　　　　　　　）
022.	□食欲がないのは，食品に含まれる添加物を本能的に避けているのかもしれない。 （具体的に：　　　　　　　　　）
023.	□自分が何を食べたいのかわからないので，毎日同じものを食べる。 （具体的に：　　　　　　　　　）
024.	□歯をみがいた後が，一番食欲がわく。（具体的に：　　　　　　　　　）
025.	□糖分や塩分への強い欲求がある。（具体的に：　　　　　　　　　）
026.	□食欲の差が激しく，食欲のない時はとことん食べず，ある時はとことん食べまくる。 （具体的に：　　　　　　　　　）
027.	□食欲増進期と減退期が交互に来る。（具体的に：　　　　　　　　　）

【感覚器系】
視覚

028.	□色や形以前に，見るだけで気持ち悪かったり，怖い食べ物がある。 （具体的に：　　　　　　　　）
029.	□色のまじった食べ物は苦手である。（具体的に：　　　　　　　　）
030.	□単色のもの，どこから見ても色が同じものは気持ち悪くて食べられない。 （具体的に：　　　　　　　　）
031.	□茶色や黒色の食べ物は有害であると思ってしまい，食べられない。 （具体的に：　　　　　　　　）
032.	□白い色の食べ物は食べられない。（具体的に：　　　　　　　　）
033.	□タイ米などのように普段食べているものと長さや大きさが違うものは食べられない。 （具体的に：　　　　　　　　）
034.	□いびつな形の食べ物は気持ち悪くて食べられない。（具体的に：　　　　　　　　）
035.	□種の配列の仕方が気持ち悪くて食べられない果実や野菜がある。 （具体的に：　　　　　　　　）
036.	□同じ食べ物でも，一つ一つが全く別の物に見える。（具体的に：　　　　　　　　）
037.	□自分で見て食べものであると認識したもの以外は食べてもおいしくない。 （具体的に：　　　　　　　　）
038.	□食べ物に関しての認識能力や記憶力が乏しい。肉や魚はどれも同じにみえる。 （具体的に：　　　　　　　　）

嗅覚

039.	□東京はどこに行っても食べ物のにおいがする。（具体的に：　　　　　　　　）
040.	□食堂，パン屋，魚売り場，レストランの厨房などはにおいが強く，吐気をもよおす。 （具体的に：　　　　　　　　）
041.	□色々な食べ物のにおいが混ざっている環境はとてもつらい。 （具体的に：　　　　　　　　）
042.	□においの強い食品は食べられない。（具体的に：　　　　　　　　）
043.	□ご飯は水の腐ったにおいがするので食べられない。（具体的に：　　　　　　　　）

資　料　247

044. □うどんを湯がく時のにおいがダメで，うどんが食べられない。
　　　（具体的に：　　　　　　　）

045. □生野菜は噛むと雑草や土の味，においがするため食べられない。
　　　（具体的に：　　　　　　　）

046. □ゆで卵や鶏の唐揚げ，蒸し物などの「硫黄っぽい」臭いがするものは苦手である。
　　　（具体的に：　　　　　　　）

047. □酒の臭いも，酒を連想させる臭いも嫌いである。（具体的に：　　　　　　　　　　）

聴覚

048. □食べ物の口の中でする音が耳障りで我慢できない。（具体的に：　　　　　　　　　）

味覚

049. □ある時まで，食べ物には味があるということに気が付かなかった。
　　　（具体的に：　　　　　　　）

050. □ほとんどの食べ物は，とにかくおいしいと感じられない。
　　　（具体的に：　　　　　　　）

051. □たいていのものはひどくまずい。（具体的に：　　　　　　　　）

052. □食品添加物が入った食べ物は，どれを食べても同じ味に感じてしまう
　　　（具体的に：　　　　　　　）

053. □味覚が過敏で幼い頃から水が飲めない。（具体的に：　　　　　　　　）

054. □体調によって味覚が過敏になり白いご飯しか食べられない時がある。
　　　（具体的に：　　　　　　　）

055. □特定の店・メーカーのものしか食べられない食品がある。
　　　（具体的に：　　　　　　　）

056. □玉ねぎは少しでも焦がしてしまうと，まずくて食べられない。
　　　（具体的に：　　　　　　　）

057. □低カロリー加工のものは味が苦手でほとんど食べられない。
　　　（具体的に：　　　　　　　）

058. □食べ物の味が混ざり合うのが苦手である。（具体的に：　　　　　　　　　）

248

059.	□ご飯とおかずを交互に食べるのは，ごはんの味が分からなくなってしまうから嫌である。（具体的に：　　　　　）
060.	□子ども用に味の薄い調理がされていた普通食は，食べられないものが多かった。（具体的に：　　　　　）
061.	□濃い味の食べ物は神経組織を圧倒してしまう。（具体的に：　　　　　）
062.	□食べ物の味を楽しむことと，食べ物を飲み込むことの一方にしか集中できない。（具体的に：　　　　　）
063.	□自分が予想していた味と違う味だと食べられない。（理由など具体的に：　　　　　）

触覚
食感

064.	□固さや食感によっては口に入れるだけで全身が苦しくなるほど不快な食べ物がいくつもある。（具体的に：　　　　　）
065.	□食べ物によっては刺すような痛みを感じるものがある。（具体的に：　　　　　）
066.	□食感があまりに違いすぎる食材が入った料理は食べられない。（具体的に：　　　　　）
067.	□柔らかいものや，ぬるぬるした食感に耐えられない。（具体的に：　　　　　）
068.	□ぐにゃぐにゃしている食感の物は食べられない。（具体的に：　　　　　）
069.	□どろっとしたとろみのある食べ物は大嫌いである。（具体的に：　　　　　）
070.	□果物の小さい粒が口の中ではじける刺激はとても耐えがたい。（具体的に：　　　　　）
071.	□生野菜は，シャリシャリした食感が嫌である。（具体的に：　　　　　）
072.	□コロッケは，ころもが痛いため食べられない。（具体的に：　　　　　）

舌触り

073.	□ほとんどの食べ物はひどい舌触りである。（具体的に：　　　　　）
074.	□変な舌ざわりの物は食べたくない。（具体的に：　　　　　）

075.	□食べものでどうしても我慢できない舌触りがある。（具体的に： ）
076.	□つぶした食べ物しか食べられない。（具体的に： ）
077.	□つぶつぶの入った食べ物は苦手である。（食品名など具体的に： ）
078.	□煮た野菜は，舌や上あごに当たる感触が耐えられない。のどに詰まって息ができなくなる気がする。（具体的に： ）
079.	□ひき肉の歯触りは大嫌いである。（具体的に： ）
080.	□料理酒の分量が少し違うだけで，舌がピリピリしてしまう。（具体的に： ）
081.	□化学調味料がたくさん使ってあるものを食べると舌が痺れる感じがする。（具体的に： ）

その他

082.	□食物に触わったりすることに精神的苦痛を感じる。（理由など具体的に： ）
083.	□食事の時は，一口食べるごとにナプキンで顔や手を拭かなければ，気がすまない。（具体的に： ）
084.	□ひどい猫舌で熱い物を食べられない。（具体的に： ）
085.	□口の中で張りつくようなものやパサパサしたものは苦手である。（具体的に： ）

【消化器系】
咀嚼・嚥下

086.	□歯がひどく過敏である。（具体的に： ）
087.	□噛むとはどういうことかわからなかった。（具体的に： ）
088.	□顎のコントロールが上手くいかないので，顎を動かすのは重労働である。（具体的に： ）
089.	□噛むために毎回顎を動かすのはとても疲れる。（具体的に： ）
090.	□噛むのがいやなので，何でも丸飲みしたり，水で流し込んでしまう。（具体的に： ）

091.	□噛まずに口の中でとけるものしか食べられない。（具体的に： ）
092.	□人よりかむ回数が倍くらいで，同じ物を食べても倍の時間がかかる。 （具体的に： ）
093.	□食べ物の嚥下に緊張する。（具体的に： ）
094.	□食べ物を飲み込む作業は，意識的にやっている。（具体的に： ）
095.	□何か気になることがあると，口にいれたまま飲み込むことができなくなってしまう。 （具体的に： ）
096.	□固形物は喉に引っかかりそうで，怖くて食べられない。（具体的に： ）
097.	□錠剤はのどに引っ掛かかり，うまく飲み込めない。（具体的に： ）
098.	□魚の小骨は全部はずさないと，必ずのどに引っかかってしまう。 （具体的に： ）
099.	□空気を飲みこみやすい食べ物は，誤嚥しやすい。（具体的に： ）
100.	□液体と小さな固体が混ざっている食べ物は誤嚥しやすい。 （具体的に： ）
101.	□疲れている時は舌を噛んだり，誤嚥しやすい。（具体的に： ）
102.	□噛みすぎてリキッド状になると，器官に入ってしまいそうで怖いため，適度な塊のまま 飲みこんでしまう。（具体的に： ）
103.	□ごくごく飲むことが出来ない。友達がごくごく飲んでいるのを見るだけで息がつまりそ うで怖い。（具体的に： ）
104.	□食べ物を完全に飲み込まないうちに次を口に入れると，うまく飲み込めなくなってしま う。（具体的に： ）
105.	□食べものが口に残っているうちに飲み物を飲むと，のどの途中で固形物が止まってしま う。（具体的に： ）

消化

106.	□食べてもむかむかしない食べ物がとても少ない。（具体的に： ）
107.	□食べ物と空気を上手くより分けられず，胃が膨らんで痛い。 （具体的に： ）

資　料　　251

108.	□胃腸の働きがひどく悪く，何を食べても下痢ばかりしてしまう。 （具体的に：　　　　　　　）
109.	□消化できない食べ物がたくさんあり，その種類は一定ではなく，時として変わる。 （具体的に：　　　　　　　）
110.	□食べ物による過敏性腸症候群がある。（食品名など具体的に：　　　　　　　　）
111.	□食品添加物の多い食品をとると，内臓が焼ける，重くなる，冷たくなるという感じがする。（具体的に：　　　　　　　）
112.	□水分が多い果実は，食後30分後までの間に胃腸が冷えて，お腹を壊す大敵である。 （具体的に：　　　　　　　）

【循環器系】

113.	□糖分や塩分を摂った時は，どちらもすぐに手首がドクドクと脈打つ。 （具体的に：　　　　　　　）
114.	□水分が少なく凝縮された甘いものを食べると，血管が膨らむ感じがして出血への緊張感を感じる。（具体的に：　　　　　　）
115.	□塩分を摂りすぎるとのどがひりひり，全身がドクドクとして頭の奥が脈打ち痛くなる。 （具体的に：　　　　　　　）
116.	□オレンジジュースは腕の血管が縮んでしまって痛くなるので飲めない。 （具体的に：　　　　　　　）
117.	□コーヒーやお茶を飲むと頭ががんがんと痛み，手足の中もしまって痛くなり，震えるような寒気を生じる。（具体的に：　　　　　　）
118.	□柿はシャリシャリとした固めのものだと，食べてすぐ寒気に襲われる。 （具体的に：　　　　　　　）
119.	□食べ物の摂取による血糖値の上がり下がりが激しい。（具体的に：　　　　　　　　）
120.	□普段から低血糖症のような症状がある。（具体的に：　　　　　　　）

【免疫，アレルギー】　※アレルゲンや症状，商品名などについて具体的に書いて下さい。

121.	□何種類もの食物アレルギーをもっている。（具体的に：　　　　　　　）
122.	□アレルギーを示す食品が年々増えている。（具体的に：　　　　　　）

123.	□卵アレルギーがある。卵に触れると発疹が出たり，呼吸が出来なくなってしまう。 （具体的に：　　　　　　　　　　）
124.	□乳製品のアレルギーがある。乳製品を摂取すると色彩や模様に対する感覚が変化し， 幻覚まで見える。（具体的に：　　　　　　　　）
125.	□小麦タンパクを摂取すると強迫的になったり，不安でいっぱいになり，人格が変わった ようになる。（具体的に：　　　　　　　　　　）
126.	□そばにアレルギーがある。（具体的に：　　　　　　　　　）
127.	□ナッツ類にアレルギーがある。（具体的に：　　　　　　　　）
128.	□甲殻類アレルギーがある。（具体的に：　　　　　　　　）
129.	□魚介類にアレルギーがある。（具体的に：　　　　　　　　）
130.	□豚肉にアレルギーがある。（具体的に：　　　　　　　　）
131.	□鶏肉にアレルギーがある。（具体的に：　　　　　　　　）
132.	□牛肉にアレルギーがある。（具体的に：　　　　　　　　）
133.	□米にアレルギーがある。（具体的に：　　　　　　　　）
134.	□大豆製品にアレルギーがある。（具体的に：　　　　　　　）
135.	□じゃがいもにアレルギーがある。（具体的に：　　　　　　　）
136.	□トウモロコシにアレルギーがある。（具体的に：　　　　　　）
137.	□トマトにアレルギーがある。（具体的に：　　　　　　　　）
138.	□マッシュルームにアレルギーがある。（具体的に：　　　　　　）
139.	□さくらんぼに（アレルギーがある。（具体的に：　　　　　　）
140.	□キウイにアレルギーがある。（具体的に：　　　　　　　）
141.	□果汁を摂取すると，頭が重くなって，酔っぱらったようになってしまう。 （具体的に：　　　　　　　　　）
142.	□酵母菌を摂取すると，頭が重くなり，酔っぱらったようになってしまう。 （具体的に：　　　　　　　　　）
143.	□アルコールにアレルギー，過敏症がある。（具体的に：　　　　　　　　）

資　　料　　253

144.	□食品添加物にアレルギー，過敏症がある。（具体的に：　　　　　　　　）
145.	□化学調味料を食べると，舌や口の中が痺れるような感覚がして，ひどい吐気に襲われる。（具体的に：　　　　　　）
146.	□ビタミン，ミネラル欠乏症である。（具体的に：　　　　　　　　）

※その他，食べ物によるアレルギーがありましたらアレルゲンや症状などについて具体的に教えて下さい。

147.	（自由記述：　　　　　　）

【その他】

148.	□肉を食べるとどうも体の調子が悪くなってしまう。（具体的に：　　　　　　　）
149.	□カフェインなどの刺激物に弱く，飲みすぎると，てきめんに眠れなくなる。（具体的に：　　　　　　）
150.	□白砂糖は精神的な興奮を引き起こす。（具体的に：　　　　　　）
151.	□温かい麺類を食べると腰が抜けてしまう。（具体的に：　　　　　）
152.	□歯磨き粉に含まれる合成界面活性剤，発泡剤やサッカリンが原因で気持ち悪くなってしまう。（具体的に：　　　　　　）
153.	□アルコール度数の高い酒を何杯飲んでも体に変化はないのに，突然，急性アルコール中毒で倒れてしまう。（具体的に：　　　　　）
154.	□代謝のスピードがはやすぎて，すぐに体重が減ってしまう。（具体的に：　　　　　）
155.	□サプリメントを摂取して，何らかの体調不良を起こしたことがある。（具体的に：　　　　　）

2、食生活
【食嗜好】

156.	□一度好きになったメニューや食べ物にはかなり固執する。（具体的に：　　　　　）
157.	□食べられる物はほとんどがとてもやわらかいものである。（具体的に：　　　　　）

158. □工業的に管理されていて味がいつも同じ，重さも，太さも，包装の色も変わらないものは安心する。(具体的に：　　　　　　　　)

159. □個数がはっきりした食べ物は安心する。(具体的に：　　　　　　　　)

160. □カロリーや栄養素が何 g とれるかという記載がはっきりしていると安心出来る。
(具体的に：　　　　　　　　)

161. □高塩分や高糖分の食品，加工された食品を多く食べてしまう。
(具体的に：　　　　　　　　)

162. □サンドイッチなど片手で食べられるものは味を楽しむ余裕があるので食べやすい。
(具体的に：　　　　　　　　)

163. □レトルト食品やカップラーメンなら食べられる。(具体的に：　　　　　　　　)

164. □食べられるものは，①お米屋で自分で脱穀したお米　②雑穀米　③数種類の豆類だけである。(具体的に：　　　　　　　　)

165. □しんどい時でも食べることができるのは，プリン・バナナ・白飯である。
(具体的に：　　　　　　　　)

166. □A社のレトルトカレーは食べられるが，B社のものは食べられない。
(具体的に：　　　　　　　　)

167. □生のトマトはだめでも，トマトジュースは好きでごくごく飲める。
(具体的に：　　　　　　　　)

168. □ほとんどの食べ物がどうしても食べられない。(具体的に：　　　　　　　　)

169. □甘いものは，体が受け付けない。(具体的に：　　　　　　　　)

170. □調味料は，体が受け付けない。(具体的に：　　　　　　　　)

171. □酢が入った食べ物は，体が受け付けない。(具体的に：　　　　　　　　)

172. □辛いもの，スパイスの効いたもの，塩分や糖分が強すぎるものは，体が受け付けない。
(具体的に：　　　　　　　　)

173. □白ご飯が食べられない。(具体的に：　　　　　　　　)

174. □魚介類は，体が受け付けない。(具体的に：　　　　　　　　)

175. □光物の魚を加熱した料理は，体が受け付けない。(具体的に：　　　　　　　　)

資　　料　　255

176.	□肉は，体が受け付けない。（具体的に： 　　　　　　　　）
177.	□レバーは，体が受け付けない。（具体的に： 　　　　　　）
178.	□野菜は，体が受け付けない。（具体的に： 　　　　　　）
179.	□きゅうりは，体が受け付けない。（具体的に： 　　　　　　）
180.	□ブロッコリーは，体が受け付けない。（具体的に： 　）
181.	□卵は，スクランブルエッグしか食べられない。（具体的に： 　　　　）
182.	□納豆は，体が受け付けない。（具体的に： 　　　　　）
183.	□豆腐は，体が受け付けない。（具体的に： 　　　　　）
184.	□わさび，からし，マスタードは，体が受け付けない。（具体的に： 　　　　）
185.	□牛乳は，体が受け付けない。（具体的に： 　　　　　）
186.	□牛乳は低温殺菌タイプしか飲めない。（具体的に： 　　　　）
187.	□コーヒーは，体が受け付けない。（具体的に： 　　　　）

異食

188.	□食べ物以外の物も口に入れたくなる。（具体的に： 　　　　）
189.	□魅了された物と一体になりたいと思うと，食べ物以外のものも口にいれてしまう。 （具体的に： 　　　　）
190.	□きれいだと思うもの，さわって気持ちのいいもの，自分のフィーリングのぴったりくる ものは食べてしまう。（具体的に： 　　　　）
191.	□興味があるものは，味わって確認しないと気が済まない。 （具体的に： 　　　　）
192.	□花や草や樹の皮，木の実やプラスチックなどを食べたことがある。 （具体的に： 　　　　）
193.	□硬いものをかじるのが大好きで，歯ごたえさえよければ何でもかじる。 （具体的に： 　　　　）
194.	□ぎざぎざ，ざらざらしたものを噛むのが好きである。（具体的に： 　　　　）

195.	□タオルや鉛筆などの物を口に入れると，何だか安心して落ち着く。 （具体的に：　　　　　　　　）
196.	□鉛筆は食べるとおいしい。（具体的に：　　　　　　　　　）
197.	□汚い物ときれいな物の区別が分からないため，何でも口に入れてしまう。 （具体的に：）

食嗜好の変化

198.	□ある時，急に好きなものが変わる。（具体的に：　　　　　　　）
199.	□食べ物にこだわる時期があり，いきなり一定のものしか食べたくなくなってしまう。 （具体的に：　　　　　　　）
200.	□毎月食べられる物が減っている。（具体的に：　　　　　　　）
201.	□夏になって暑くなると普段と食の嗜好が全く変わる。（具体的に：　　　　　　）
202.	□4歳まで，裏ごしされたベビーフード以外のものは一切食べなかった。 （具体的に：　　　　　　　）
203.	□物をおいしいと感じるまで普通の人より時間がかかる。（具体的に：　　　　　）
204.	□自分が口にしているものが好きなものか，おいしいかどうかもわからない。 （具体的に：　　　　　　　）

【食事量】

205.	□一日に何回，一回にどれくらいの量を食べなければならないかわからない。 （具体的に：　　　　　　　）
206.	□もう少し食べたい気分でも，苦しくて吐きそうでも，食べる量は「あるものがなくなるまで」にしている。（具体的に：　　　　　　　）
207.	□小食であり外食すると絶対に食べきれない。（具体的に：　　　　　　）
208.	□給食は圧倒的に量が多く，食べるのがいつも遅い。（具体的に：　　　　　　）
209.	□薬の副作用の影響を受けやすく，食欲減退や増進になり食べる量が異なる。 （具体的に：　　　　　　　）
210.	□ストレスで過食が多くなってしまう。（具体的に：　　　　　　）

資　料　　257

【食べ方】

211.	□いつもと違う順序，違う時間に食べることは苦痛である。 （具体的に：　　　　　　　　　）
212.	□味が混ざるのが嫌なので，おかずをすべて食べてから，ご飯に移るというような食べ方 をしてしまう。（具体的に：　　　　　　　　　）
213.	□噛む回数が多い物から食べ始め，柔らかい物へと移っていく食べ方をする。 （具体的に：　　　　　　　　　）
214.	□食べ物に対する恐怖心があり，細かく分解してチェックしないと安心して食べられない。 （具体的に：　　　　　　　　　）
215.	□細かく砕いたり，つぶしたりといった食べ方をするため，周囲から汚いと言われてしま う。（具体的に：　　　　　　　　　）
216.	□食事のメインはお米で，おかずは気に入ったもの1品のみがいい。 （具体的に：　　　　　　　　　）
217.	□肉の付け合わせは●●といったルールが出来てしまっている。 （具体的に：　　　　　　　　　）
218.	□食事は最低1時間はかけてゆっくり食べないと気持ち悪くなる。 （具体的に：　　　　　　　　　）
219.	□つけあわせは，いつ食べていいのかわからない。（具体的に：　　　　　　　　　）
220.	□食べ物の食べ方がへたで，皮が上手く剥けずに皮ごと食べているものがある。 （具体的に：　　　　　　　　　）
221.	□卵は調理法によって食べられなくなってしまう。 （理由など具体的に：　　　　　　　　　）
222.	□ピーマンは生では食べられるが，料理などに少量入ったピーマンは嫌いで，料理その ものが食べられなくなる。（具体的に：　　　　　　　　　）

3、食事と環境
【食卓用品】
食器類・グラス

223.	□だれが使ったか分からない食器を使うのは生理的に受け付けない。 （具体的に：　　　　　　　　　）

224.	□給食の箸やスプーンはまとめてクラス分入っているのが汚いと感じて嫌である。 （具体的に：　　　　　　　　　）
225.	□給食の食器などはにおいが気になってしまい苦手である。 （具体的に：　　　　　　　　　）
226.	□アルミ製の食器は，金属の音がとてもつらい。（具体的に：　　　　　　　　　）

カトラリー

227.	□道具を使う食事は，道具の使い方にエネルギーを使ってしまい十分味わえない。 （具体的に：　　　　　　　　　）
228.	□おはしやフォーク，ナイフなどの食器をきれいに使うことにこだわりがある。 （具体的に：　　　　　　　　　）
229.	□箸の使い方が下手である。（具体的に：　　　　　　　　　）
230.	□食べ物は手づかみで食べたい。（理由など具体的に：　　　　　　　　　）

その他

231.	□食管からつがれた食べ物を見ること，食べることが嫌である。 （具体的に：　　　　　　　　　）
232.	□洗い物では食器や水音がぶつかる音に耐えられない。（具体的に：　　　　　　　　　）

【場所】

233.	□外食は人や音であふれていて，味なんてほとんどわからない。 （具体的に：　　　　　　　　　）
234.	□食事はいつもと場所が違うのも，味が違うのも，違う人がいるのも，色々な音がするのも嫌である。（具体的に：　　　　　　　　　）
235.	□学校では直前まで勉強していた教室と机で給食を食べるのが嫌である。 （具体的に：　　　　　　　　　）

【人】

236.	□人の輪の中でどのように振る舞えばいいのかわからないため会食はおそろしい。 （具体的に：　　　　　　　　　）
237.	□誰かに見られながら食べることは苦である。（理由など具体的に：　　　　　　　　　）

資　料　259

238.	□食べ終えても話している人がいると，見られている気がしてストレスを感じ食欲がなくなる。(具体的に：　　　　　　)
239.	□大人数の食事は，音や匂いなどの情報があふれて辛い。 （具体的に：　　　　　　）
240.	□給食ではグループで食べるのがうるさくて嫌である。(具体的に：　　　　　　　　　)
241.	□周りの人が欲張って食べ物を口いっぱいに頬張る姿を見ると気持ち悪くなる。 （具体的に：　　　　　　）
242.	□みんながいつまでも話しながら食べているのは苦手である。 （具体的に：　　　　　　）

【状況】

243.	□何より嫌なのは，新しいもの試しに食べてみることである。 （具体的に：　　　　　　）
244.	□見た目も，においも，材料も知らない物なんて食べたくない。 （具体的に：　　　　　　）
245.	□家庭の食事も音楽やテレビが流れていたり，人が一斉に話したりと騒がしく，ストレスだらけである。(具体的に：　　　　　　）
246.	□食事場面では無意味な音や他人の動きに耐えるために，歯ぎしりやハミング，自分を叩いたりしてしまう。(具体的に：　　　　　　）
247.	□他人とのディナーのようなストレス下では味覚も食欲も，自分が何をしているのかも感じることができない。(具体的に：　　　　　　）
248.	□泊まりの学校の行事などでは，全く食べることができなくなる。 （具体的に：　　　　　　）
249.	□同じ皿に盛った料理をみんなで一緒につつくのは我慢ならない。 （具体的に：　　　　　　）
250.	□本を読むなど，何かをしながらでないと食べることができない。 （具体的に：　　　　　　）

260

4、その他
【その他】

251. □食事について厳しく指導されたせいで，神経性食欲不振になってしまった。 （具体的に：　　　　　　　　　　）
252. □子どもの頃に無理強いされたものは一番苦手なものになっている。 （具体的に：　　　　　　　）
253. □給食では居残りして食べさせられ，拷問であると感じた。 （具体的に：　　　　　　　　）
254. □嫌いなものがメニューに入っている日は給食の時間が来るのが苦痛だった。 （具体的に：　　　　　　　）
255. □お腹がすいた時にトイレに向かってしまい，トイレに行かなくてはならない時にものを食べてしまう。（具体的に：　　　　　　　）
256. □何を食べていいかわからないため食べるのをやめてしまうことがある。 （具体的に：　　　　　　　）
257. □食べる作業は高度でかなり集中しないといけない。（具体的に：　　　　　　　　　）
258. □夜食を食べるとよく眠れるので頻繁に食べてしまう。（具体的に：　　　　　　　　　）
259. □どこまでが食事かわからないので，食事のあいさつをするタイミングもわからない。 （具体的に：　　　　　　　）
260. □料理は，水を使うので苦手である。（具体的に：　　　　　　　　）

Ⅱ．「食」に関する理解・支援のチェックリスト

1、体の構造と食物
【摂食中枢】
空腹感

261. □空腹の目安として一番頼りにしているのは時刻である。（具体的に：　　　　　　　　）
262. □給水や昼食の時間をあらかじめ決めてほしい。（具体的に：　　　　　　）
263. □一度に少量ずつ何回も食べることで，空腹になるのを防いでいる。 （具体的に：　　　　　　　）

資 料 261

264. □こまめにおやつをつまむことを認めてほしい。（具体的に：　　　　　　　　）

食欲

265. □無農薬野菜で作る料理は自然と食欲をかきたてる。（具体的に：　　　　　　　）

266. □周りの人が食べている姿を見ると，自然と食べようという気持ちになる。
　　（具体的に：　　　　　　　　）

267. □食欲がなくても，家族や大好きな人が食べている姿をみると食欲が出てくる。
　　（具体的に：　　　　　　　　）

【感覚器系】
嗅覚

268. □生野菜は火を通せば，においがしなくなるのでそうしてほしい。
　　（具体的に：　　　　　　　　）

269. □生野菜は和風・中華・青じそドレッシングをかけると，雑草の臭いがかなり消えるので
　　そうしてほしい。（具体的に：　　　　　　　　）

270. □トマトなどは完熟だと雑草のにおいと味がしないので食べられる。
　　（具体的に：　　　　　　　　）

271. □キャベツの千切りは細くて，水にさらしてあると臭いが消えているので食べられる。
　　（具体的に：　　　　　　　　）

味覚

272. □味付けはスパイスたっぷりで，香味のキツイものなら食べられる。
　　（具体的に：　　　　　　　　）

273. □食べ物は薄味，無味に近い味なら食べられる。（具体的に：　　　　　　　　）

触覚
食感

274. □歯ごたえのあるものをふりかければ嫌いな食感をごまかせる時もある。
　　（具体的に：　　　　　　　　）

275. □堅くてこりこりするものや，噛みごたえのあるしこしこしたものを噛むと落ち着く。
　　（具体的に：　　　　　　　　）

276. □ガムを噛むと気持ちが安定する。（商品名など具体的に：　　　　　　　　）

舌触り

277. □舌触りが柔らかく，口の中に刺さらない食べものは食べられる。
（具体的に：　　　　　　　　）

278. □食べ物をつぶして，練り混ぜて食べると歯ごたえや舌触りをごまかせるのでそうさせて
ほしい。（具体的に：　　　　　　　　）

【消化器系】

279. □硬い物は大きく切り，柔らかい物は細かく切り，フォークを使って食べると誤嚥が減る。
（具体的に：　　　　　　　　）

【循環器系】

280. □レタスを食べると頭と胸の中がさわやかになり，淀んだ感じがなくなり血がきれいにな
った感じがする。（具体的に：　　　　　　　　）

281. □香味野菜を食べるとエネルギーが体の内側からわいて，体も動かしやすくなる。
（具体的に：　　　　　　　　）

【免疫，アレルギー】

282. □食品添加物の入った食べ物をやめてから，体の状態が良くなった。
（具体的に：　　　　　　　　）

283. □添加物の入った食べ物の摂取をやめてから，偏頭痛が軽くなり，慢性疲労や消耗感が薄
らぎ，興奮状態になることも少なくなった。（具体的に：　　　　　　　　）

284. □「無添加」と言う商品や，添加物の少ない食品を選んで食べている。
（具体的に：　　　　　　　　）

285. □ファーストフードや全国チェーンの安いファミレスは添加物が多いので行かない。
（具体的に：　　　　　　　　）

286. □ビタミンCの錠剤を飲み始めてから，歯茎から血が出ることが少なくなった。
（具体的に：　　　　　　　　）

287. □マルチビタミンやミネラルの錠剤を飲み始めてから，不安感が和らいだ。
（具体的に：　　　　　　　　）

資　料　　263

2、食生活
【食嗜好】

288.	□トマトにはちみつをかけたらトマトが食べられるようになった。 　　（具体的に：　　　　　　　　　）
289.	□ピーマンは若くてやわらかいうちに収穫すると，歯ざわりもにおいも，苦味も少ないので食べることができる。（具体的に：　　　　　　　　　）
290.	□食べ物の勉強をした後には，食べられる物が増えた。（具体的に：　　　　　　　　　）
291.	□自ら愛情を持って育てた食物は，食べられるようになった。 　　（具体的に：　　　　　　　　　）
292.	□みんなの食べている物を食べたいと思ってまねをしたので，食べられる物が増えた。 　　（具体的に：　　　　　　　　　）
293.	□食には興味がなく偏食だったが，働き始めてから食べることが大好きになった。 　　（具体的に：　　　　　　　　　）
294.	□生活全体に余裕が出ると，色々な物が食べられ，消化できるようになった。 　　（具体的に：　　　　　　　　　）
295.	□「これが食べたいの？」と聞かれてもわからないが「これが食べたくないの？」と聞かれると自分の気持ちを確認することが出来る。（具体的に：　　　　　　　　　）
296.	□自分で選んだ食べ物は，おいしく味わい，楽しむことができる。 　　（具体的に：　　　　　　　　　）

【食事量】

297.	□食事は一人分づつ分けてあると，食べる量がわかりやすいのでそうしてほしい。 　　（具体的に：　　　　　　　　　）
298.	□お皿からとるおかずはとり皿を決めて，食べすぎを減らすようにしている。 　　（具体的に：　　　　　　　　　）
299.	□カロリー計算の勉強をしてから，夕ご飯の後に食べすぎて具合が悪くなることがなくなった。（具体的に：　　　　　　　　　）

264

3、食事と環境

300.	□金属音が嫌いなのでプラスチック製や木製の食器にしてほしい。 （具体的に：　　　　　　　　　　　）
301.	□持参したカトラリーセットを使うことを認めてほしい。 （具体的にどのような時：　　　　　　　）
302.	□行きつけのお店では毎回同じ座敷，座る席順も同じなので安心出来る。 （具体的に：　　　　　　　　　　　）
303.	□外食でも個室だと食べること出来る。（具体的に：　　　　　　　　　）
304.	□一人にさせてもらえば，少しは食べられるときもある。（具体的に：　　　　　　　）
305.	□みんなで食べる時には一皿でおしまいのものなら食べることができる。 （具体的に：　　　　　　　　　　　）
306.	□新しい食べ物は，事前に紹介されていれば大丈夫である。 （具体的に：　　　　　　　　　）

資　　料　　265

調査票２：第３章

質問紙調査票

「食」の困難・ニーズに関する実態調査【発達障害本人対象】

大阪体育大学教育学部　田部絢子／東京学芸大学教育学部　髙橋智

　この調査は，発達障害を有する本人・当事者の方々が「食」に関してどのような困難を感じているのかについてお聞きするものです。また，そのような困難に対して，本人・当事者の方々がどのような理解・支援を求めていらっしゃるのかを明らかにすることを目的としています。

【ご確認事項】

① <u>この調査は，あなたの誕生～高校段階までのことについてお答えください。</u>
　　現在，高校生以下の場合は現在までのことを，大学生等以上の方は高校段階までのことを振り返ってお答えください。

② <u>この調査は一人でやることも，家族に手伝ってもらいながらやることもできます。</u>
　　質問の意味がわからないときや読めないとき，答えに迷ったときに誰かに相談しながら答えてもかまいません。「子ども本人の想いや回答」であれば，他の人が代筆しても構いません。

③ 調査はいつでも中止できます。
　　ご記入中にフラッシュバックや不快・不安を感じた場合は，調査をすぐに中止してください。

④ プライバシーが侵害されることは一斉ありません。個人情報保護・データ管理には十分に配慮いたします。
　　本調査票はすべて機械的・統計的に処理され，個人・団体が特定されることはありません。本調査では，「個人情報保護法」および「大阪体育大学研究倫理規程」「東京学芸大学研究倫理規程」を遵守いたします。

⑤ 調査の結果をご報告致します。
　　すべての調査・分析が終了した後に，ご協力いただいた各団体・個人に調査結果報告書で結果を報告させていただきます。必要な方は送付先を記入欄にご記入ください。

⑥ 調査の結果を社会に広く還元していきます。

【基本事項（お子様ご本人）】

１．あなたの年齢：（　　　　　）歳
２．あなたの性別：　男性　　女性

3．あなたの体型： 身長（　　　　　）cm　　　体重（　　　　　）kg

4．あなたの所属： ①小学校　　②中学校　　③高校　　④特別支援学校　　⑤専門学校・短大・大学　　⑥就労（1．一般就労　2．福祉的就労　3．アルバイト）　　⑦無職　　⑧その他（　　　　　）

5．あなたの障害の診断・判定または疑い（傾向）のあるものを教えてください。（複数選択可）
　　①学習障害（LD）　　②注意欠陥多動性障害（ADHD）　　③自閉症スペクトラム障害（自閉症・アスペルガー症候群・その他の広汎性発達障害）　　④知的障害　　⑤その他　　⑥障害の疑い・診断・判定はない

6．あなたは医療機関や専門機関等で正式に診断・判定を受けていらっしゃいますか。
　　（　有　・　無　）

7．あなたは食に関する注意が必要ですか。（複数選択可）
　　①食物アレルギー　　②アナフィラキシーショック　　③投薬による禁止食物がある　　④水分摂取に注意が必要　　⑤医師の指示による食事制限　　⑥極端な偏食　　⑦少食・過食　　⑧異食　　⑨その他（　　　　　）　　⑩注意の必要はない

8．この調査をどなたかと一緒にしましたか。　①ひとりでやった　　②親や家族と一緒にやった

9．調査結果の報告を希望されますか。（　はい　・　いいえ　）
　　「はい」と回答した方はお名前，ご住所をご記入ください。

資　料　267

Ⅰ．あなた自身の「食」の困難に関するチェックリスト

1．あなたにあてはまる項目のチェック欄にチェック☑を入れてください。
2．チェックのついた項目の中で，その理由や詳細がある場合にはコメント欄に可能な範囲でお書き下さい。

分類			NO.	食に関する困難リスト	✓	コメント
1、体の構造と食物	摂食中枢	空腹感	1.	お腹がすくという感覚がよくわからない。		
			2.	お腹がすいたと感じることはめったにない。		
			3.	ストレスを感じると空腹を全く感じなくなる。		
			4.	気がついたらひどくお腹がすいていることがある。		
			5.	お腹がすいた時には，血の気が失せる・頭が重い・ふらふらするなどの症状がある。		
			6.	喉が渇くという感覚がよくわからない。		
			7.	水分補給を忘れてしまい，しばしば脱水症状を起こす。		
			8.	異常に喉が渇き，一日に何リットルも飲み物を飲んでしまう。		
			9.	頭をよく働かせている時には水分が欲しくなり，四六時中ガバガバと水を飲んでしまう。		
		満腹感	10.	満腹を感じないため，食べ過ぎて吐いたことが何度もある。		
			11.	満腹中枢が上手く働かず，すぐに何かを食べようとしてしまう。		
		食欲	12.	食べることにあまり興味がない。		
			13.	食べ物に関しては無頓着である。		
			14.	お腹が空いたと感じても，なかなか「食べたい」とは思わない。		
			15.	食事＝義務＝面倒である。		

		16.	よほどの空腹時でない限り，ものを食べることに抵抗を覚えてしまう。		
		17.	自分が何を食べたいのかわからないので，毎日同じものを食べる。		
		18.	糖分や塩分への強い欲求がある。		
		19.	食欲の差が激しく，食欲のない時はとことん食べず，ある時はとことん食べまくる。		
感覚器系	視覚	20.	色や形以前に，見るだけで気持ち悪かったり，怖い食べ物がある。		
		21.	色のまじった食べ物は苦手である。		
		22.	単色のもの，どこから見ても色が同じものは気持ち悪くて食べられない。		
		23.	いびつな形の食べ物は気持ち悪くて食べられない。		
		24.	種の配列の仕方が気持ち悪くて食べられない果実や野菜がある。		
		25.	食べ物に関しての認識能力や記憶力が乏しい。肉や魚はどれも同じにみえる。		
	嗅覚	26.	東京の様な街はどこに行っても食べ物のにおいがする。		
		27.	食堂，パン屋，魚売り場，レストランの厨房などはにおいが強く，吐気をもよおす。		
		28.	色々な食べ物のにおいが混ざっている環境はとてもつらい。		
		29.	においの強い食品は食べられない。		
		30.	生野菜は噛むと雑草や土の味，においがするため食べられない。		
	聴覚	31.	食べ物の口の中でする音が耳障りで我慢できない。		
	味覚	32.	味覚が過敏で幼い頃から水が飲めない。		

資 料　269

		33.	体調によって味覚が過敏になり白いご飯しか食べられない時がある。		
		34.	特定の店・メーカーのものしか食べられない食品がある。		
		35.	玉ねぎは少しでも焦がしてしまうと，まずくて食べられない。		
		36.	食べ物の味が混ざり合うのが苦手である。		
		37.	ご飯とおかずを交互に食べるのは，ごはんの味が分からなくなってしまうから嫌である。		
		38.	食べ物の味を楽しむことと，食べ物を飲み込むことの一方にしか集中できない。		
		39.	自分が予想していた味と違う味だと食べられない。		
触　覚 （食感）		40.	固さや食感によっては口に入れるだけで苦しくなるほど不快な食べ物がいくつもある。		
		41.	食べ物によっては刺すような痛みを感じるものがある。		
		42.	食感があまりに違いすぎる食材が入った料理は食べられない。		
		43.	柔らかいものや，ぬるぬるした食感に耐えられない。		
		44.	どろっとしたとろみのある食べ物は大嫌いである。		
		45.	果物の小さい粒が口の中ではじける刺激はとても耐えがたい。		
		46.	生野菜は，シャリシャリした食感が嫌である。		
		47.	コロッケは，ころもが痛いため食べられない。		
触　覚 （舌触り）		48.	変な舌ざわりの物は食べたくない。		
		49.	食べものでどうしても我慢できない舌触りがある。		
		50.	つぶつぶの入った食べ物は苦手である。		

		51.	化学調味料をたくさん使ったものを食べると舌が痺れる感じがする。		
	触　覚 （その他）	52.	ひどい猫舌で熱い物を食べられない。		
		53.	口の中で張りつくようなものやパサパサしたものは苦手である。		
消　化 器系	咀嚼・嚥下	54.	顎のコントロールが上手くいかないので，顎を動かすのは重労働である。		
		55.	噛むために毎回顎を動かすのはとても疲れる。		
		56.	噛むのがいやなので，何でも丸飲みしたり，水で流し込んでしまう。		
		57.	食べ物の嚥下に緊張する。		
		58.	何か気になることがあると，口にいれたまま飲み込むことができなくなってしまう。		
		59.	錠剤はのどに引っ掛かかり，うまく飲み込めない。		
		60.	魚の小骨は全部はずさないと，必ずのどに引っかかってしまう。		
		61.	疲れている時は舌を噛んだり，誤嚥しやすい。		
		62.	食べ物を完全に飲み込まないうちに次を口に入れると，うまく飲み込めなくなってしまう。		
	消　化	63.	胃腸の働きがひどく悪く，何を食べても下痢ばかりしてしまう。		
		64.	食べ物による過敏性腸症候群がある。		
循　環 器系		65.	コーヒーやお茶を飲むと頭ががんがんと痛み，手足も痛くなり，震えるような寒気を生じる。		
		66.	食べ物の摂取による血糖値の上がり下がりが激しい。		

資　料　271

	免疫，アレルギー		67.	食物アレルギーがある。その食品に触れると発疹が出たり，呼吸が出来なくなってしまう。	
			68.	ビタミン，ミネラル欠乏症である。	
	その他		69.	カフェインなどの刺激物に弱く，飲みすぎるとてきめんに眠れなくなる。	
2、食生活	食嗜好		70.	一度好きになったメニューや食べ物にはかなり固執する。	
			71.	工業的に管理され，味がいつも同じ，重さも太さも包装の色も変わらないものは安心する。	
			72.	個数がはっきりした食べ物は安心する。	
			73.	高塩分や高糖分の食品，加工された食品を多く食べてしまう。	
			74.	サンドイッチなど片手で食べられるものは味を楽しむ余裕があるので食べやすい。	
			75.	レトルト食品やカップラーメンなら食べられる。	
			76.	しんどい時でも食べることができるのは，プリン・バナナ・白飯である。	
			77.	生のトマトはだめでも，トマトジュースは好きでごくごく飲める。	
			78.	辛いもの，スパイスの効いたもの，塩分や糖分が強すぎるものは，体が受け付けない。	
			79.	白ご飯が食べられない。	
			80.	体が受け付けない食品がある。	
		異食	81.	食べ物以外の物も口に入れたくなる。	
		嗜好の変化	82.	夏になって暑くなると普段と食の嗜好が全く変わる。	
	食事量		83.	一日に何回，一回にどれくらいの量を食べなければならないかわからない。	

			84.	給食は圧倒的に量が多く，食べるのがいつも遅い。		
			85.	薬の副作用の影響を受けやすく，食欲減退や増進になり食べる量が異なる。		
	食べ方		86.	いつもと違う順序，違う時間に食べることは苦痛である。		
			87.	味が混ざるのが嫌なので，おかずをすべて食べてから，ご飯に移るという食べ方をしてしまう。		
			88.	食べ物に対する恐怖心があり，細かく分解してチェックしないと安心して食べられない。		
			89.	細かく砕いたり，つぶしたりといった食べ方をするため，周囲から汚いと言われてしまう。		
			90.	食事のメインはお米で，おかずは気に入ったものの1品のみがいい。		
			91.	肉の付け合わせは●●といったルールが出来てしまっている。		
			92.	食べ物の食べ方がへたで，皮が上手く剝けずに皮ごと食べているものがある。		
3、食事と環境	食卓用品	食器類・グラス	93.	だれが使ったか分からない食器を使うのは生理的に受け付けない。		
			94.	給食の箸やスプーンはまとめてクラス分入っているのが汚いと感じて嫌である。		
			95.	給食の食器などはにおいが気になってしまい苦手である。		
			96.	金属製の食器は，金属の音や味がとてもつらい。		
		カトラリー	97.	食具の使い方にエネルギーを使ってしまい十分味わえない。		
			98.	おはしやフォーク，ナイフなど食具をきれいに使うことにこだわりがある。		
		その他	99.	箸の使い方が下手である。		

	100.	給食などで食管からつがれた食べ物を見る，食べることが嫌だ。		
	101.	洗い物では食器や水音がぶつかる音に耐えられない。		
場所	102.	外食は人や音であふれていて，味なんてほとんどわからない。		
	103.	食事はいつもと場所が違う，味が違う，違う人がいる，色々な音がするのも嫌である。		
	104.	学校では直前まで勉強していた教室と机で給食を食べるのが嫌である。		
人	105.	人の輪の中でどのように振る舞えばいいのかわからないため会食はおそろしい。		
	106.	誰かに見られながら食べることは苦である。		
	107.	大人数の食事は，音や匂いなどの情報があふれて辛い。		
	108.	給食ではグループで食べるのがうるさくて嫌である。		
	109.	みんながいつまでも話しながら食べているのは苦手である。		
状況	110.	何より嫌なのは，新しいもの試しに食べてみることである。		
	111.	家庭の食事も音楽やテレビが流れていたり，人が一斉に話したりと騒がしく，スレトスだらけである。		
	112.	他人とのディナーのようなストレス下では味覚も食欲も，自分が何をしているのかも感じることができない。		
	113.	泊まりの学校行事などでは，全く食べることができなくなる。		

		114.	同じ皿に盛った料理をみんなで一緒につつくのは我慢ならない。		
4、その他	その他	115.	食事について厳しく指導されたせいで，神経性食欲不振になってしまった。		
		116.	子どもの頃に無理強いされたものは一番苦手なものになっている。		
		117.	給食では居残りして食べさせられ，拷問であると感じた。		
		118.	嫌いなものがメニューに入っている日は給食の時間が来るのが苦痛だった。		
		119.	食べる作業は高度でかなり集中しないといけない。		
		120.	夜食を食べるとよく眠れるので頻繁に食べてしまう。		
		121.	＊上記以外に困っていることがあれば教えてください。		

Ⅱ．「食」の困難に関するニーズと支援

あてはまる項目を選び，その詳細を（　　　　　）や ☐ のなかに可能な範囲で書いて下さい。

【1．あなたの身体と食事の状況】

1．あなたの身体や生活の状況について，あてはまることの番号に○をつけてください。（複数選択可）

1	低出生体重児だった	17	ゲップが多い・しにくい	33	パニック・かんしゃく	49	イメージすることが苦手
2	妊娠・出産時トラブルがあった	18	歯並びが悪い	34	滑舌が悪い	50	環境の変化が苦手
3	母乳・ミルクを飲ませるのに苦労した	19	前歯が出ている	35	咀嚼力が弱い	51	就寝時間が遅い
4	身体発育が遅い	20	舌や頬など口腔内を噛みやすい	36	つまずいて転びやすい	52	途中覚醒が多い・よく眠れない

資　料　275

5	病気にかかりやすい	21	口が開きがち	37	転んでも手が出ない	53	歯軋り・いびき・寝言・寝返りが多い
6	発熱しやすい	22	虫歯になりやすい	38	スキップやケンケンが苦手	54	朝なかなか起きられない
7	頭痛になりやすい	23	やせ	39	きちんといすに座れない	55	睡眠不足
8	吐き気・嘔吐が多い	24	肥満	40	姿勢が崩れがち	56	同年齢児より昼寝を含む睡眠時間が長い
9	腹痛・下痢・過敏性腸症候群になりやすい	25	冷え性・さむがり	41	右手ではし、左手で茶碗など、左右異なる動きが難しい	57	睡眠リズムが安定しない
10	便秘がち	26	肩こり・首痛・腰痛	42	箸や鉛筆の扱いが下手	58	おねしょやおもらしをよくする
11	乗り物酔いしやすい	27	身体のだるさや疲れやすさ	43	手先が不器用	59	運動・運動遊びが苦手
12	中耳炎・耳下腺炎になりやすい	28	身体が痛い	44	汚れることを嫌がる	60	運動不足
13	口内炎・歯茎のはれ	29	不定愁訴	45	集中力に欠ける・気が散りやすい	61	不安・ストレス・緊張が強い
14	喘息・気道過敏・鼻炎・各種アレルギー	30	感覚の過敏	46	あきらめが早い	62	何もやる気がおこらない
15	皮膚がかゆい・痛い・腫れる	31	感覚の低反応（感じにくい）	47	気にしすぎる傾向がある	63	イライラしている
16	立ちくらみやめまい	32	指しゃぶり・つめかみ	48	こだわりが強い	64	学習に困難がある
65	その他　→具体的に						

２．あなたは「食べる」ことがすきですか。

①とてもすき　②すき　③どちらともいえない　④きらい　⑤とてもきらい

④⑤を選んだ理由を教えてください。

３．あなたは学校給食がすきですか。

①とてもすき　②すき　③どちらともいえない　④きらい　⑤とてもきらい

④⑤を選んだ理由を教えてください。

４．あなたは 学校給食 で出されたものは全部食べますか。
①いつも全部食べる　②無理をして全部食べるようにしている　③時々残すことがある
④いつも残す　⑤全く食べられない

④⑤の残す・食べられない理由は何ですか。（複数選択可）
①量が多すぎるから　②食欲がないから　③太りたくないから　④体調がすぐれないから　⑤食べたあとに具合が悪くなるから　⑥みんなと一緒に食べることが苦手だから　⑦おいしくないから　⑧嫌いなものがあるから　⑨どうしても体が受け付けない食べ物があるから　⑩給食の時間が短いから　⑪衛生面などが気になるから　⑫その他（　　　　　　　）

５．あなたは 自分の家で出された食事 を全部食べますか。
①いつも全部食べる　②無理をして全部食べるようにしている　③時々残すことがある
④いつも残す　⑤全く食べられない

④⑤の残す・食べられない理由は何ですか。（複数選択可）
①量が多すぎるから　②食欲がないから　③太りたくないから　④体調がすぐれないから　⑤食べたあとに具合が悪くなるから　⑥みんなと一緒に食べることが苦手だから　⑦おいしくないから　⑧嫌いなものがあるから　⑨どうしても体が受け付けない食べ物があるから　⑩給食の時間が短いから　⑪衛生面などが気になるから　⑫その他（　　　　　　　）

６．あなたの食の状況について困っていること・気がかりなことの番号に○をつけ，可能な範囲で理由や詳細をお書きください。（複数選択可）

		理由・詳細		理由・詳細
1	少食		19	特徴的な食べ方がある	
2	拒食		20	食事中の姿勢	

資　料　277

3	過食		21	咀嚼・嚥下が苦手	
4	欠食（朝食等）が多い		22	口から出す	
5	食べられないものが多い		23	丸飲み・流し込み	
6	食欲や食事量にムラがある		24	むせる	
7	食事に時間がかかる		25	なかなか飲み込まない	
8	食事に対する意欲がない		26	水分をゴクゴク飲めない	
9	満腹感・空腹感を感じにくい		27	食具（箸など）がうまく使えない	
10	偏食		28	手づかみで食べる	
11	特定の味の好み		29	食べこぼす	
12	食感による食事の偏り		30	食事マナーが悪い（わるい）・定着しない	
13	見た目による食事の偏り		31	遊び食べ	
14	同じ状況の指向（特定の食器・場所等）		32	食器具を投げる・落とす・ひっくり返す	
15	特定の人以外の手作りを受付けない		33	他の人の皿・食べ物に手を出す	
16	特定の人以外の食事介助を受付けない		34	食事中の落ち着きのなさ	
17	会食が苦手		35	食事中の離席・立ち歩き	
18	食物で汚れることへの敏感さ		36	医師による食事に関する制限・指導	
37	その他　→具体的に				

【2．あなたの食に関する困難と対応】
7．あなたは好き嫌い（偏食）がありますか。　①非常にある　　②かなりある　　③少しある　　④ほとんどなし　　⑤なし

（1）①②③の偏食が始まったのはいつからですか。　①授乳の時から　②離乳食の時から　③幼児期から　④就学以降

（2）偏食等により食べられないものは成長とともに減ってきましたか。　①減った　②変わらない　③増えた

（3）（2）の理由として考えられることを教えてください。（例：周囲のかかわり方など）

（4）あなたの偏食や食の困難についてあなたは困っていますか。　①非常に困っている　②少し困っている　③困っていない

8．あなたは，家族や先生に「わかってもらえない」「わかってほしい」と思うような食に関する困難さがありますか。　①ある　②ない

9．あなたはどうしても「食べられない」のに，周囲に「わがまま」「好き嫌い」で「食べない」と言われたりして困ったことはありますか。　①ある　②ない

10．あなたの食に関する困難さに関して，対応してほしいことの番号に○をつけ，理由や詳細等を可能な範囲でお書きください。（複数選択可）

			理由・詳細
咀嚼嚥下を容易にする	1.	調理法を変えて柔らかくする	
	2.	硬さや形・大きさを一口サイズに統一する	
	3.	水分と固形物は分ける	
嫌いな感覚刺激を変化させる	4.	調理法を変えて，嫌いな食感を変える	
	5.	調理法を変えて，味を変える	
	6.	擦って混ぜ，スープ等にして繊維質をなくす	
	7.	野菜スープ等にして匂いを減らす	
感覚刺激を混在させない	8.	料理を一つずつ食べさせる	
	9.	（味が混ざらないように）一口ずつ終わらせる	
	10.	丼ものなどはご飯と具材を別皿に盛りつける	
好きな感覚刺激を利用する	11.	調理法を変え，好きな食感に変える	
	12.	味をしみこませる（ことこと煮込む）	
	13.	嫌いなものを好きな味覚刺激に混ぜる	
	14.	嫌いなものに好きな味覚刺激を徐々に混ぜる	
	15.	嫌いなものに好きな触覚刺激を徐々に混ぜる	

	16.	好きな聴覚刺激を組み合わせる	
	17.	レンジで温める，作ったものをすぐに食べる	
	18.	見た目を見栄えよく，カラフルに盛り付ける	
初めての経験をさせ，食材を知る	19.	初めて・嫌いな食材でもまずは口に入れる	
	20.	食べないものも一応食卓に出す（給食では配膳する）	
	21.	残すこともできるようにする	
	22.	似ている料理に挑戦する	
量やサイズの見通しをもたせる	23.	スプーンに少量とって提示する	
	24.	量が見えるお椀に入れる	
	25.	れんげですくってあげる	
	26.	少しずつ食べる量を増やす	
	27.	本人の希望する量を盛り付ける	
経験し，見通しをもたせる	28.	一緒に調理をする	
	29.	調理の経過を示したり，調理室見学などを行う	
	30.	一緒に買い物に行く（材料の搬入など，経過を示す）	
ルールを決めて見通しをもたせる	31.	「終わり」「次」を明確にする	
	32.	食べなくても皆の「ごちそうさま」と同時にすぐに片づける	
	33.	必ず同じものを食卓に出すが，食べなくてもよい	
	34.	好きなものを最後にするなど自分で順番を決めてよい	
嫌いな物に気づかせない	35.	容器を変更する・入れなおす	
	36.	少しずつ量を増やし，気づかせないようにする	
	37.	好きなものにわからないように混ぜる	
一貫性・同一性の保持	38.	パニックを起こしても焦らない	
	39.	本人の好きな人・安心できる人がいつも介助する	
	40.	食事指導の内容・ポイントをいつも同じにする	

強制せず，頑張りを認める	41.	ほめる・頑張りを認める	
	42.	それとなく誘導し，介助者が強制・固執しない	
	43.	「前回食べられたのに今日食べられないのはおかしい」というような声かけ・指導をしない	
	44.	「○分間は黙って食べる」「三角食べ」など食べ方を強制・ルール化しない	
楽しい雰囲気を意識する	45.	家族（友達・教師）が楽しく食べているのを本人に見せる	
	46.	本人が楽しく食べて過ごすことを意識する	
	47.	おなかがすくような運動を食事前にする	
	48.	どのような配慮・支援があれば楽しく又は少しでも負担なく食べることができるのか，本人の声を傾聴する	
食事環境を同じにする・同一性の保持	49.	決まったメーカーにする（A社のB味など）	
	50.	同じ場所（椅子）で食べる	
	51.	いつもと同じコップを選ばせる	
	52.	自宅環境と同じにする（仕切りを作る）	
違う環境を経験させる	53.	好きな料理で外食する	
	54.	様々な場所で食べる経験を積む	
	55.	落ち着いて食べられる別室を用意する	

11. 以下の項目は発達障害等のご本人への調査結果に示された「本人のニーズ」です。あなたが対応してほしいと思うことの番号に○をつけ，詳細をお書きください。（複数選択可）

		詳細
1	個室・別室で食べることを認めてほしい	
2	献立の詳細を事前に説明してほしい	
3	配膳時に量を調整したり，どうしても食べられない食材を入れないなど自分で決めさせてほしい	
4	食事（給食）以外の時間に持参した飴などを食べることを認めてほしい	

資　　料　　281

5	自分の適量がわかるような支援をしてほしい	
6	おなかがすいた感覚がない，または優先順位が低いので，時刻を目安にするような支援をしてほしい	
7	気持ちの安定のためにガムなどをかむことを認めてほしい	
8	みんなと一緒に食べることを強要しないでほしい	
9	空腹になると落ち着かないので，食事（給食）以外の時間にも何かを食べることを認めてほしい	
10	自分の適量・分量がわかるようにしてほしい	
11	ふりかけ等をかけて苦手な食感や味を変えることを認めてほしい	
12	食べる場所・座席はいつも同じにしてほしい	
13	苦手な食感や舌触りをなくすために揚げ物の衣をはがしたり，ソースをたくさんかけたりすることを認めてほしい	
14	自分の使いやすい食具を使いたいので箸を使うことを強要しないでほしい	
15	食べたいもの等を本人に聞いて，それを大事にしてほしい	
16	取り分けたりして加減することが難しいので，自分の分はこれだけとわかるようにしてほしい	
17	野菜にドレッシング等をかけてにおいや味を変えることを認めてほしい	
18	野菜の嫌なにおいがなくなるような工夫をしてほしい	
19	食べ物をつぶしたり，混ぜたり，かけたりするような食べ方をしていても，食べる努力をしているので指摘しないでくれた	
20	完食を強制せず，食べられないことも認めてほしい	
21	みんなとは違うものを食べることも認めてほしい（給食では弁当持参なども含む）	
22	みんなとはちがう食器具を使うことも認めてほしい（給食では自分のはし持参なども含む）	
23	どうして食べられないのか，理由や気持ちを私によく聞いてほしい	
24	どうしたら食べられるか，親や先生の方法ではなくて，私の意見を聞いたり一緒に考えてほしい	

25	その他	具体的に記入して下さい。

【3．食に関する困難への支援】

12. 「食べることに関する困りごと」について　学校や先生　に知っておいてほしいこと・やってほしいことはありますか。　　①ある　　②ない

　　①の内容を具体的に教えてください。

13. 「食べることに関する困りごと」について　学校の栄養士や調理員　に知っておいてほしいこと・やってほしいことはありますか。　　①ある　　②ない

　　①の内容を具体的に教えてください。

14. 「食べることに関する困りごと」について　家族　に知っておいてほしいこと・やってほしいことはありますか。　　①ある　　②ない

　　①の内容を具体的に教えてください。

15. 「食べることに関する困りごと」について上記以外にご意見があればお寄せください。

283

調査票3：第4章

質問紙調査票

「食」の困難・ニーズに関する実態調査　【保護者対象】

大阪体育大学教育学部　田部絢子
東京学芸大学教育学部　髙橋智

　この調査は，発達障害を有するお子さんと保護者の方々が「食」に関してどのような困難を感じているのかについてお聞きするものです。また，そのような困難に対して，お子さんや保護者の方々がどのような理解・支援を求めていらっしゃるのかを明らかにすることを目的としています。

【ご確認事項】
① この調査は，発達障害またはその疑いのあるお子さんの誕生～高校段階までのことについてお答えください。
現在，高校生以下の場合は現在までのことを，大学生等以上の方は高校段階までのことを振り返ってお答えください。
② 調査は一人でやることもお子さんに確認しながらやることも可能です。
答えに迷ったときにお子さんや誰かに相談しながら答えてもかまいません。
③ 調査はいつでも中止できます。
ご記入中にフラッシュバックや不快・不安を感じた場合は，調査をすぐに中止してください。
④ プライバシーが侵害されることは一斉ありません。個人情報保護・データ管理には十分に配慮いたします。
本調査票はすべて機械的・統計的に処理され，個人・団体が特定されることはありません。本調査では，「個人情報保護法」および「大阪体育大学研究倫理規程」「東京学芸大学研究倫理規程」を遵守いたします。
⑤ 調査の結果をご報告致します。
本調査は，すべての調査・分析が終了した後に，ご協力いただいた各団体・個人に調査結果報告書にて報告させていただきます。
必要な方は送付先を記入欄にご記入ください。
⑥ 調査の結果を社会に広く還元していきます。
本調査は，調査結果報告書や学会発表・論文として公表し，社会に還元していきます。

締め切りは2016年　　　月　　　日です。

　期日を過ぎましてもご返信いただけますと貴重な資料となりますので是非お願い致します。

以上の①～⑥に同意いただける方は，次のページから始まる調査票にご記入をお願いします。大変恐縮ですが，質問項目が大変多くなっていますので，休憩をとりながらご自分のペースに合わせてお進めください。

284

【基本事項】

16. 回答者の性別： 男性　　女性

17. 回答者の年齢：（　　　　　）歳

18. お子さんの人数：（　　　　　）人…本調査にご協力いただくのは第（　　　　　）子

※ 以下，**本調査対象のお子さんについてお答えください。(複数のお子さんについてご協力くだ
さる場合は，お手数をお掛けしますがお子さんごとにご提出ください。)**

19. お子さんの年齢：（　　　　　）歳

20. お子さんの性別： 男性　　女性

21. お子さんの体型：身長（　　　　　）cm　　体重（　　　　　）kg

22. お子さんの所属：①小学校　　②中学校　　③高校　　④特別支援学校　　⑤専門学校・短
大・大学　　⑥就労（1．一般就労　2．福祉的就労　3．アルバイト）　　⑦無職　　⑧そ
の他（　　　　　　　　）

23. お子さんの障害の**診断・判定または疑い（傾向）**のあるものを教えてください。(重複の場合
は複数選択)
①学習障害（LD）　　②注意欠陥多動性障害（ADHD）　　③自閉症スペクトラム障害（自閉
症・アスペルガー症候群・その他の広汎性発達障害）　　④知的障害　　⑤その他
（　　　　　）　　⑥障害の疑い・診断・判定はない

24. お子さんは医療機関や専門機関等で正式に診断・判定を受けていらっしゃいますか。
（　有　・　無　）

25. お子さんは食に関する注意が必要ですか。(複数選択可)
①食物アレルギー　　②アナフィラキシーショック　　③投薬による禁止食物がある　　④水
分摂取に注意が必要　　⑤医師の指示による食事制限　　⑥極端な偏食　　⑦少食・過食
⑧異食　　⑨その他（　　　　　）　　⑩注意の必要はない

26. この調査をお子さんと一緒にしましたか。　　①ひとりでやった　　②お子さんに聞きながら
やった

27. 調査結果の報告を希望されますか。（　はい　・　いいえ　）「はい」と回答した方はお名前，
ご住所をご記入ください。

Ⅰ．お子さんの「食」の困難に関するチェックリスト

　以下のチェックリストは発達障害者本人に先行調査を行い，明らかになった食に関する困難の上
位項目です。保護者からみて，現在や過去のお子さんにあてはまる項目のチェック欄にチェック✓
を入れてください。また，チェックがついた項目の中で，その理由や詳細がある場合にはコメント
欄に可能な範囲でお書き下さい。

資　料　285

分類			NO.	食に関する困難リスト	✓	コメント
1、体の構造と食物	摂食中枢	空腹感	122.	お腹がすくという感覚がよくわからない。		
			123.	お腹がすいたと感じることはめったにない。		
			124.	ストレスを感じると空腹を全く感じなくなる。		
			125.	気がついたらひどくお腹がすいていることがある。		
			126.	お腹がすいた時には，血の気が失せる・頭が重い・ふらふらするなどの症状がある。		
			127.	喉が渇くという感覚がよくわからない。		
			128.	水分補給を忘れてしまい，しばしば脱水症状を起こす。		
			129.	異常に喉が渇き，一日に何リットルも飲み物を飲んでしまう。		
			130.	頭をよく働かせている時には水分が欲しくなり，四六時中ガバガバと水を飲んでしまう。		
		満腹感	131.	満腹を感じないため，食べ過ぎて吐いたことが何度もある。		
			132.	満腹中枢が上手く働かず，すぐに何かを食べようとしてしまう。		
		食欲	133.	食べることにあまり興味がない。		
			134.	食べ物に関しては無頓着である。		
			135.	お腹が空いたと感じても，なかなか「食べたい」とは思わない。		
			136.	食事＝義務＝面倒である。		
			137.	よほどの空腹時でない限り，ものを食べることに抵抗を覚えてしまう。		
			138.	自分が何を食べたいのかわからないので，毎日同じものを食べる。		
			139.	糖分や塩分への強い欲求がある。		
			140.	食欲の差が激しく，食欲のない時はとことん食べず，ある時はとことん食べまくる。		

感覚器系	視覚	141.	色や形以前に，見るだけで気持ち悪かったり，怖い食べ物がある。		
		142.	色のまじった食べ物は苦手である。		
		143.	単色のもの，どこから見ても色が同じものは気持ち悪くて食べられない。		
		144.	いびつな形の食べ物は気持ち悪くて食べられない。		
		145.	種の配列の仕方が気持ち悪くて食べられない果実や野菜がある。		
		146.	食べ物に関しての認識能力や記憶力が乏しい。肉や魚はどれも同じにみえる。		
	嗅覚	147.	東京の様な街はどこに行っても食べ物のにおいがする。		
		148.	食堂，パン屋，魚売り場，レストランの厨房などはにおいが強く，吐気をもよおす。		
		149.	色々な食べ物のにおいが混ざっている環境はとてもつらい。		
		150.	においの強い食品は食べられない。		
		151.	生野菜は噛むと雑草や土の味，においがするため食べられない。		
	聴覚	152.	食べ物の口の中でする音が耳障りで我慢できない。		
	味覚	153.	味覚が過敏で幼い頃から水が飲めない。		
		154.	体調によって味覚が過敏になり白いご飯しか食べられない時がある。		
		155.	特定の店・メーカーのものしか食べられない食品がある。		
		156.	玉ねぎは少しでも焦がしてしまうと，まずくて食べられない。		
		157.	食べ物の味が混ざり合うのが苦手である。		
		158.	ご飯とおかずを交互に食べるのは，ごはんの味が分からなくなってしまうから嫌である。		
		159.	食べ物の味を楽しむことと，食べ物を飲み込むことの一方にしか集中できない。		

資　　料　　287

		160.	自分が予想していた味と違う味だと食べられない。		
	触覚 （食感）	161.	固さや食感によっては口に入れるだけで苦しくなるほど不快な食べ物がいくつもある。		
		162.	食べ物によっては刺すような痛みを感じるものがある。		
		163.	食感があまりに違いすぎる食材が入った料理は食べられない。		
		164.	柔らかいものや，ぬるぬるした食感に耐えられない。		
		165.	どろっとしたとろみのある食べ物は大嫌いである。		
		166.	果物の小さい粒が口の中ではじける刺激はとても耐えがたい。		
		167.	生野菜は，シャリシャリした食感が嫌である。		
		168.	コロッケは，ころもが痛いため食べられない。		
	触覚 （舌触り）	169.	変な舌ざわりの物は食べたくない。		
		170.	食べもので どうしても我慢できない舌触りがある。		
		171.	つぶつぶの入った食べ物は苦手である。		
		172.	化学調味料をたくさん使ったものを食べると舌が痺れる感じがする。		
	触覚 （その他）	173.	ひどい猫舌で熱い物を食べられない。		
		174.	口の中で張りつくようなものやパサパサしたものは苦手である。		
消化器系	咀嚼・嚥下	175.	顎のコントロールが上手くいかないので，顎を動かすのは重労働である。		
		176.	噛むために毎回顎を動かすのはとても疲れる。		
		177.	噛むのがいやなので，何でも丸飲みしたり，水で流し込んでしまう。		
		178.	食べ物の嚥下に緊張する。		
		179.	何か気になることがあると，口にいれたまま飲み込むことができなくなってしまう。		
		180.	錠剤はのどに引っ掛かり，うまく飲み込めない。		

			181.	魚の小骨は全部はずさないと，必ずのどに引っかかってしまう。	
			182.	疲れている時は舌を噛んだり，誤嚥しやすい。	
			183.	食べ物を完全に飲み込まないうちに次を口に入れると，うまく飲み込めなくなってしまう。	
		消化	184.	胃腸の働きがひどく悪く，何を食べても下痢ばかりしてしまう。	
			185.	食べ物による過敏性腸症候群がある。	
	循環器系		186.	コーヒーやお茶を飲むと頭ががんがんと痛み，手足も痛くなり，震えるような寒気を生じる。	
			187.	食べ物の摂取による血糖値の上がり下がりが激しい。	
	免疫，アレルギー		188.	食物アレルギーがある。その食品に触れると発疹が出たり，呼吸が出来なくなってしまう。	
			189.	ビタミン，ミネラル欠乏症である。	
	その他		190.	カフェインなどの刺激物に弱く，飲みすぎるととてきめんに眠れなくなる。	
2、食生活	食嗜好		191.	一度好きになったメニューや食べ物にはかなり固執する。	
			192.	工業的に管理され，味がいつも同じ，重さも太さも包装の色も変わらないものは安心する。	
			193.	個数がはっきりした食べ物は安心する。	
			194.	高塩分や高糖分の食品，加工された食品を多く食べてしまう。	
			195.	サンドイッチなど片手で食べられるものは味を楽しむ余裕があるので食べやすい。	
			196.	レトルト食品やカップラーメンなら食べられる。	
			197.	しんどい時でも食べることができるのは，プリン・バナナ・白飯である。	
			198.	生のトマトはだめでも，トマトジュースは好きでごくごく飲める。	

資料　289

		199.	辛いもの，スパイスの効いたもの，塩分や糖分が強すぎるものは，体が受け付けない。		
		200.	白ご飯が食べられない。		
		201.	体が受け付けない食品がある。		
	異食	202.	食べ物以外の物も口に入れたくなる。		
	嗜好の変化	203.	夏になって暑くなると普段と食の嗜好が全く変わる。		
	食事量	204.	一日に何回，一回にどれくらいの量を食べなければならないかわからない。		
		205.	給食は圧倒的に量が多く，食べるのがいつも遅い。		
		206.	薬の副作用の影響を受けやすく，食欲減退や増進になり食べる量が異なる。		
	食べ方	207.	いつもと違う順序，違う時間に食べることは苦痛である。		
		208.	味が混ざるのが嫌なので，おかずをすべて食べてから，ご飯に移るという食べ方をしてしまう。		
		209.	食べ物に対する恐怖心があり，細かく分解してチェックしないと安心して食べられない。		
		210.	細かく砕いたり，つぶしたりといった食べ方をするため，周囲から汚いと言われてしまう。		
		211.	食事のメインはお米で，おかずは気に入ったもの1品のみがいい。		
		212.	肉の付け合わせは●●といったルールが出来てしまっている。		
		213.	食べ物の食べ方がへたで，皮が上手く剥けずに皮ごと食べているものがある。		
3、食事と環境	食卓用品	食器類・グラス	214.	だれが使ったか分からない食器を使うのは生理的に受け付けない。		
			215.	給食の箸やスプーンはまとめてクラス分入っているのが汚いと感じて嫌である。		
			216.	給食の食器などはにおいが気になってしまい苦手である。		

		217.	金属製の食器は，金属の音や味がとてもつらい。		
	カトラリー	218.	食具の使い方にエネルギーを使ってしまい十分味わえない。		
		219.	おはしやフォーク，ナイフなど食具をきれいに使うことにこだわりがある。		
	その他	220.	箸の使い方が下手である。		
		221.	給食などで食管からつがれた食べ物を見る，食べることが嫌だ。		
		222.	洗い物では食器や水音がぶつかる音に耐えられない。		
場所		223.	外食は人や音であふれていて，味なんてほとんどわからない。		
		224.	食事はいつもと場所が違う，味が違う，違う人がいる，色々な音がするのも嫌である。		
		225.	学校では直前まで勉強していた教室と机で給食を食べるのが嫌である。		
人		226.	人の輪の中でどのように振る舞えばいいのかわからないため会食はおそろしい。		
		227.	誰かに見られながら食べることは苦である。		
		228.	大人数の食事は，音や匂いなどの情報があふれて辛い。		
		229.	給食ではグループで食べるのがうるさくて嫌である。		
		230.	みんながいつまでも話しながら食べているのは苦手である。		
状況		231.	何より嫌なのは，新しいもの試しに食べてみることである。		
		232.	家庭の食事も音楽やテレビが流れていたり，人が一斉に話したりと騒がしく，ストレスだらけである。		
		233.	他人とのディナーのようなストレス下では味覚も食欲も，自分が何をしているのかも感じることができない。		

資　料　291

		234.	泊まりの学校行事などでは，全く食べることができなくなる。		
		235.	同じ皿に盛った料理をみんなで一緒につつくのは我慢ならない。		
4、その他	その他	236.	食事について厳しく指導されたせいで，神経性食欲不振になってしまった。		
		237.	子どもの頃に無理強いされたものは一番苦手なものになっている。		
		238.	給食では居残りして食べさせられ，拷問であると感じた。		
		239.	嫌いなものがメニューに入っている日は給食の時間が来るのが苦痛だった。		
		240.	食べる作業は高度でかなり集中しないといけない。		
		241.	夜食を食べるとよく眠れるので頻繁に食べてしまう。		
		242.	＊上記以外に困っていることがあれば教えてください。		

Ⅱ．お子さんの「食」の困難に関するニーズと支援

　保護者からみた，お子さんの状況にあてはまる項目を選び，その詳細を（　　　　）や　　　　　のなかに可能な範囲でお書き下さい。

【1．お子さんの身体と食事の状況】

28．お子さんの身体や生活の状況について，あてはまることの番号に○をつけてください。（複数選択可）

1	低出生体重児だった	17	ゲップが多い・しにくい	33	パニック・かんしゃく	49	イメージすることが苦手
2	妊娠・出産時トラブルがあった	18	歯並びが悪い	34	滑舌が悪い	50	環境の変化が苦手
3	母乳・ミルクを飲ませるのに苦労した	19	前歯が出ている	35	咀嚼力が弱い	51	就寝時間が遅い
4	身体発育が遅い	20	舌や頬など口腔内を嚙みやすい	36	つまずいて転びやすい	52	途中覚醒が多い・よく眠れない

5	病気にかかりやすい	21	口が開きがち	37	転んでも手が出ない	53	歯軋り・いびき・寝言・寝返りが多い
6	発熱しやすい	22	虫歯になりやすい	38	スキップやケンケンが苦手	54	朝なかなか起きられない
7	頭痛になりやすい	23	やせ	39	きちんといすに座れない	55	睡眠不足
8	吐き気・嘔吐が多い	24	肥満	40	姿勢が崩れがち	56	同年齢児より昼寝を含む睡眠時間が長い
9	腹痛・下痢・過敏性腸症候群になりやすい	25	冷え性・さむがり	41	右手ではし，左手で茶碗など，左右異なる動きが難しい	57	睡眠リズムが安定しない
10	便秘がち	26	肩こり・首痛・腰痛	42	箸や鉛筆の扱いが下手	58	おねしょやおもらしをよくする
11	乗り物酔いしやすい	27	身体のだるさや疲れやすさ	43	手先が不器用	59	運動・運動遊びが苦手
12	中耳炎・耳下腺炎になりやすい	28	身体が痛い	44	汚れることを嫌がる	60	運動不足
13	口内炎・歯茎のはれ	29	不定愁訴	45	集中力に欠ける・気が散りやすい	61	不安・ストレス・緊張が強い
14	喘息・気道過敏・鼻炎・各種アレルギー	30	感覚の過敏	46	あきらめが早い	62	何もやる気がおこらない
15	皮膚がかゆい・痛い・腫れる	31	感覚の低反応（感じにくい）	47	気にしすぎる傾向がある	63	イライラしている
16	立ちくらみやめまい	32	指しゃぶり・つめかみ	48	こだわりが強い	64	学習に困難がある
65	その他　→具体的に						

29. **家庭では，お子さんに食に関するしつけにおいて，どのようなことを大切にしていますか。（複数選択可）**

①基本的な食事マナー　②身支度や手洗い，歯磨きなど衛生に関すること　③配膳や盛り付けに関すること　④感謝の気持ちで食事をすること　⑤はしの使い方　⑥姿勢に関す

資　料　293

ること　　⑦食品の栄養や働きに関すること　　⑧食べる量・食べ方等には個人差があること　　⑨偏食をしないで食べること　　⑩残さず食べること　　⑪正しい食べ方に関すること　　⑫その他（　　　　　　　）　　⑬特に大切にしていることはない

⑦「正しい食べ方」とはどのような食べ方ですか。

30. お子さんは「食べる」ことが好きですか。
①とても好き　　②好き　　③どちらともいえない　　④嫌い　　⑤とても嫌い

④⑤を選んだ理由を教えてください。

31. お子さんの食事量はいかがですか。
①全部食べる　　②無理をして全部食べる　　③時々残す　　④いつも残す　　⑤ほとんど食べられない

④⑤の残す・食べられない理由は何ですか。（複数選択可）
①量が多すぎる　　②食欲がない　　③太りたくない　　④体調がすぐれない　　⑤食べたあとに具合が悪くなる　　⑥みんなと一緒に食べることが苦手　　⑦おいしくない　　⑧嫌いなものがある　　⑨どうしても体が受け付けない食べ物がある　　⑩食事の時間が短い　　⑪衛生面などが気になる　　⑫その他（　　　　　　　　　　　　　　　　）

32. お子さんの食の状況について心配・気がかりなことの番号に○をつけ，可能な範囲で理由や詳細をお書きください。（複数選択可）

		理由・詳細			理由・詳細
1	少食		19	特徴的な食べ方がある	
2	拒食		20	食事中の姿勢	
3	過食		21	咀嚼・嚥下が苦手	
4	欠食（朝食等）が多い		22	口から出す	
5	食べられないものが多い		23	丸飲み・流し込み	
6	食欲や食事量にムラがある		24	むせる	
7	食事に時間がかかる		25	なかなか飲み込まない	
8	食事に対する意欲がない		26	水分をゴクゴク飲めない	
9	満腹感・空腹感を感じにくい		27	食具（箸など）がうまく使えない	
10	偏食		28	手づかみで食べる	
11	特定の味の好み		29	食べこぼす	
12	食感による食事の偏り		30	食事マナー	
13	見た目による食事の偏り		31	遊び食べ	

14	同じ状況の指向（特定の食器・場所等）		32	食器具を投げる・落とす・ひっくり返す	
15	特定の人以外の手作りを受付けない		33	他の人の皿・食べ物に手を出す	
16	特定の人以外の食事介助を受付けない		34	食事中の落ち着きのなさ	
17	会食が苦手		35	食事中の離席・立ち歩き	
18	食物で汚れることへの敏感さ		36	医師による食事に関する制限・指導	
37	その他　→具体的に				

【2．お子さんの食に関する困難と対応】

33. お子さんは好き嫌い（偏食）がありますか。

　　①非常にある　　②かなりある　　③少しある　　④ほとんどなし　　⑤なし

> (1) ①②③の偏食が始まったのはいつからですか。
> 　　①授乳の時から　　②離乳食の時から　　③幼児期から　　④就学以降
> (2) 偏食等により食べられないものは成長とともに減ってきましたか。
> 　　①減った　　②変わらない　　③増えた
> (3) (2)の理由として考えられることを教えてください。（例：周囲のかかわり方など）
> (4) お子さんの偏食や食の困難について保護者は困っていますか。
> 　　①非常に困っている　　②少し困っている　　③困っていない

34. お子さんはどうしても「食べられない」のに，周囲に「わがまま」「好き嫌い」で「食べない」と言われたりして困ったことはありますか。　　①ある　　②ない

35. お子さんの食事に関して，保護者として苦慮していることの番号に○をつけ，可能な範囲で理由や詳細をお書きください。（複数選択可）

		理由・詳細
1	家族の食事と分けて献立を考えたり，作ったりしなければならず大変だ。	
2	本調査対象の子どもは外食に連れて行きにくい（連れていきたくない）。	
3	特定の人以外が作ったものを食べないので，食事作りを別の人（父親等）に代行してもらえない。	
4	特定の人以外の食事介助を受け付けないので，食事介助を別の人（父親等）に代行してもらえない。	
5	食事の準備をして食べさせることまでで疲労困憊してしまう。	

資　料　295

6	もともと料理が苦手なため，作りたくない。	
7	食に困難のある子どもの食事をどのようにしたらよいかわからない。	
8	せっかく作ったものをいつも食べてもらえず，自信や意欲を失う。	
9	もう食事を作ることに時間や手間をかけることをやめた（やめたい）。	
10	工夫しても食べてくれないので，食べるものだけ与えるしかない。	
11	外出時に子どもの食事を任せられる人がいない。	
12	子どもの食に関する相談にのってくれる人がいない。	
13	子どもの食に関して家族の理解が得にくい。	
14	子どもの食に関して家族の協力が得にくい。	
15	子どもの食に関して家族から責められる。	
16	食事介助の時などに怒鳴ったり，叱責してしまったことがある。	
17	食事介助の時などに手をあげてしまったことがある。	
18	子どもの食事の世話が育児ストレスになっている。	
19	子どもの食事の世話を考えると子どもがかわいく思えないことがある。	
20	その他　→具体的に	

36. 学校（保育所・幼稚園を含む）に食に関して伝えていることはありますか。
　　①伝えている　　②伝える事項はあるが伝えていない　　③伝えようとしたが受け付けてもらえない　　④伝える事項はない　　⑤その他（　　　　　）

①②の伝えている（伝えたい）内容はどれですか。（複数選択可） ①食物アレルギー　　②アナフィラキシーショック　　③投薬による禁止食物がある　　④水分摂取に注意が必要　　⑤医師の指示による食事制限　　⑥極端な偏食　　⑦少食・過食　　⑧異食　　⑨感覚の過敏・低反応　　⑩その他（　　　　　）

37. 食に関する困難を有するお子さんの食事に関して，あなたのお子さんに対応の必要があると考えることの番号に○をつけ，理由や詳細等を可能な範囲でお書きください。（複数選択可）

			理由・詳細
咀嚼嚥下を容易にする	56.	調理法を変えて柔らかくする	
	57.	硬さや形・大きさを一口サイズに統一する	
	58.	水分と固形物は分ける	

嫌いな感覚刺激を変化させる	59.	調理法を変えて，嫌いな食感を変える	
	60.	調理法を変えて，味を変える	
	61.	擦って混ぜ，スープ等にして繊維質をなくす	
	62.	野菜スープ等にして匂いを減らす	
感覚刺激を混在させない	63.	料理を一つずつ食べさせる	
	64.	（味が混ざらないように）一口ずつ終わらせる	
	65.	丼ものなどはご飯と具材を別皿に盛りつける	
好きな感覚刺激を利用する	66.	調理法を変え，好きな食感に変える	
	67.	味をしみこませる（ことこと煮込む）	
	68.	嫌いなものを好きな味覚刺激に混ぜる	
	69.	嫌いなものに好きな味覚刺激を徐々に混ぜる	
	70.	嫌いなものに好きな触覚刺激を徐々に混ぜる	
	71.	好きな聴覚刺激を組み合わせる	
	72.	レンジで温める，作ったものをすぐに食べる	
	73.	見た目を見栄えよく，カラフルに盛り付ける	
初めての経験をさせ，食材を知る	74.	初めて・嫌いな食材でもまずは口に入れる	
	75.	食べないものも一応食卓に出す（給食では配膳する）	
	76.	残すこともできるようにする	
	77.	似ている料理に挑戦する	
量やサイズの見通しをもたせる	78.	スプーンに少量とって提示する	
	79.	量が見えるお椀に入れる	
	80.	れんげですくってあげる	
	81.	少しずつ食べる量を増やす	
	82.	本人の希望する量を盛り付ける	
経験し，見通しをもたせる	83.	一緒に調理をする	
	84.	調理の経過を示したり，調理室見学などを行う	
	85.	一緒に買い物に行く（材料の搬入など，経過を示す）	

	86.	「終わり」「次」を明確にする	
ルールを決めて見通しをもたせる	87.	食べなくても皆の「ごちそうさま」と同時にすぐに片づける	
	88.	必ず同じものを食卓に出すが，食べなくてもよい	
	89.	好きなものを最後にするなど自分で順番を決めてよい	
嫌いな物に気づかせない	90.	容器を変更する・入れなおす	
	91.	少しずつ量を増やし，気づかせないようにする	
	92.	好きなものにわからないように混ぜる	
一貫性・同一性の保持	93.	パニックを起こしても焦らない	
	94.	本人の好きな人・安心できる人がいつも介助する	
	95.	食事指導の内容・ポイントをいつも同じにする	
強制せず，頑張りを認める	96.	ほめる・頑張りを認める	
	97.	それとなく誘導し，介助者が強制・固執しない	
	98.	「前回食べられたのに今日食べられないのはおかしい」というような声かけ・指導をしない	
	99.	「○分間は黙って食べる」「三角食べ」など食べ方を強制・ルール化しない	
楽しい雰囲気を意識する	100.	家族（友達・教師）が楽しく食べているのを本人に見せる	
	101.	本人が楽しく食べて過ごすことを意識する	
	102.	おなかがすくような運動等を食事前にする	
	103.	どのような配慮・支援があれば楽しく又は少しでも負担なく食べることができるのか，本人の声を傾聴する	
食事環境を同じにする・同一性の保持	104.	決まったメーカーにする（A社のB味など）	
	105.	同じ場所（椅子）で食べる	
	106.	いつもと同じコップを選ばせる	
	107.	自宅環境と同じにする（仕切りを作る）	
違う環境を経験させる	108.	好きな料理で外食する	
	109.	様々な場所で食べる経験を積む	
	110.	落ち着いて食べられる別室を用意する	

38. 以下の項目は発達障害等のご本人への調査結果に示された「本人のニーズ」です。あなたのお子さんに対応の必要があると考えることの番号に○をつけ，詳細をお書きください。（複数選択可）

		詳細
1	個室・別室で食べることを認めてほしい	
2	献立の詳細を事前に説明してほしい	
3	配膳時に量を調整したり，どうしても食べられない食材を入れないなど自分で決めさせてほしい	
4	食事（給食）以外の時間に持参した飴などを食べることを認めてほしい	
5	自分の適量がわかるような支援をしてほしい	
6	おなかがすいた感覚がないまたは優先順位が低いので，時刻を目安にするような支援がほしい	
7	気持ちの安定のためにガムなどをかむことを認めてほしい	
8	みんなと一緒に食べることを強要しないでほしい	
9	空腹になると落ち着かないので，食事（給食）以外の時間にも何かを食べることを認めてほしい	
10	自分の適量・分量がわかるようにしてほしい	
11	ふりかけ等をかけて苦手な食感や味を変えることを認めてほしい	
12	食べる場所・座席はいつも同じにしてほしい	
13	苦手な食感や舌触りをなくすために揚げ物の衣をはがしたり，ソースをたくさんかけたりすることを認めてほしい	
14	自分の使いやすい食具を使いたいので箸を使うことを強要しないでほしい	
15	食べたいもの等を本人に聞いて，それを大事にしてほしい	
16	取り分けたりして加減することが難しいので，自分の分はこれだけとわかるようにしてほしい	
17	野菜にドレッシング等をかけてにおいや味を変えることを認めてほしい	
18	野菜の嫌なにおいがなくなるような工夫をしてほしい	
19	食べ物をつぶしたり，混ぜたり，かけたりするような食べ方をしていても，食べる努力をしているので指摘しないでほしい	
20	完食を強制せず，食べられないことも認めてほしい	

21	みんなとは違うものを食べることも認めてほしい（給食では弁当持参なども含む）	
22	みんなとはちがう食器具を使うことも認めてほしい（給食では箸持参なども含む）	
23	どうして食べられないのか，理由や気持ちを子どもによく聞いてほしい	
24	どうしたら食べられるか，子どもの意見を聞いたり一緒に考えてほしい	
25	その他　→具体的に記入して下さい。	

【3．お子さんの食に関する困難への支援】

39. お子さんの食の困りごとについて相談できる人・機関はありますか。
　　①ある（具体的に：　　　　　　　　　　　　）　　②ない

40. お子さんの食の困りごとについて講演会や研修などに参加したことはありますか。
　　①ある（具体的に：　　　　　　　　　　　　）　　②ない

41. お子さんの「食べることに関する困りごと」について専門職に相談したいですか。　①相談したい　②特に必要ない

> ①の内容を具体的に教えてください。（どのような専門職に，何を相談したいか）

42. 「食べることに関する困りごと」について 学校や教師 に知っておいてほしい，理解してほしい・対応してほしいことはありますか。　①ある　②ない

> ①の内容を具体的に教えてください。

43. 「食べることに関する困りごと」について 学校の栄養士や調理員 に知っておいてほしい，理解してほしい・対応してほしいことはありますか。　①ある　②ない

> ①の内容を具体的に教えてください。

44. お子さんに見られる困りごとや様子は，ご家族のどなたかにも共通した傾向だと思いますか。　①非常に思う　②少し思う　③思わない　④わからない

45. 「食べることに関する困りごと」について上記以外にご意見があればお寄せください。

300

> 調査票4：第5章

発達障害児者の「食」の困難・ニーズと支援に関する調査

【対象：特別支援学校小学部・中学部・高等部の担当責任者さま】
【対象：小学校特別支援学級と通級指導学級の学級担任または担当責任者さま】
【対象：中学校特別支援学級と通級指導学級の学級担任または担当責任者さま】

大阪体育大学健康福祉学部　田部絢子研究室
東京学芸大学教育学部　高橋智研究室

❖ 本調査は，障害者差別解消法の施行に向けて，発達障害等の特別な配慮を要する児童生徒（小中学校特別支援学級・通級指導学級・特別支援学校小中高等部各学部）の学校給食における困難・ニーズを把握し，学校給食，家庭科調理実習，宿泊学習の食事指導等の食・食行動に関する合理的配慮のあり方を検討し，支援を充実していくための資料とするために実施しています。

❖ 各学校・学部・学級の担任教諭，担当責任者等のうち，本件について適切・詳しい方にご回答願います。

❖ <u>本調査は統計処理をするため，学校名が特定・公表されることは一切ありません。</u>（本調査では「個人情報の保護に関する法律」「日本特殊教育学会研究倫理規定」「東京学芸大学研究倫理規程」「大阪体育大学研究倫理規程」等に基づき，個人情報の適正な取り扱いのための指針を定めて，より一層厳重かつ慎重に取り扱うものといたします。）調査結果は，学会発表や論文等で公表し，広く社会に成果を還元できるように致します。

❖ 該当する番号に○または空欄に必要事項を記入してお答えください。

❖ <u>特別支援学級・情緒障害通級指導学級の両方，特別支援学校各学部についてお答えいただける学校はそれぞれ別冊の調査票を使用してください。</u>（調査票・返信用封筒は複数部を同封しています。）

＊　**本調査の対象となる「発達障害等の児童生徒」とは** ＊

　本調査で「発達障害等の児童生徒」とは，**文部科学省の定義**による，LD（学習障害）・ADHD（注意欠陥多動性障害）・高機能自閉症・アスペルガー症候群などの知的発達の全般の遅れはないが，学習上または対人関係等学校生活上の困難を持つ者と，<u>知的な遅れのある自閉症，軽度の知的障害も含めて</u>，教育上特別な配慮を要する児童生徒のことを示しています。**発達障害については診断や判定を受けていない場合も多いことからその疑いのある児童生徒も含めます。**

＊　**本調査の主題となる「食・食行動」とは** ＊

　本調査で「食・食行動」とは，食物（食材・食品・飲料等）・料理・調理法・食器具・食事環境，食べ方等の食に関わる事柄全般を指します。また食・食行動に関する感覚過敏や極端な偏食，異食，肥満，アレルギー等のさまざまな困難・課題も含めてお伺いしています。

> 締め切りは2015年1月23日（金）です。

期日を過ぎましてもご返信いただけますと貴重な資料となりますので是非お願い致します。

同封いたしました返信用封筒に調査票を入れてご返送下さい。校務ご多忙の折に大変恐縮ですが，

資　料　301

本調査へのご理解とご協力を賜りますようお願い申し上げます。

【　A．学校の概要　】
1．学校名（学校名を公表することはありません。調査結果報告書返送をご希望の場合，ご記入ください。）
　　東京都（　　　　　）区・市・立（　　　　　　　）小・中・特別支援　学校
2．本調査票は以下のいずれの学級・学部に関する情報を取りまとめていただきましたか。一つだけ選んでください。
　　①小学校特別支援学級　　②中学校特別支援学級　　③小学校通級指導学級　　④中学校通級
　　指導学級　　⑤特別支援学校小学部　　⑥特別支援学校中学部　　⑦特別支援学級高等部
3．2．の学級・学部区分に在籍する学級数・児童生徒数をお教え下さい。（　　　　　　　）学級・
　　（　　　　　　　）人
4．調査にお答え下さる方の職種をお教え下さい。　　①学級担任　　②学級・学部担当責任者
　　③その他（職名：　　　　　　　　　　　）
5．貴校の給食の形態を教えてください。
　　①　学校所属の管理栄養士等が栄養管理を行い，校内で調理をする完全自校調理給食
　　②　教育委員会等行政に所属する管理栄養士等が栄養管理を行い，校内で調理をする自校調理
　　給食
　　③　教育委員会等行政に所属する管理栄養士等が栄養管理を行い，給食センターで調理する業
　　者委託給食
　　④　業者に所属する管理栄養士等が栄養管理を行い，給食センターで調理する完全業者委託給食
　　⑤　給食を実施していないが，家庭の事情等で弁当を持参できない場合には弁当申込み制
　　⑥　昼食を提供していない（給食・弁当申込みともに実施せず）
　　⑦　その他（具体的に）

【　B．発達障害等児童生徒の食に関する困難・ニーズとその支援体制　】
◆　発達障害等の児童生徒の食に関する実態把握状況　◆
6．2014年度において発達障害と思われる特別な配慮を要する児童生徒が在籍していますか。（診断の有無を問わない）
　　①いる（実人数　　　　　人）　　②いない　　③わからない
　　↓

障害種	①学習障害（LD）	②注意欠陥多動性障害（ADHD）	③アスペルガー症候群	④高機能自閉症	⑤自閉症	⑥広汎性発達障害	⑦軽度の知的障害	⑧その他	⑨分類しにくいが発達障害様の特徴を有する
のべ人数	人	人	人	人	人	人	人	人	人
⑧その他を具体的に：									

7．6．でお答えいただいた生徒のうち，食に関する注意が必要な児童生徒はいますか。

①いる（実人数　　　　人）　②いない　③わからない
↓

	①食物アレルギー	②アナフィラキシーショック	③投薬による禁止食物がある	④水分摂取に注意が必要	⑤医師の指示による食事制限	⑥極端な偏食	⑦少食・過食	⑧異食	⑨その他
のべ人数	人	人	人	人	人	人	人	人	人
①食物アレルギーの対象食品を具体的に：									
⑧異食の内容を具体的に：									
⑨その他を具体的に：									

8．児童生徒の学校給食等に関わる疾患，障害，要望（摂取禁止の食物や形態の要望など）の把握をしていますか。

①している（どのように：　　　　　　　　　　）　②していない　③その他（　　　　　　　　）

◆　食に関する困難・気がかり　◆

9．児童生徒の生活習慣や身体状況で心配していることは何ですか。また，発達障害等児童生徒に心配していることは何ですか。○をつけてください。（複数回答可）

	児童生徒全体	発達障害等の児童生徒		児童生徒全体	発達障害等の児童生徒
①欠食（朝食欠食等）			⑨睡眠不足・睡眠リズム		
②偏食			⑩運動不足		
③小食			⑪不器用		
④拒食・過食			⑫感覚過敏		
⑤肥満			⑬不定愁訴		
⑥やせすぎ			⑭不安・ストレス・プレッシャー		
⑦家庭の食事内容			⑮慢性疲労		
⑧食事の時に家族団欒が少ない			⑯その他		
⑯その他を具体的に：					

10．学校給食における発達障害等の児童生徒の様子について，以下のことはどの程度，気にかかりますか。

資 料 303

①偏食　　5．非常に気がかり－4．やや気がかり－3．気がかり－2．わからない－1．特に問題ない

②食事量　　5．非常に気がかり－4．やや気がかり－3．気がかり－2．わからない－1．特に問題ない

③食具操作　　5．非常に気がかり－4．やや気がかり－3．気がかり－2．わからない－1．特に問題ない

④食べこぼし　　5．非常に気がかり－4．やや気がかり－3．気がかり－2．わからない－1．特に問題ない

⑤咀嚼　　5．非常に気がかり－4．やや気がかり－3．気がかり－2．わからない－1．特に問題ない

⑥丸飲み・流し込み　　5．非常に気がかり－4．やや気がかり－3．気がかり－2．わからない－1．特に問題ない

⑦姿勢　　5．非常に気がかり－4．やや気がかり－3．気がかり－2．わからない－1．特に問題ない

⑧食事マナー　　5．非常に気がかり－4．やや気がかり－3．気がかり－2．わからない－1．特に問題ない

⑨離席　　5．非常に気がかり－4．やや気がかり－3．気がかり－2．わからない－1．特に問題ない

⑩食事中の意欲集中不足　　5．非常に気がかり－4．やや気がかり－3．気がかり－2．わからない－1．特に問題ない

⑪給食前の意欲集中不足　　5．非常に気がかり－4．やや気がかり－3．気がかり－2．わからない－1．特に問題ない

⑫給食後の落ち着きなさ　　5．非常に気がかり－4．やや気がかり－3．気がかり－2．わからない－1．特に問題ない

11. 以下に示す項目は発達障害者本人・当事者を対象に実施した先行調査等で挙げられた食に関する困難です。貴校には以下のような発達障害等の児童生徒はいますか。いる場合には番号に○を，これ以外に食に関する困難を有する児童がいる場合にはその他にいくつでもお書きください。

① 人の輪の中でどのようにふるまえばいいのかわからないので会食はおそろしい。② においの強い食品は食べられない。③ 大人数の食事は，音や匂いなどの情報があふれて辛い。④ 自分が予想していた味と違う味だと食べられない。⑤ 魚の小骨は全部外さないとのどに引っかかってしまう。⑥ 色や形以前に，見るだけで気持ち悪かったり，怖い食べ物がある。⑦ ブロッコリーは，体が受け付けない。⑧ 頭をよく働かせているときには水分がほしくなり，四六時中ガバガバと水を飲んでしまう。⑨ 納豆は体が受け付けない。⑩ 異常に喉が渇き，一日に何リットルも飲み物を飲んでしまう。⑪ ひどい猫舌で熱いものを食べられない。⑫ 味が混ざるのが嫌なので，おかずをすべて食べてから，ご飯に移る食べ方をしてしまう。⑬ 自分が何を食べたいのかわからないので，毎日同じものを食べる。⑭ おなかがすくという感覚がよくわからない。⑮ きゅうりは体が受け付けない。⑯ サンドイッチなど片手で食べられるものは味を楽しむ余裕があるので食べやすい。⑰ 箸の使い方が下手である。⑱ 気が付いたらひどくおなかがすいていることがある。⑲ 食堂，パン屋，魚売り場，レストランの厨房などはにおいが強く，吐き気をもよおす。⑳ いつもと違う順序，違う時間に食べることは

苦痛である。㉑　ブッフェスタイルなど，いつもの給食と違うパターンで提供するとパニックになる。㉒　給食の食器具が使えない（他人と共用できない）。㉓　その他

その他にあればぜひ記入してください。

◆　**学校給食に関する発達障害等児童生徒への指導・支援**　◆

12. 学校給食において児童生徒にどのようなことを指導していますか。また，発達障害等児童生徒によく指導することは何ですか。○をつけてください。（複数回答可）

	児童生徒全体	発達障害等の児童生徒		児童生徒全体	発達障害等の児童生徒
①基本的な食事のマナー			⑦「正しい食べ方」に関すること		
②身支度や手洗い，歯磨きなどの衛生に関すること			⑧食べる量・食べ方等には個人差があること		
③配膳や盛り付けに関すること			⑨偏食をしないで食べること		
④感謝の気持ちで食事をすること			⑩残さず食べること		
⑤はしの使い方			⑪食品の栄養や働きに関すること		
⑥食事の姿勢に関すること			⑫その他		
⑦「正しい食べ方」を具体的に：					
⑫その他を具体的に：					

13. 偏食や感覚過敏など食に関する特別な配慮を要する発達障害等の児童生徒の給食・授業等の場面における配慮実施の可能性をお答え下さい。「2．たぶん実施できない」「1．実施できない」を選択した場合は，その理由を簡潔にお書きください。

	5．すでに実施－4．すぐに実施できる－3．わからない－2．たぶん実施できない－1．実施できない		2・1を選択の場合，その理由を記入
咀嚼・嚥下を容易にする	調理法を変えて柔らかくする	5－4－3－2－1	
	硬さや形・大きさを一口サイズに統一する	5－4－3－2－1	
	水分と固形物は分ける	5－4－3－2－1	

嫌いな感覚刺激を変化させる	調理法を変えて，嫌いな食感を変える	5 - 4 - 3 - 2 - 1	
	調理法を変えて，味を変える	5 - 4 - 3 - 2 - 1	
	擦って混ぜ，スープ等にして繊維質をなくす	5 - 4 - 3 - 2 - 1	
	野菜スープ等にして匂いを減らす	5 - 4 - 3 - 2 - 1	
感覚刺激を混在させない	料理を一つずつ食べさせる	5 - 4 - 3 - 2 - 1	
	(味が混ざらないように)一口ずつ終わらせる	5 - 4 - 3 - 2 - 1	
	丼ものなどはご飯と具材を別皿に盛りつける	5 - 4 - 3 - 2 - 1	
好きな感覚刺激を利用する	調理法を変え，好きな食感に変える	5 - 4 - 3 - 2 - 1	
	味をしみこませる（ことこと煮込む）	5 - 4 - 3 - 2 - 1	
	嫌いなものを好きな味覚刺激に混ぜる	5 - 4 - 3 - 2 - 1	
	嫌いなものに好きな味覚刺激を徐々に混ぜる	5 - 4 - 3 - 2 - 1	
	嫌いなものに好きな触覚刺激を徐々に混ぜる	5 - 4 - 3 - 2 - 1	
	好きな聴覚刺激を組み合わせる	5 - 4 - 3 - 2 - 1	
	レンジで温める，作ったものをすぐに食べる	5 - 4 - 3 - 2 - 1	
	見た目を見栄えよく，カラフルに盛り付ける	5 - 4 - 3 - 2 - 1	
初めての経験をさせ、食材を知ってもらう	初めて・嫌いな食材でもまずは口に入れる	5 - 4 - 3 - 2 - 1	
	食べないものも一応食卓に出す（給食では配膳する）	5 - 4 - 3 - 2 - 1	
	ゴミ箱を出して残すこともできるようにする	5 - 4 - 3 - 2 - 1	
	似ている料理に挑戦する	5 - 4 - 3 - 2 - 1	
量やサイズの見通しをもたせる	スプーンに少量とって提示する	5 - 4 - 3 - 2 - 1	
	量が見えるお椀に入れる	5 - 4 - 3 - 2 - 1	
	れんげですくってあげる	5 - 4 - 3 - 2 - 1	
	少しずつ食べる量を増やす	5 - 4 - 3 - 2 - 1	
	本人の希望する量を盛り付ける	5 - 4 - 3 - 2 - 1	
共に経験し、見通しをもたせる	一緒に調理をする	5 - 4 - 3 - 2 - 1	
	調理の経過を示したり,調理室見学などを行う	5 - 4 - 3 - 2 - 1	
	一緒に買い物に行く（材料の搬入など，経過を示す）	5 - 4 - 3 - 2 - 1	

	「終わり」「次」を明確にする	5 - 4 - 3 - 2 - 1	
ルールを決めて見通しをもたせる	食べなくても，皆の「ごちそうさま」と同時にすぐに片づける	5 - 4 - 3 - 2 - 1	
	必ず同じものを食卓に出すが，食べなくてもよい	5 - 4 - 3 - 2 - 1	
	嫌いなものから食べ，好きなものを最後にするなど自分で順番を決めてよい	5 - 4 - 3 - 2 - 1	
なにげなく気づかせの	容器を変更する・入れなおす	5 - 4 - 3 - 2 - 1	
	少しずつ量を増やし，気づかせないようにする	5 - 4 - 3 - 2 - 1	
	好きなものにわからないように混ぜる	5 - 4 - 3 - 2 - 1	
介助方法の一貫性・同一性の保持	パニックを起こしても焦らない	5 - 4 - 3 - 2 - 1	
	本人の好きな人・安心できる人がいつも介助する	5 - 4 - 3 - 2 - 1	
	食事指導の内容・ポイントをいつも同じにする	5 - 4 - 3 - 2 - 1	
強制せず、頑張りを認める	ほめる・頑張りを認める	5 - 4 - 3 - 2 - 1	
	それとなく誘導し，介助者が強制・固執しない	5 - 4 - 3 - 2 - 1	
	「前回食べられたのに今日食べられないのはおかしい」というような指導をしない	5 - 4 - 3 - 2 - 1	
	「○分間は黙って食べる」「三角食べ」など食べ方を強制・ルール化しない	5 - 4 - 3 - 2 - 1	
楽しい雰囲気を意識する	家族（友達・教師）が楽しく食べているのを本人に見せる	5 - 4 - 3 - 2 - 1	
	本人が楽しく食べて過ごすことを意識する	5 - 4 - 3 - 2 - 1	
	おなかがすくような運動等の学習を給食前にする	5 - 4 - 3 - 2 - 1	
	どのような配慮・支援があれば楽しく又は少しでも負担なく食べることができるのか，本人の声を傾聴する	5 - 4 - 3 - 2 - 1	
こだわりを利用し、食事環境を同じにする・同一性の保持	決まったメーカーにする（A社のB味など）	5 - 4 - 3 - 2 - 1	
	同じ場所（椅子）で食べる	5 - 4 - 3 - 2 - 1	
	いつもと同じコップを選ばせる	5 - 4 - 3 - 2 - 1	

	自宅環境と同じにする（仕切りを作る）	5－4－3－2－1	
さ 環違せ 境う経る を 場所験 を 経や	好きな料理で外食する	5－4－3－2－1	
	様々な場所で食べる経験を積む	5－4－3－2－1	
	落ち着いて食べられる別室を用意する	5－4－3－2－1	

その他にあればぜひ記入してください。

14. 以下の項目は発達障害の本人・当事者を対象に実施した先行調査で挙げられた，発達障害本人・当事者が求めている食に関する支援です。（　　　）内はその意見を給食場面に置き換えた時に求めている支援内容です。貴校における感覚の過敏等，食に関する特別な配慮を要する発達障害等の児童生徒の給食・授業等の場面における配慮実施の可能性をお答え下さい。「2．たぶん実施できない」「1．実施できない」を選択した場合は，その理由を簡潔にお書きください。

5．すでに実施－4．すぐに実施できる－3．わからない－2．たぶん実施できない－1．実施できない		2・1を選択の場合，その理由を記入
1．生野菜は匂いがしなくなるように火を通してほしい	5－4－3－2－1	
2．外食でも個室だと食べられる（給食を個室・別室で食べることを認めてほしい）	5－4－3－2－1	
3．新しい食べ物は，事前に紹介されていれば大丈夫である（給食献立の詳細を事前説明してほしい）	5－4－3－2－1	
4．自分で選んだ食べ物は美味しく味わい，楽しむことができる（選択制の献立，または献立のなかから何を食べるか，量を自分で決めさせてほしい。配膳時に量を調整したり，どうしても食べられない食材を入れないなど自分で決めさせてほしい）	5－4－3－2－1	
5．こまめにおやつをつまむことを認めてほしい（給食以外の時間に持参した飴等を食べることを認めてほしい）	5－4－3－2－1	
6．大皿からとるおかずは取り皿を決めて，食べすぎを減らすようにしている（自分の適量がわかるような支援がほしい）	5－4－3－2－1	
7．空腹の目安として一番頼りにしているのは時刻である（おなかがすいたという感覚がない，または優先順位が低いので，時刻を目安にするような支援がほしい）	5－4－3－2－1	

8. ガムを噛むと気持ちが安定する（気持ちの安定のためにガムをかむことを認めてほしい）	5 － 4 － 3 － 2 － 1	
9. 一人にさせてもらえば，少しは食べられるときもある（みんなと一緒に食べることを強要しないでほしい）	5 － 4 － 3 － 2 － 1	
10. 一度に少量ずつ何回も食べることで，空腹になるのを防いでいる（空腹になると落ち着かないので，給食以外の時間にも何かを食べることを認めてほしい）	5 － 4 － 3 － 2 － 1	
11. 食事は一人分ずつ分けてあると，食べる量がわかりやすいのでそうしてほしい（自分の適量・分量がわかるようにしてほしい）	5 － 4 － 3 － 2 － 1	
12. 歯ごたえのあるものをふりかければ嫌いな食感をごまかせるときもある（ふりかけ等を持参して，ご飯等にかけることを認めてほしい）	5 － 4 － 3 － 2 － 1	
13. 行きつけのお店では毎回同じ座敷，座る席順も同じなので安心できる（給食を食べる場所・席はいつも同じにしてほしい）	5 － 4 － 3 － 2 － 1	
14. 舌触りが柔らかく，口の中に刺さらない食べ物は食べられる（揚げ物の衣などをはがして残すことを認めてほしい）	5 － 4 － 3 － 2 － 1	
15. 硬い物は大きく切り，柔らかいものは細かく切り，フォークを使って食べると誤嚥が減る（自分の使いこなしやすい食具を使いたいので箸を使うことを強要しないでほしい）	5 － 4 － 3 － 2 － 1	
16. レタスを食べると頭の中が爽やかになり，よどんだ感じがなくなり，血がきれいになった感じがする（食べたいもの等を本人に聞いて，それを大事にしてほしい）	5 － 4 － 3 － 2 － 1	
17. みんなで食べるときには一皿でおしまいのものなら食べることができる（取り分けたりして加減することが難しいので，自分の分はこれだけとわかるようにしてほしい）	5 － 4 － 3 － 2 － 1	

18. 生野菜は和風・中華・青じそドレッシングをかけると雑草の臭いがかなり消えるのでそうしてほしい（生野菜にドレッシング等をかけることを認めてほしい）	5 － 4 － 3 － 2 － 1	
19. キャベツの千切りは細くて，水にさらしてあると臭いが消えているので食べられる	5 － 4 － 3 － 2 － 1	
20. 食べ物をつぶして，練り混ぜて食べると歯ごたえや舌触りをごまかせるのでそうさせてほしい（このような食べ方をしていても指摘しないでほしい）	5 － 4 － 3 － 2 － 1	
21. 給食を残してしまっても，強い指導をしないでほしい。（完食を強制しないでほしい）	5 － 4 － 3 － 2 － 1	
22. 給食に食べられないものが多い場合は，お弁当を持参することを認めてほしい	5 － 4 － 3 － 2 － 1	
23. 自分の食器具を持参することを認めてほしい	5 － 4 － 3 － 2 － 1	
その他にあればぜひ記入してください。		

◆　発達障害等児童生徒の食・食行動支援体制　◆

15. 校内の会議などで発達障害等の児童生徒の感覚過敏の問題が話題になりますか。
　　①いつもなる　　②ほぼなる　　③わからない　　④ほとんどならない　　⑤ならない

16. 校内の会議などで発達障害等の児童生徒の不定愁訴の問題が話題になりますか。
　　①いつもなる　　②ほぼなる　　③わからない　　④ほとんどならない　　⑤ならない

17. 校内の会議などで発達障害等の児童生徒の睡眠の問題が話題になりますか。
　　①いつもなる　　②ほぼなる　　③わからない　　④ほとんどならない　　⑤ならない

18. 校内の会議などで発達障害等の児童生徒の食・食行動の問題が話題になりますか。
　　①いつもなる　　②ほぼなる　　③わからない　　④ほとんどならない　　⑤ならない

19. 職員会議や日常の職員室などにおいて，発達障害等児童生徒の支援方法等について相談・情報の共有・交換・助言が行えていると思いますか。
　　①十分に行えていると思う　　②まあまあ行えていると思う　　③わからない　　④あまり思わない　　⑤思わない

20. 貴校には障害児の栄養管理・食事指導のあり方について学んだ教職員がいますか。
　　①いる（誰:　　　　　　　どのような機会に:　　　　　　　　　　　　　）　　②いない

21. 貴校では発達障害等児童生徒の食・食行動支援のために教職員の研修が必要だと思いますか。
　　①とてもそう思う　　②まあまあそう思う　　③わからない　　④あまり思わない　　⑤思わない

22. 貴校の児童生徒の食・食行動についてアドバイスが受けられる外部専門家はいますか。
　　①いる〔①口腔リハビリ専門家　②医師　③管理栄養士　④研究者　⑤その他（　　　　　）〕　　②いない

23. 食に関する困難を有する発達障害等児童生徒に対応するために，校外機関と連携・協力をした

ことがありましたか。

①ある　　②ない

↓連携先をお答えください。（複数回答可）

①教育センター　②教育委員会　③保健所・保健センター　④福祉課　⑤児童相談所　⑥医療機関　⑦特別支援学校　⑧本人が通っている支援機関　⑨その他（　　　　　　　　　）

24. 貴校では発達障害等児童生徒の食・食行動支援のために巡回相談員の活用が必要だと思いますか。

①とてもそう思う　　②まあまあ必要と思う　　③わからない　　④あまり思わない　　⑤思わない

25. 貴校では発達障害等児童生徒の食・食行動支援のために専門家チームの活用が必要だと思いますか。

①とてもそう思う　　②まあまあ必要と思う　　③わからない　　④あまり思わない　　⑤思わない

26. 食に関する困難を有する発達障害等児童生徒を支援するために校外機関からの支援として，必要とするものがあれば具体的にお答えください。

27. 教師がいつでも必要に応じて相談できる専門家との連携があるなど，発達障害等児童生徒と関わる教師への支援体制は十分だと思いますか。　①十分であると思う　　②まあまあであると思う　　③わからない　　④あまり思わない　　⑤思わない

28. 貴校における特別支援教育推進に関する以下の取り組みについてあてはまるものをお答えください。

5．機能している　4．少し機能している　3．わからない　2．機能していない　1．取り組みなし

《a. 気づき》

1．担任の特別な支援が必要な児童生徒への気づき	5	4	3	2	1
2．特別な支援が必要な児童生徒への学年での気づき	5	4	3	2	1
3．担任以外の児童生徒にかかわりのある教員からの気づき	5	4	3	2	1
4．校内員会が組織として気づきの機能がある	5	4	3	2	1
5．全職員の特別な教育的支援の必要な児童生徒へ気づく体制	5	4	3	2	1

《b. 実態把握》

6．特別な教育的支援の必要な児童生徒の学年による実態把握	5	4	3	2	1
7．特別な教育的支援の必要な児童生徒の校内員会による実態把握	5	4	3	2	1
8．個人カルテ等を活用した職員の児童生徒情報の共有化	5	4	3	2	1
9．実態把握のために専門性のある教員や校外の専門機関を活用	5	4	3	2	1
10．実態把握を個別の指導計画の作成に活用	5	4	3	2	1

《c. 支援》

11．担任の学級内での個別的支援の工夫	5	4	3	2	1
12．学年での支援内容の話し合い，学年単位での支援の工夫	5	4	3	2	1
13．学級以外に特別な支援の場の設置（指導室設置や放課後学習等）	5	4	3	2	1

資　料　311

14. 支援について専門性のある教員や校外の専門機関の活用		5	4	3	2	1
15. 全職員での組織的な校内支援体制		5	4	3	2	1

《d. 相談》

16. 担任が児童生徒の相談に常時対応		5	4	3	2	1
17. 教育相談組織の校務分掌等への位置づけと相談対応		5	4	3	2	1
18. 保護者の相談に常時対応		5	4	3	2	1
19. 専門的な相談機関の積極的な活用		5	4	3	2	1
20. 全職員がいつでも相談可能な体制		5	4	3	2	1

《e. 連絡調整》

21. 連絡調整に関する役割分担が明確		5	4	3	2	1
22. 校内の連絡調整を行う場の位置づけ		5	4	3	2	1
23. 校内の連絡調整		5	4	3	2	1
24. 校外の関係機関との連絡調整		5	4	3	2	1
25. 校内委員会の特別支援教育に関する連絡調整機能の位置づけ		5	4	3	2	1

《f. 研修》

26. 特別支援教育に関する理解研修の実施		5	4	3	2	1
27. 実態把握や指導法等，具体的支援に関する研修の実施		5	4	3	2	1
28. 事例検討会等で児童生徒一人ひとりの支援について話し合い		5	4	3	2	1
29. 保護者や他の児童生徒への支援について研修		5	4	3	2	1
30. 関係図書，資料等が常時用意		5	4	3	2	1

29. 学習指導要領に学校給食の目的や食育の推進が記載されていることをご存知ですか。
　　①知っている　　②知らない

30. 学校給食法には以下の記述がありますが，そのことをご存知ですか。
　　学校給食法（平成21年一部改正）第三章　「学校給食を活用した食に関する指導」の第10条
　　「栄養教諭は，児童又は生徒が健全な生活を営むことができる知識及び態度を養うため，学校
　　給食において摂取する食品と健康の保持増進との関連性についての指導，食に関して特別の配
　　慮を必要とする児童又は生徒に対する個別的な指導その他の学校給食を活用した食に関する実
　　践的な指導を行うものとする。この場合において，校長は当該指導が効果的に行われるよう，
　　学校給食と関連付けつつ，当該義務教育諸学校における食に関する指導の全体的な計画を作成
　　することその他の必要な措置を講ずるものとする」。また同条三項では「栄養教諭以外の学校
　　給食栄養管理者は，栄養教諭に準じて，第一項前段の指導を行うよう努めるものとする。」
　　①知っている　→（　①これに則り指導を実施　　②具体的指導には至っていない　　③現在
　　検討中　）　　②知らない

31. 文部科学省「食に関する指導の手引き」には以下の記述がありますが，そのことをご存知です
　　か。
　　文部科学省「食に関する指導の手引き」2007
　　「障害のある児童生徒が，将来自立し，社会生活する基盤として，望ましい食習慣を身につけ，
　　自分の健康を自己管理する力や食物の安全性等を自ら判断する力を身につけることは重要であ
　　る。」
　　①知っている　→（　①これに則り指導を実施　　②具体的指導には至っていない　　③現在

312

検討中　）　②知らない

32. 学校給食でも児童生徒の心身状態・ニーズに適した個別の対応が広まることが必要だと思いますか。

　①必要　　②少しは必要　　③わからない　　④あまり必要でない　　⑤必要ではない

33. 食・食行動に関する困難・ニーズを有する発達障害等児童生徒への支援を進めていくためにご意見をお持ちでしたらご自由にお書きください。

　本調査へのご協力，心より感謝を申し上げます。ありがとうございました。

資　料　　313

調査票５：第６章

発達障害児者の食・食行動の困難・ニーズと支援に関する調査

【対象：小学校・中学校・特別支援学校の栄養士・管理栄養士・栄養教諭様】
（いずれも配置されていない場合は学校給食担当分掌教諭様）

大阪体育大学教育学部　田部絢子研究室
東京学芸大学教育学部　高橋　智研究室
（調査担当窓口：大阪体育大学教育学部　田部絢子：a-tabe@ouhs.ac.jp）

❖　本調査は，障害者差別解消法の施行に向けて，発達障害等の特別な配慮を要する児童生徒（小中学校特別支援学級・通級指導学級・特別支援学校小中高等部各学部）の学校給食における困難・ニーズを把握し，学校給食，家庭科調理実習，宿泊学習の食事指導等における食・食行動に関する合理的配慮のあり方を検討し，支援を充実していくための資料とするために実施しています。

❖　貴校の学校給食管理を担当される栄養士・管理栄養士・栄養教諭（ご不在の場合は学校給食担当分掌教諭）のうち，本件について適切・詳しい方にご回答願います。

❖　**本調査は統計処理をするため，学校名が特定・公表されることは一切ありません。**（本調査では「個人情報の保護に関する法律」「日本特殊教育学会研究倫理規定」「東京学芸大学研究倫理規程」「大阪体育大学研究倫理規程」等に基づき，個人情報の適正な取り扱いのための指針を定めて，より一層厳重かつ慎重に取り扱うものといたします。）調査結果は，学会発表や論文等で公表し，広く社会に成果を還元できるように致します。

❖　該当する番号に○または空欄に必要事項を記入してお答えください。

＊ 本調査の対象となる「発達障害等の児童生徒」とは ＊

　本調査で「発達障害等の児童生徒」とは，**文部科学省の定義**による，LD（学習障害）・ADHD（注意欠陥多動性障害）・高機能自閉症・アスペルガー症候群などの知的発達の全般の遅れはないが，学習上または対人関係等学校生活上の困難を持つ者と，**知的な遅れのある自閉症，軽度の知的障害も含めて**，教育上特別な配慮を要する児童生徒のことを示しています。**発達障害については診断や判定を受けていない場合も多いことから**その疑いのある児童生徒も含めます。

＊ 本調査の主題となる「食・食行動」とは ＊

　本調査で「食・食行動」とは，食物（食材・食品・飲料等）・料理・調理法・食器具・食事環境，食べ方等の食に関わる事柄全般を指します。また食・食行動に関する感覚過敏や極端な偏食，異食，肥満，アレルギー等のさまざまな困難・課題も含めてお伺いしています。

　　　　　　　　締め切りは年　　　　　月　　　　　日（　　　　　）です。
　期日を過ぎましてもご返信いただけますと貴重な資料となりますので是非お願い致します。

　同封いたしました返信用封筒に本調査票を入れてご返送下さい。年末の校務ご多忙の折に大変恐縮ですが，本調査へのご理解とご協力を賜りますようお願い申し上げます。

【 A．学校の概要 】

14. 学校名（学校名を公表することはありません。調査結果報告書返送をご希望の場合，ご記入ください。）

東京都（　　　　　）区・市　立　（　　　　　）小・中・特別支援　学校

15. 本調査票は以下のいずれに関する情報を取りまとめて下さいましたか。

①小学校（設置○　→　通級指導学級・特別支援学級）　②中学校（設置○　→　通級指導学級・特別支援学級）　③特別支援学校

16. 貴校の学級数・児童生徒数をお教え下さい。　（　　　　　）学級・（　　　　　）人

17. 貴校の給食の形態を教えてください。

①　学校所属の管理栄養士等が栄養管理を行い，校内で調理をする完全自校調理給食

②　教育委員会等行政に所属する管理栄養士等が栄養管理を行い，校内で調理をする自校調理給食

③　教育委員会等行政に所属する管理栄養士等が栄養管理を行い，給食センターで調理する業者委託給食

④　業者に所属する管理栄養士等が栄養管理を行い，給食センターで調理する完全業者委託給食

⑤　給食を実施していないが，家庭の事情等で弁当を持参できない場合には弁当申込み制

⑥　昼食を提供していない（給食・弁当申込みともに実施せず）

⑦　その他（具体的に　　　　　　　　　　　　　　　　　　　　）

18. 本調査にお答え下さる方の職種をお教え下さい。

①管理栄養士　　②栄養士　　③栄養教諭　　④その他（職名：　　　　　　　　　）

19. あなたは主にどこで業務を行っていますか。

①　学校に所属し，所属校の業務を行っている。

②　学校に所属し，近隣の学校の業務も兼任している。

　　　（あてはまる方に○　→　回答校に所属　・　別の学校に所属）

③　教育委員会に所属し，担当の学校の業務を行っている。

④　教育委員会に所属し，すべての学校の業務を行っている。

⑤　管理栄養士・栄養士・栄養教諭が配置されておらず学校給食担当分掌の教諭として業務を行う。

⑤　その他（　　　　　　　　　　　　　　　　）

20. あなたの業務内容に○を付けてください。

		具体的内容	○
食に関する指導	**1．児童生徒への個別的な相談指導**		
	1	偏食傾向，強い痩身願望，肥満傾向，食物アレルギー及びスポーツを行う児童生徒等に対する個別の指導	
	2	保護者に対する個別の指導	
	3	主治医，学校医，病院の栄養士等との連携調整	

		4	アレルギーやその他の疾病・障害をもつ児童生徒の対応・相談	
		5	「個別の指導計画」「個別の教育支援計画」作成に関与	
		6	望ましい食生活に関し，専門的立場から担任教諭等を補佐して，児童生徒に対して集団又は個別の相談指導を行う	
	2．児童生徒への教科・特別活動等における教育指導			
		7	学級活動及び給食時間における学級担任や教科担任と連携した指導	
		8	給食放送指導，配膳指導，後片付け指導	
		9	児童生徒集会，委員会活動，クラブ活動等における指導	
		10	指導案作成，教材・資料作成	
		11	望ましい食生活に関し，専門的立場から担任教諭等を補佐して，児童生徒に対して集団又は個別の教育指導を行う	
	3．食に関する指導の連携・調整			
	（1）校内における連携・調整			
		12	児童生徒の食生活の実態把握	
		13	食に関する指導（給食指導を含む），年間指導計画策定への参加	
		14	学級担任等との連携・調整	
		15	養護教諭，特別支援教育コーディネーター等との連携・調整	
		16	特別支援教育推進のための「校内委員会」やケース会議への参加	
		17	研究授業の企画立案，校内研修への企画・参加	
		18	給食主任等校務分掌の担当，職員会議への参加	
	（2）家庭・地域との連携・調整			
		19	給食試食会，親子料理教室，招待給食の企画立案・実施	
		20	地域の栄養士会，生産者団体，PTA等との連携・調整	
		21	給食だよりの発行	
		22	学校給食を通じて，家庭及び地域との連携を推進するための各種事業の策定及び実施に参画する	
学校給食管理	**1．学校給食基本計画への参画**			
		23	学校給食に関する基本計画の策定に参画する	
		24	学校給食の実施に関する組織（学校給食委員会等）に参画する	

	2．栄養管理	
25	学校給食における所要栄養量及び食品構成に配慮した献立の作成。献立作成委員会等への参画・運営	
26	食事状況調査，嗜好調査，残食量調査等の実施	
	3．衛生管理	
27	衛生管理全般	
28	学校保健委員会等への参画	
	4．調理指導その他	
29	調理及び配食に関する指導	
30	学校給食の食事内容及び児童生徒の食生活の改善に資するため，必要な調査研究を行う	
31	その他学校給食の栄養に関する専門的事項の処理にあたり，指導，助言または協力する	

【　B．発達障害等の児童生徒の食・食行動に関する困難・ニーズとその支援体制　】

◆　発達障害等の児童生徒の食に関する実態把握状況　◆

21. 児童生徒の学校給食等に関わる疾患，障害，要望（摂取禁止の食物や形態の要望など）の把握をしていますか。

　　①している（どのように：　　　　　　　）　②していない　③その他（　　　　　）

22. 2015年度において発達障害と思われる特別な配慮を要する児童生徒が在籍していますか。（診断の有無を問わない）

　　①いる（実人数　　　　　人）　②いない　③わからない
　　↓

障害種	①学習障害（LD）	②注意欠陥多動性障害（ADHD）	③アスペルガー症候群	④高機能自閉症	⑤自閉症	⑥広汎性発達障害	⑦軽度の知的障害	⑧その他	⑨分類しにくいが発達障害様の特徴を有する
のべ人数	人	人	人	人	人	人	人	人	人
⑧その他を具体的に：									

23. 7．でお答えいただいた生徒のうち，食に関する注意・配慮が必要な児童生徒はいますか。

　　①いる（実人数　　　　人）　②いない　③わからない
　　↓

資　料　317

	①食物アレルギー	②アナフィラキシーショック	③投薬による禁止食物がある	④水分摂取に注意が必要	⑤医師の指示による食事制限	⑥極端な偏食	⑦少食・過食	⑧異食	⑨その他
のべ人数	人	人	人	人	人	人	人	人	人
①食物アレルギーの対象食品を具体的に：									
⑧異食の内容を具体的に：									
⑨その他を具体的に：									

◆　**食に関する困難・気がかり**　◆

24. 栄養士等の立場から児童生徒の生活習慣や身体状況で心配していることは何ですか。また，発達障害等の児童生徒において心配していることは何ですか。○をつけてください。（複数回答可）

	児童生徒全体	発達障害等の児童生徒		児童生徒全体	発達障害等の児童生徒
①欠食（朝食欠食等）			⑨睡眠不足・睡眠リズム		
②偏食			⑩運動不足		
③小食			⑪不器用		
④拒食・過食			⑫感覚過敏		
⑤肥満			⑬不定愁訴		
⑥やせすぎ			⑭不安・ストレス・プレッシャー		
⑦家庭の食事内容			⑮慢性疲労		
⑧食事の時に家族団欒が少ない			⑯その他		
⑯その他を具体的に：					

25. 栄養士等の立場から学校給食における発達障害等の児童生徒の様子について，以下のことはどの程度，気にかかりますか。

①偏食　　5．非常に気がかり－4．やや気がかり－3．気がかり－2．わからない－1．特に問題ない

②食事量　　5．非常に気がかり－4．やや気がかり－3．気がかり－2．わからない－1．特に問題ない

③食具操作　　5．非常に気がかり－4．やや気がかり－3．気がかり－2．わからない－1．

特に問題ない

④食べこぼし　　５．非常に気がかり－４．やや気がかり－３．気がかり－２．わからない－１．特に問題ない

⑤咀嚼　　５．非常に気がかり－４．やや気がかり－３．気がかり－２．わからない－１．特に問題ない

⑥丸飲み・流し込み　　５．非常に気がかり－４．やや気がかり－３．気がかり－２．わからない－１．特に問題ない

⑦姿勢　　５．非常に気がかり－４．やや気がかり－３．気がかり－２．わからない－１．特に問題ない

⑧食事マナー　　５．非常に気がかり－４．やや気がかり－３．気がかり－２．わからない－１．特に問題ない

⑨離席　　５．非常に気がかり－４．やや気がかり－３．気がかり－２．わからない－１．特に問題ない

⑩食事中の意欲集中不足　　５．非常に気がかり－４．やや気がかり－３．気がかり－２．わからない－１．特に問題ない

⑪給食前の意欲集中不足　　５．非常に気がかり－４．やや気がかり－３．気がかり－２．わからない－１．特に問題ない

⑫給食後の落ち着きなさ　　５．非常に気がかり－４．やや気がかり－３．気がかり－２．わからない－１．特に問題ない

26. 以下に示す項目は発達障害の本人・当事者を対象に実施した先行調査で挙げられた食に関する困難です。貴校には以下のような発達障害等の児童生徒はいますか。いる場合には番号に○を，これ以外に食に関する困難を有する児童がいる場合にはその他にいくつでもお書きください。

①　人の輪の中でどのようにふるまえばいいのかわからないので会食はおそろしい。②　においの強い食品は食べられない。③　大人数の食事は，音や匂いなどの情報があふれて辛い。④　自分が予想していた味と違う味だと食べられない。⑤　魚の小骨は全部外さないとのどに引っかかってしまう。⑥　色や形以前に，見るだけで気持ち悪かったり，怖い食べ物がある。⑦　ブロッコリーは，体が受け付けない。⑧　頭をよく働かせているときには水分がほしくなり，四六時中ガバガバと水を飲んでしまう。⑨　納豆は体が受け付けない。⑩　異常に喉が渇き，一日に何リットルも飲み物を飲んでしまう。⑪　ひどい猫舌で熱いものを食べられない。⑫味が混ざるのが嫌なので，おかずをすべて食べてから，ご飯に移る食べ方をしてしまう。⑬自分が何を食べたいのかわからないので，毎日同じものを食べる。⑭　おなかがすくという感覚がよくわからない。⑮　きゅうりは体が受け付けない。⑯　サンドイッチなど片手で食べられるものは味を楽しむ余裕があるので食べやすい。⑰　箸の使い方が下手である。⑱　気が付いたらひどくおなかがすいていることがある。⑲　食堂，パン屋，魚売り場，レストランの厨房などはにおいが強く，吐き気をもよおす。⑳　いつもと違う順序，違う時間に食べることは苦痛である。㉑　ブッフェスタイルなど，いつもの給食と違うパターンで提供するとパニックになる。㉒　給食の食器具が使えない（他人と共用できない）。㉓　その他

> その他にあればぜひ記入してください。

◆　学校給食に関する発達障害等の児童生徒への指導・支援　◆

資料　319

27. 学校給食において児童生徒にどのようなことを指導していますか。また，発達障害等の児童生徒によく指導することは何ですか。○をつけてください。（複数回答可）

	児童生徒全体	発達障害等の児童生徒		児童生徒全体	発達障害等の児童生徒
①基本的な食事のマナー			⑦正しい食べ方に関すること		
②身支度や手洗い，歯磨きなどの衛生に関すること			⑧食べる量・食べ方等には個人差があること		
③配膳や盛り付けに関すること			⑨偏食をしないで食べること		
④感謝の気持ちで食事をすること			⑩残さず食べること		
⑤はしの使い方			⑪食品の栄養や働きに関すること		
⑥食事の姿勢に関すること			⑫その他		
⑦「正しい食べ方」を具体的に：					
⑫その他を具体的に：					

28. 偏食や感覚過敏など食に関する特別な配慮を要する発達障害等の児童生徒の給食等の場面における配慮実施の可能性（栄養士自身の対応のほか，学級担任等との連携・協働などの可能性）をお答え下さい。「２．たぶん実施できない」「１．実施できない」を選択した場合は理由を簡潔にお書きください。（同じ場合は「〃」で結構です）

5．すでに実施－4．すぐに実施できる－3．わからない－ 2．たぶん実施できない－1．実施できない			2・1を選択の場合，その理由を記入
咀嚼嚥下を容易にする	1．調理法を変えて柔らかくする	5－4－3－2－1	
	2．硬さや形・大きさを一口サイズに統一する	5－4－3－2－1	
	3．水分と固形物は分ける	5－4－3－2－1	
嫌いな感覚刺激を変化させる	4．調理法を変えて，嫌いな食感を変える	5－4－3－2－1	
	5．調理法を変えて，味を変える	5－4－3－2－1	
	6．擦って混ぜ，スープ等にして繊維質をなくす	5－4－3－2－1	

感覚刺激を混在させない	7. 野菜スープ等にして匂いを減らす	5－4－3－2－1	
	8. 料理を一つずつ食べさせる	5－4－3－2－1	
	9. （味が混ざらないように）一口ずつ終わらせる	5－4－3－2－1	
	10. 丼ものなどはご飯と具材を別皿に盛りつける	5－4－3－2－1	
好きな感覚刺激を利用する	11. 調理法を変え，好きな食感に変える	5－4－3－2－1	
	12. 味をしみこませる（ことこと煮込む）	5－4－3－2－1	
	13. 嫌いなものを好きな味覚刺激に混ぜる	5－4－3－2－1	
	14. 嫌いなものに好きな味覚刺激を徐々に混ぜる	5－4－3－2－1	
	15. 嫌いなものに好きな触覚刺激を徐々に混ぜる	5－4－3－2－1	
	16. 好きな聴覚刺激を組み合わせる	5－4－3－2－1	
	17. レンジで温める，作ったものをすぐに食べる	5－4－3－2－1	
	18. 見た目を見栄えよく，カラフルに盛り付ける	5－4－3－2－1	
初めての経験をさせ，食材を知る	19. 初めて・嫌いな食材でもまずは口に入れる	5－4－3－2－1	
	20. 食べないものも一応食卓に出す（給食では配膳する）	5－4－3－2－1	
	21. ゴミ箱を出して残すこともできるようにする	5－4－3－2－1	
	22. 似ている料理に挑戦する	5－4－3－2－1	
量やサイズの見通しをもたせる	23. スプーンに少量とって提示する	5－4－3－2－1	
	24. 量が見えるお椀に入れる	5－4－3－2－1	
	25. れんげですくってあげる	5－4－3－2－1	
	26. 少しずつ食べる量を増やす	5－4－3－2－1	
	27. 本人の希望する量を盛り付ける	5－4－3－2－1	
	28. 一緒に調理をする	5－4－3－2－1	

資　料　321

経験しをもたせる、見通し	29. 調理の経過を示したり，調理室見学などを行う	5 － 4 － 3 － 2 － 1	
	30. 一緒に買い物に行く（材料の搬入など，経過を示す）	5 － 4 － 3 － 2 － 1	
ルールを決めて見通しをもたせる	31. 「終わり」「次」を明確にする	5 － 4 － 3 － 2 － 1	
	32. 食べなくても皆の「ごちそうさま」と同時にすぐに片づける	5 － 4 － 3 － 2 － 1	
	33. 必ず同じものを食卓に出すが，食べなくてもよい	5 － 4 － 3 － 2 － 1	
	34. 好きなものを最後にするなど自分で順番を決めてよい	5 － 4 － 3 － 2 － 1	
嫌いな物に気づかせない	35. 容器を変更する・入れなおす	5 － 4 － 3 － 2 － 1	
	36. 少しずつ量を増やし，気づかせないようにする	5 － 4 － 3 － 2 － 1	
	37. 好きなものにわからないように混ぜる	5 － 4 － 3 － 2 － 1	
一貫性・同一性の保持	38. パニックを起こしても焦らない	5 － 4 － 3 － 2 － 1	
	39. 本人の好きな人・安心できる人がいつも介助する	5 － 4 － 3 － 2 － 1	
	40. 食事指導の内容・ポイントをいつも同じにする	5 － 4 － 3 － 2 － 1	
強制せず、頑張りを認める	41. ほめる・頑張りを認める	5 － 4 － 3 － 2 － 1	
	42. それとなく誘導し，介助者が強制・固執しない	5 － 4 － 3 － 2 － 1	
	43. 「前回食べられたのに今日食べられないのはおかしい」というような指導をしない	5 － 4 － 3 － 2 － 1	
	44. 「〇分間は黙って食べる」「三角食べ」など食べ方を強制・ルール化しない	5 － 4 － 3 － 2 － 1	
楽しい雰囲気を意識する	45. 家族（友達・教師）が楽しく食べているのを本人に見せる	5 － 4 － 3 － 2 － 1	
	46. 本人が楽しく食べて過ごすことを意識する	5 － 4 － 3 － 2 － 1	
	47. おなかがすくような運動等の学習を給食前にする	5 － 4 － 3 － 2 － 1	

	48. どのような配慮・支援があれば楽しく又は少しでも負担なく食べることができるのか，本人の声を傾聴する	5 － 4 － 3 － 2 － 1	
食事環境を同じにする・同一性の保持	49. 決まったメーカーにする（A社のB味など）	5 － 4 － 3 － 2 － 1	
	50. 同じ場所（椅子）で食べる	5 － 4 － 3 － 2 － 1	
	51. いつもと同じコップを選ばせる	5 － 4 － 3 － 2 － 1	
	52. 自宅環境と同じにする（仕切りを作る）	5 － 4 － 3 － 2 － 1	
違う環境を経験させる	53. 好きな料理で外食する	5 － 4 － 3 － 2 － 1	
	54. 様々な場所で食べる経験を積む	5 － 4 － 3 － 2 － 1	
	55. 落ち着いて食べられる別室を用意する	5 － 4 － 3 － 2 － 1	
その他にあればぜひ記入してください。			

14. 以下の項目は発達障害の本人・当事者を対象に実施した先行調査で挙げられた，発達障害の本人・当事者が求めている食に関する支援です。（　　）内はその意見を給食場面に置き換えた時に求めている支援内容です。貴校における感覚の過敏等，食に関する特別な配慮を要する発達障害等の児童生徒の給食等の場面における配慮実施の可能性（栄養士自身の対応のほか，学級担任等との連携・協働などの可能性）をお答え下さい。「2．たぶん実施できない」「1．実施できない」を選択した場合は理由を簡潔にお書きください。（同じ場合は「〃」で結構です）

5．すでに実施－4．すぐに実施できる－3．わからない－2．たぶん実施できない－1．実施できない		2・1を選択の場合，その理由を記入
野菜は匂いがしなくなるようにすべて火を通してほしい	5 － 4 － 3 － 2 － 1	
外食は個室だと食べられる（給食を個室・別室で食べることを認めてほしい）	5 － 4 － 3 － 2 － 1	
新しい食べ物は，事前に紹介されていれば大丈夫である（給食献立の詳細を事前説明してほしい）	5 － 4 － 3 － 2 － 1	
自分で選んだ食べ物は美味しく味わい，楽しむことができる（選択制の献立，または献立のなかから何を食べるか，量を自分で決めさせてほしい。配膳時に量を調整したり，どうしても食べられない食材を入れないなど自分で決めさせてほしい）	5 － 4 － 3 － 2 － 1	
こまめにおやつをつまむことを認めてほしい（給食以外の時間に持参した飴等を食べることを認めてほしい）	5 － 4 － 3 － 2 － 1	

大皿からとるおかずは取り皿を決めて，食べすぎを減らすようにしている（自分の適量がわかるような支援がほしい）	5－4－3－2－1	
空腹の目安として一番の頼りは時刻である（おなかがすいたという感覚がない，または優先順位が低いので，時刻を目安にするような支援がほしい）	5－4－3－2－1	
ガムを噛むと気持ちが安定する（気持ちの安定のためにガムをかむことを認めてほしい）	5－4－3－2－1	
一人にさせてもらえば，少しは食べられるときもある（みんなと一緒に食べることを強要しないでほしい）	5－4－3－2－1	
一度に少量ずつ何回も食べて，空腹になるのを防いでいる（空腹になると落ち着かないので，給食以外の時間にも何かを食べることを認めてほしい）	5－4－3－2－1	
食事は一人分ずつ分けてあると，食べる量がわかりやすいのでそうしてほしい（自分の適量・分量がわかるようにしてほしい）	5－4－3－2－1	
歯ごたえのあるものをふりかければ嫌いな食感をごまかせるときもある（ふりかけ等を持参して，ご飯等にかけることを認めてほしい）	5－4－3－2－1	
行きつけのお店では毎回同じ座敷，座る席順も同じなので安心できる（給食を食べる場所・席はいつも同じにしてほしい）	5－4－3－2－1	
舌触りが柔らかく，口の中に刺さらない食べ物は食べられる（揚げ物の衣などをはがして残すことを認めてほしい）	5－4－3－2－1	
硬い物は大きく切り，柔らかいものは細かく切り，フォークを使って食べると誤嚥が減る（自分の使いこなしやすい食具を使いたいので箸を使うことを強要しないでほしい）	5－4－3－2－1	
レタスを食べると頭の中が爽やかになり，よどんだ感じがなくなり，血がきれいになった感じがする（食べたいもの等を本人に聞いて，それを大事にしてほしい）	5－4－3－2－1	

みんなで食べるときには一皿でおしまいのものなら食べることができる（取り分けたりして加減することが難しいので，自分の分はこれだけとわかるようにしてほしい）	5 － 4 － 3 － 2 － 1	
野菜は和風・中華・青じそドレッシングをかけると雑草の臭いがかなり消えるのでそうしてほしい（野菜にドレッシング等をかけることを認めてほしい）	5 － 4 － 3 － 2 － 1	
キャベツの千切りは細くて，水にさらしてあると臭いが消えているので食べられる	5 － 4 － 3 － 2 － 1	
食べ物をつぶして，練り混ぜて食べると歯ごたえや舌触りをごまかせるのでそうさせてほしい（このような食べ方をしていても指摘しないでほしい）	5 － 4 － 3 － 2 － 1	
給食を残してしまっても，強い指導をしないでほしい（完食を強制しないでほしい）	5 － 4 － 3 － 2 － 1	
給食に食べられないものが多い場合は，お弁当を持参することを認めてほしい	5 － 4 － 3 － 2 － 1	
自分の食器具を持参することを認めてほしい	5 － 4 － 3 － 2 － 1	
その他にあればぜひ記入してください。		

◆　発達障害等の児童生徒の食・食行動支援体制　◆

34. 以下の栄養士等の業務において，食に関する配慮を有する児童生徒への対応経験・意識に○をつけてください。また，対応例を簡潔にお書きください。

業　務	対応経験・意識	
	ある・あった	必要・したい
1．食に関する配慮を要する児童生徒への個別的な相談指導		
1 偏食傾向，感覚の過敏やこだわり，強い痩身願望，肥満傾向，食物アレルギー及びスポーツを行う児童生徒等に対する個別の指導		
→対応例		
2 食行動や健康に配慮を要する児童生徒の保護者に対する個別の指導		
→対応例		
3 主治医，学校医，病院の栄養士等との連携・調整		
→対応例		

4	アレルギーやその他の疾病，発達障害やその他の障害をもつ児童生徒の対応・相談		
	→対応例		
5	「個別の指導計画」「個別の教育支援計画」作成に関与		
	→対応例		
6	望ましい食生活に関し，専門的立場から担任教諭等を補佐して，児童生徒に対して集団又は個別の相談・指導を行う		
	→対応例		
7	1．のその他		
	→対応例		
2．食に関する配慮を要する児童生徒の指導における連携・調整			
8	児童生徒の食生活の実態把握		
	→対応例		
9	食に関する指導（給食指導を含む），年間指導計画策定への参加		
	→対応例		
10	学級担任等との連携・調整		
	→対応例		
11	養護教諭，特別支援教育コーディネーター等との連携・調整		
	→対応例		
12	特別支援教育推進のための「校内委員会」やケース会議への参加		
	→対応例		
13	給食主任等校務分掌の担当，職員会議への参加		
	→対応例		
14	2．のその他		
	→対応例		

35. 校内の会議や教職員との会話のなかで発達障害等の児童生徒の感覚過敏の問題が話題になりますか。
　　①いつもなる　　②ほほなる　　③わからない　　④ほとんどならない　　⑤ならない
36. 校内の会議や教職員との会話のなかで発達障害等の児童生徒の不定愁訴の問題が話題になりますか。
　　①いつもなる　　②ほほなる　　③わからない　　④ほとんどならない　　⑤ならない

37. 校内の会議や教職員との会話のなかで発達障害等の児童生徒の睡眠の問題が話題になりますか。
　　①いつもなる　　②ほぼなる　　③わからない　　④ほとんどならない　　⑤ならない

38. 校内の会議や教職員との会話のなかで発達障害等の児童生徒の食・食行動の問題が話題になりますか。
　　①いつもなる　　②ほぼなる　　③わからない　　④ほとんどならない　　⑤ならない

39. 職員会議や日常の職員室などにおいて，発達障害等の児童生徒の食に関する支援方法等についてあなたと教職員間の相談・情報の共有・助言等が行えていると思いますか。
　　①十分に行えていると思う　　②まあまあ行えていると思う　　③わからない　　④あまり思わない
　　⑤思わない

40. あなたは発達障害等の児童生徒の食・食行動支援のために，他の教職員との情報共有や，接続する学校からの移行支援としてどのような情報を知りたいですか。
　　①食物等アレルギー疾患　　②食支援の必要な疾患　　③食支援の必要な障害　　④偏食等の食に関する支援事項　　⑤感覚情報処理に関する困難（感覚の過敏・低反応）　　⑥その他
　　（　　　　）　　⑦特にない

41. あなたは障害児者の栄養管理・食事指導のあり方について学んだことがありますか。
　　①ある（どのような機会に：　　　　　　　　　　　　　　　）　　②ない

42. あなたは発達障害等の児童生徒の食・食行動支援のために研修を受けたいと思いますか。
　　①ある（どのような機会に：　　　　　　　　　　　　　　　）　　②ない

43. 貴校では発達障害等の児童生徒の食・食行動支援のために教職員の研修が必要だと思いますか。
　　①とてもそう思う　　②まあまあそう思う　　③わからない　　④あまり思わない　　⑤思わない

44. 貴校の児童生徒の食・食行動についてアドバイスが受けられる外部専門家はいますか。
　　①いる〔①口腔リハビリ専門家　②医師　③他の栄養士　④研究者　⑤その他（　　　　　）〕
　　②いない

45. 教職員がいつでも必要に応じて相談できる専門家との連携があるなど，発達障害等の児童生徒と関わる教職員への支援体制は十分だと思いますか。
　　①十分であると思う　　②まあまあであると思う　　③わからない　　④あまり思わない
　　⑤思わない

46. 食に関する困難を有する発達障害等の児童生徒に対応するために，校外機関と連携・協力をしたことがありましたか。
　　①ある　　②ない
　　　↓連携先をお答えください。（複数回答可）
　　①教育センター　②教育委員会　③保健所・保健センター　④福祉課　⑤児童相談所　⑥医療機関　⑦特別支援学校　⑧本人が通っている支援機関　⑨その他（　　　　　）

47. 貴校では発達障害等の児童生徒の食・食行動支援のために，文科省の示す特別支援教育体制の「巡回相談員の活用」が必要だと思いますか。
　　①とてもそう思う　　②まあまあ必要と思う　　③わからない　　④あまり思わない　　⑤思わない

48. 貴校では発達障害等の児童生徒の食・食行動支援のために，文科省の示す特別支援教育体制の「専門家チームの活用」が必要だと思いますか。

資　料　327

①とてもそう思う　　②まあまあ必要と思う　　③わからない　　④あまり思わない　　⑤思わない

49. 食に関する困難を有する発達障害等の児童生徒を支援するために校外機関からの支援として，必要とするものがあれば具体的にお答えください。

50. 学習指導要領に学校給食の目的や食育の推進が記載されていることをご存知ですか。
①知っている　　②知らない

51. 学校給食法には以下の記述がありますが，そのことをご存知ですか。　　学校給食法（平成21年一部改正）第三章「学校給食を活用した食に関する指導」の第10条「栄養教諭は，児童又は生徒が健全な生活を営むことができる知識及び態度を養うため，学校給食において摂取する食品と健康の保持増進との関連性についての指導，**食に関して特別の配慮を必要とする児童又は生徒に対する個別的な指導**その他の学校給食を活用した食に関する実践的な指導を行うものとする。この場合において，**校長**は当該指導が効果的に行われるよう，学校給食と関連付けつつ，当該義務教育諸学校における**食に関する指導の全体的な計画を作成すること**その他の必要な措置を講ずるものとする」。また同条三項では「**栄養教諭以外の学校給食栄養管理者は，栄養教諭に準じて，第一項前段の指導を行うよう努めるものとする。**」
①知っている　→（①これに則り指導を実施　②具体的指導には至っていない　③現在検討中）　　②知らない

52. 文部科学省「食に関する指導の手引き」（2007年）には以下の記述がありますが，そのことをご存知ですか。
「障害のある児童生徒が，将来自立し，社会生活する基盤として，望ましい食習慣を身につけ，自分の健康を自己管理する力や食物の安全性等を自ら判断する力を身につけることは重要である。」
①知っている　→（①これに則り指導を実施　②具体的指導には至っていない　③現在検討中）　　②知らない

53. 文部科学省「食に関する指導の手引－第1次改訂版－」（2010年）には以下の記述がありますが，そのことをご存知ですか。　　第4章2「給食の時間における食に関する指導」特に留意すべき項目に「個に応じた指導」
「食事の量，食べる速度，嗜好等について個別に把握し，指導の必要がある場合には，少しずつ根気強く改善に向けた対応や指導を行うことが大切である。その際には，**保護者の理解と協力を得るとともに，学級担任と栄養教諭が連携・協力を図る必要がある。特に，食物アレルギー，肥満傾向，痩身願望等，専門的な立場から個別的な指導を必要とする場合には，学級担任，栄養教諭，養護教諭，学校医，担当医，保護者等の連携のもと，一人一人の食生活の実態を把握した上で個に応じた対応や相談指導を行うことが大切である。**」
①知っている　→（①これに則り指導を実施　②具体的指導には至っていない　③現在検討中）　　②知らない

54. 文部科学省「食に関する指導の手引－第1次改訂版－」（2010年）には以下の記述がありますが，そのことをご存知ですか。　　第6章「個別的な相談指導の進め方」「個別的な相談指導においては，食習慣以外の生活習慣や心の健康とも関係することが考えられるので，**学級担任，養護教諭，他の教職員，スクールカウンセラー，学校医，主治医などとも密接に連携をとりながら，共通理解のもと，適切に対応すること**が大切である。」また，「**保護者への助言・支援や**

働き掛けを合わせて行うことが重要である。このためには校内において，例えば『個別相談指導委員会』のような組織を立ち上げるなど指導体制を整える必要がある。」また，「改善目標は対象の児童生徒との合意により決定していくことが大切であり，」「個に応じた指導計画を作成し，指導内容や児童生徒の変化を詳細に記録するとともに，必ず評価を行いながら，対象の児童生徒にとって適正な改善へ導く。」

①知っている　→　（①これに則り指導を実施　②具体的指導には至っていない　③現在検討中）　②知らない

55. 質問32～35に記した対応の対象として，感覚の過敏・低反応（感覚情報調整処理障害）や極度の偏食，食事の内容や環境等に困難・支援ニーズを有する児童生徒も含めて考えていくことが必要だと思いますか。

①必要　　②少しは必要　　③わからない　　④あまり必要でない　　⑤必要ではない

56. 学校給食でも児童生徒の心身状態・ニーズに適した個別の対応が広まることが必要だと思いますか。

①必要　　②少しは必要　　③わからない　　④あまり必要でない　　⑤必要ではない

57. 食・食行動に関する困難・ニーズを有する発達障害等の児童生徒への支援を進めていくためにご意見をお持ちでしたらご自由にお書きください。

本調査へのご協力，心より感謝を申し上げます。ありがとうございました。

あ と が き

　東京学芸大学総合教育科学系特別支援科学講座の高橋智研究室では約15年間，障害・病気や不登校・不適応・被虐待・非行等の各種の「育ちと発達の困難」を有する子ども・若者の当事者調査研究に集中的に取り組んできた。

　例えば，「卒業生からみた中学校『通級指導学級（相談学級）』と不登校生徒支援のあり方－卒業生とその保護者への質問紙調査から－」「病気療養児の進路と移行支援ニーズの検討－全国病弱養護学校高等部在籍生徒への質問紙調査から－」「障害を有する外国人児童生徒の教育貧困の実態－本人・保護者及び学級担任への面接法調査から－」「少年院における発達上の課題を有する少年の困難・支援ニーズの実態と発達支援の課題－『支援教育課程Ⅲ (N3)』在院者への面接法調査を通して－」等の研究課題に取り組み，面接法調査・質問紙法調査を通して，これまでに国内外において3,000人以上の子ども・若者を中心とする当事者の声を聴いてきた。

　また，発達障害等の発達上の課題を有する子ども・若者が直面する「育ちと発達の困難」に絞っても，「自己理解，学校不適応，感覚過敏・低反応，身体症状（身体の不調・不具合），身体の不器用，体育・スポーツの困難，皮膚感覚，食の困難，睡眠困難，被虐待・養護問題，触法・非行，生きづらさ」などの諸問題について当事者調査研究を行い，当事者が抱える「育ちと発達の困難」の実態や求めている理解・支援について検討してきた。現在は，発達障害等の発達困難を有する小・中・高校生を対象に「生きづらさ」「睡眠困難」の当事者調査を実施中であるが，なお「排泄」「性」等の大きな課題が残されている。

　これらの当事者調査研究に取り組んできたのは，調査の過程において「子

どもの声を傾聴し，読み解きながら支援のあり方を検討する」「本人のこと
は当事者本人に聞くのが，一番の理解と支援」ということを実感したからで
ある。また，児童発達支援センター・少年院等における日々の発達相談臨床
や小・中学校の巡回相談において，当事者のニーズと周囲の理解・支援のミ
スマッチやパターナリズムをなくしていくためには，周囲から気づかれにく
い困難や支援ニーズを当事者の声から丁寧に傾聴し，その中から具体的な発
達支援のあり方を当事者とともに究明していくことが肝要であり，またその
ことが当事者を大きくエンパワメントし，当事者の回復や発達につながる発
達支援になると経験したからである。

　本書『発達障害等の子どもの食の困難と発達支援』は，これらの当事者調
査研究の一環として取り組んできたものである。筆者らの日々の発達相談臨
床・学校巡回相談においても，食に関する親子の困難・苦悩は多く，それに
比して発達障害等の子どもの食の困難の実態解明と発達支援に関する研究が
乏しいことが，本研究に取り組む大きな原動力となっている。

　さて，食べることを楽しみにできることは暮らしや人生を豊かにする。人
の一生を90年，１日の食事回数を３回と仮定した場合，私たちは生涯で
98,550回の食事をすることになる。そのうち，義務教育の学校給食だけでも
約1,600回と試算できる。その約10万回もの食事において，「わがまま」「自
分勝手」「躾が悪い」と思われている当事者・保護者は，その多くが実は本
書で明らかになったような食の困難を抱え，支援を求めていると想定するな
らば，そのあまりの落差・無理解に大きな衝撃を受けるのは筆者たちだけで
あろうか。

　高橋研究室では四半世紀にわたり，北欧・エストニアにおける「障害・心
身症・うつ・摂食困難・自傷・依存・自殺・暴力・非行」等の発達上の課
題・困難を有する子ども・若者の特別ケアの実際に関する訪問調査研究に取
り組んできた。その取り組みの一環として，本書にかかわる調査研究をまと

あとがき　331

めながら，2018年3月，スウェーデンの「ストックホルム県立摂食障害セン
ター（SCÄ：Stockholms centrum för ätstörningar)」の児童・青少年診療部門を
調査訪問し，医師・カウンセラー・院内学校教師・子ども本人等へのインタ
ビューを行った。この摂食障害センターの特徴は，①治療のなかに学校教育
が組み込まれていること，②患者である「子ども」だけでなく，「家族」も
当事者として一緒に治療に参加する家族包括型の支援を重視した治療を通し
て発達支援を行っていることである。

　スウェーデンにおける摂食障害の子ども・若者と家族への発達支援に関す
る訪問調査から，摂食障害を子ども本人の問題に帰することなく，家族をエ
ンパワメントし，家族が摂食障害の子ども・若者の力になれることを第三者
が伝えて支えることが，摂食障害の治療や発達支援の核となることが明らか
になった。
　摂食障害センターのスタッフたちは「ここに親子が一緒に来たら絶対によ
くなる」という信念をもって治療・発達支援にあたるとともに，摂食障害の
治療・発達支援は時間がかかるので，「いつでもここに戻ってきていいよ」
と伝え続ける。親が行きつ戻りつする「子ども」を受け入れながら向き合っ
ていけるように対応し，再来院の時には成人になっていたとしても支援を継
続する体制が整っている。
　また，治療終了後に親がうまく対応できていない場合には，親子ともに支
援することが可能である。例えば，親自身に精神疾患や依存症などの支援ニ
ーズがある場合，親子の入院期間を延長して，一層丁寧な治療・支援を行っ
たり，経済的支援などの福祉サービスとの連携，後見人や行政関係者を含め
た子どものニーズに関する話し合いなど，家族の状況に応じて入院中や退院
後の生活や家族の関係性を見通した支援を調整していく。

　このようにスウェーデンにおいては，家族も含めて治療・発達支援をして

いくことが，摂食障害の子ども・若者の予後を良好にしていくと考えられている。家族をエンパワメントしつつ，摂食障害の子ども・若者や家族を孤立させず，学校教育も含めて通院・入院中も途切れることのない「子どもの日常」を保障することの重要性を確認できた。

それに比して日本では，食への対応は「家庭の問題」「親の躾の範疇」等と受け取りがちであるが，本書でも示したように，栄養・保健・医療と学校教育・福祉が連携・協働して早期から介入し，子どもと家庭をエンパワメントしながら発達支援していくシステムの開発が不可欠な課題である。保護者とくに母親の孤立の予防と早期支援の重要性を改めて痛感している。

さて，上記のような経緯で成立した本書は，以下のとおりに，書下ろしと発表掲載論文の大幅な加筆修正によって構成されている。なお，序章から終章および文献・資料編を含めてすべて，田部と髙橋の共同作業によるものである。

序　章　研究の課題と方法（書き下ろし）
第1章　発達障害等の子どもの食の困難と支援に関する研究動向
　　　　①田部絢子（2016）発達障害児の食に関する困難・ニーズと支援，『SNE ジャーナル』第22巻1号，pp. 22-37，日本特別ニーズ教育学会。②田部絢子（2016）食の困難の理解と支援―わがままと捉えた厳しい指導は困難を増幅させる―，『実践障害児教育』第44巻4号，pp. 22-25。
第2章　高校生以上の発達障害当事者調査からみた食の困難の実態と支援ニーズ
　　　　①髙橋智・斎藤史子・田部絢子・石川衣紀・内藤千尋（2015）発達障害者の「食」の困難・ニーズに関する研究―発達障害の本人調査から―，『東京学芸大学紀要総合教育科学系Ⅱ』第66集，pp. 17-72。②田部絢子・斎藤史子・髙橋智（2015）発達障害を有する子どもの「食・食行動」の困難に関する発達支援研究―発達障害の本人・当事者へのニーズ調査から―，『発達研究』第29巻，pp. 47-60，公益財団法人発達科学研究教育センター。
第3章　学齢期を含む発達障害の当事者調査からみた食の困難の実態と支援ニーズ

①髙橋智・田部絢子（2017）当事者調査に見る「食の困難」の実態－発達障害と食の困難・支援ニーズ③－，『内外教育』第6598号，pp. 6-9，時事通信社。

第4章　発達障害等の子どもの保護者調査からみた食の困難の実態と支援ニーズ

①髙橋智・田部絢子（2017）保護者調査から探る「食の困難」の実態－発達障害と食の困難・支援ニーズ④（完）－，『内外教育』第6599号，pp. 6-8，時事通信社。②田部絢子（2018）発達障害児・者の「食の困難」の実態と支援の課題－当事者・保護者調査から探る－，『教育と医学』第66巻4号（通巻778号），pp. 76-86。

第5章　特別支援学校・学級等の教師調査からみた発達障害等の子どもの食の困難の実態と支援の課題

①田部絢子・髙橋智（2017）発達障害児の「食」の困難・ニーズの実態と支援の課題－都内小・中学校特別支援学級・通級指導学級，知的障害特別支援学校への質問紙法調査から－，『東京学芸大学紀要総合教育科学系Ⅱ』第68集，pp. 81-113。②髙橋智・田部絢子（2017）学校給食での困難の実態と支援の課題－発達障害と食の困難・支援ニーズ①－，『内外教育』第6594号，pp. 4-7，時事通信社。

第6章　特別支援学校等の学校栄養職員調査からみた発達障害等の子どもの食の困難の実態と支援の課題

①髙橋智・田部絢子（2017）学校栄養職員，多様な「食の困難」把握－発達障害と食の困難・支援ニーズ②－，『内外教育』第6596号，pp. 4-7，時事通信社。②田部絢子・髙橋智（2018）発達障害児の「食の困難」の実態と支援の課題－都内の小・中学校および知的障害特別支援学校の管理栄養士等の調査から－，『東京学芸大学紀要総合教育科学系Ⅱ』第69集，pp. 81-106。

終　章　研究の総括と今後の課題（書き下ろし）

　最後に，調査にご協力いただいた発達障害当事者と保護者の皆様，都内小・中学校特別支援学級・通級指導学級，知的障害特別支援学校の教職員の皆様に厚く御礼申し上げるとともに，髙橋研究室・田部研究室において筆者らの当事者調査研究をサポートしていただいた斎藤史子氏のほか研究室メンバーにも感謝申し上げる（髙橋研究室：石川衣紀・長崎大学准教授，内藤千

尋・松本大学専任講師，池田敦子・東海学院大学准教授，小野川文子・名寄市立大学准教授，石井智也・日本福祉大学助教／東京学芸大学大学院博士課程，能田昂・白梅学園大学助教／東京学芸大学大学院博士課程，柴田真緒・埼玉県立所沢特別支援学校／東京学芸大学大学院修士課程，神長涼・横浜市立若葉台特別支援学校，高松健太・東京学芸大学大学院修士課程，学部生：井上幸大・冨塚楓・直塚咲・森重日菜子・矢野竜太郎・平井優美，田部研究室学部生：阿部明樹・飯田あす香・田中裕己）。

　また，本書の出版にご尽力いただいた風間書房社長の風間敬子氏，および斉藤宗親氏に心より謝意を表したい。そして本書は，「2018年度立命館大学産業社会学会学術図書出版助成」（助成代表：田部）を受けて刊行されるものである。

　なお，本研究のもとになった各種の調査研究に対して，①公益財団法人発達科学研究教育センター「平成25年度発達科学研究教育奨励賞」，②「第4回（平成25年度）公益財団法人カシオ科学振興財団研究協賛事業」，③博報財団（公益財団法人博報児童教育振興会）「第9回児童教育実践についての研究助成事業」，④公益財団法人三菱財団「第45回（平成26年度）三菱財団社会福祉事業・研究助成」，⑤公益財団法人マツダ財団「第30回（2014年度）マツダ研究助成－青少年健全育成関係－」，⑥公益財団法人飯島藤十郎記念食品科学振興財団「平成26年度学術研究助成金」，⑦博報財団（公益財団法人博報児童教育振興会）「第9回児童教育実践についての研究助成事業継続助成（アドバンストステージ）長期」，⑧博報財団（公益財団法人博報児童教育振興会）「第9回児童教育実践についての研究助成事業優秀賞」，⑨科学研究費補助金「若手研究（B）」（2016年～2019年，16K17476），⑩平成28年度公益財団法人マリア財団研究助成より多くのご支援をいただいた（いずれも研究代表は田部）。記して深く感謝申し上げる。

2018年10月

髙橋智・田部絢子

索　引

〈あ行〉

青魚　78
顎　3, 21, 36, 77
味　16, 17, 19, 33, 34, 35, 46, 48, 50, 51, 56,
　79, 80, 88, 115, 124, 127, 135, 149, 151,
　194, 209
味付け　61
味付け海苔　137
アスペルガー症候群　21, 22, 29, 30, 110,
　192
アナフィラキシー　78, 126, 175
アナフィラキシーショック　84, 175, 192,
　202
飴　26, 76, 120, 160, 181, 200, 201
アルカリ　78
アルコール　39
アルミ製食器　48
アレルギー　2, 15, 39, 40, 64, 65, 78, 106,
　115, 174, 191, 198
アレルギー食　207
アレルギー対応　173
アレルゲン　78, 144
安心　107, 108, 133
安心・安全・信頼　3, 27, 106, 218
安全性（面）　4, 184, 207, 211
生きづらさ　12, 329
育児　23, 138
育児困難　23, 139, 140, 216, 219
育児ストレス　138, 139, 140, 216, 219

育児相談　139, 216, 219
育児負担　15
育児不安　138, 139, 216, 219
いじめ　1, 106, 213
異食　2, 11, 19, 22, 78, 79, 84, 106, 111,
　126, 132, 176, 178, 184, 208, 211, 213
イースト菌　78
移行支援　203, 210, 329
依存症　330, 331
痛み　77
胃腸症状　11
胃腸の働き　36, 77
犬喰い　157, 197
居残り　54, 55, 82, 107, 214
異物　3, 27, 218
意欲　125, 137
医療機関　84, 165, 167
医療ケア　164
医療センター　19
インクルーシブ教育　184, 211
インスタント食品　23, 138
インフォームドコンセント　84, 110
齲蝕　12
うつ　329
うどん　132
梅干しの種　120
運動　11, 88, 177, 182
運動遊び　88
運動不足　88, 115
栄養改善　24

栄養学　18, 132

栄養管理　26, 160, 163, 180, 181, 182, 183, 190, 203

栄養教諭　4, 169, 183, 185, 191, 204, 205, 206, 211, 212, 213, 217

栄養士・管理栄養士　4, 100, 103, 147, 160, 163, 164, 172, 173, 174, 180, 186, 189, 190, 191, 201, 204, 207, 208, 211, 212, 213, 217

栄養・食事指導　4, 217

栄養摂取（量）　17, 183

栄養妥当性　17

栄養不足　75

エネルギー充足度（率）　10, 18

エピペン　172

遠位感覚　17

嚥下　3, 14, 21, 179, 196

嚥下困難　13

エンパワメント　219, 330, 331, 332

塩分　31, 38, 44

おいしさ　76

大人数の食事　51, 52, 56, 151, 194

おしゃぶり　12

音　16, 48, 50, 51, 52, 56, 80, 151, 194

親子料理教室　191

おやつ　18, 20, 26, 59, 60, 72, 74, 160, 180, 181

温度　16, 17, 19, 22, 35, 76

温度覚　76

〈か行〉

開口　178

会食　51, 52, 56

介助方法　20

介助者　161, 179, 197

海藻　124

外国人児童生徒　329

外食　50, 51, 70, 72, 81, 97, 125, 137

外部専門家　164, 167, 182, 203, 204

買い物　97

カウンセラー　331

柿　38, 39, 103

かきこみ食べ　14

学習困難　88, 115, 135

学習指導要領　167, 183, 185

学習障害（LD）　29, 30, 83, 84, 109, 110, 192

学童期　176

学齢期　83

果実　19, 35

過食　11, 45, 84, 111, 126, 144, 174, 175

家族　1, 9, 23, 60, 97, 100, 125, 127, 134, 137, 138, 160, 179, 197, 219, 331, 332

家族の関係（性）　9, 139, 331

家族団らん　23, 138

家族包括型支援　219, 331

硬い食べ物　26

肩こり　88

硬さ（固さ）　33, 88, 118

（学級）担任　142, 147, 163, 174, 180, 184, 185, 198, 201, 205, 206, 208, 211, 212, 216, 217, 329

学校　24, 25, 50, 51, 100, 107, 127, 139, 173, 174, 183, 190, 191, 211, 216

学校医　185, 191, 206

索　引　337

学校栄養職員（管理栄養士・栄養士・栄
　養教諭）　4, 5, 7, 132, 133, 142, 180, 189,
　190, 191, 201, 203, 207, 209, 210, 211,
　212, 213, 217, 218
学校給食　24, 25, 26, 45, 50, 51, 52, 54, 55,
　76, 77, 79, 80, 82, 88, 91, 93, 105, 107,
　121, 139, 141, 144, 148, 149, 155, 160,
　167, 175, 179, 180, 181, 183, 190, 191,
　196, 198, 330
学校教育　4, 217, 331, 332
学校給食法　24, 169, 183, 185, 204
学校生活　133
家庭環境　15
カップラーメン　194
カトラリー　69, 80, 82, 214
過敏症　39
過敏性　1, 27, 106
カフェイン　41, 42, 78
ガム　22, 26, 61, 62, 74, 76, 161, 180, 181,
　200, 201
からし　43, 44
カリウム　17
カルシウム　17, 28
カレーライス　132
カロリー摂取　17
感覚過敏　2, 3, 12, 13, 16, 20, 25, 26, 27,
　104, 124, 147, 151, 162, 167, 172, 176,
　178, 179, 181, 183, 184, 186, 193, 194,
　197, 198, 209, 211, 214, 218
感覚器系　29, 33, 35, 61, 76
感覚刺激　20, 26, 76

感覚情報処理障害（感覚過敏・低反応）
　1, 15, 22, 76, 105, 108, 126, 133, 157, 172,
　203, 206, 207, 213, 215, 329
感覚処理　16, 151, 194
感覚対応食　20
感覚統合　18, 166
感覚特性　17
感覚の感受性　26
環境調整　103
環境の変化　88, 115
かんしゃく　115, 135
完食　97, 100, 107, 127, 133, 134, 157, 160,
　200
間食　201
感触　35
完全自校調理給食　143, 190
甘味嗜好　17
キウイフルーツ　78, 88, 175
喫食　93, 121, 209
気道過敏　115
機能不全・脆弱性　78
きのこ　124
基本的恒常性維持システム　9, 10, 12, 27
虐待　133
キャンプ　121
給食献立　133
給食試食会　191
給食指導　172, 173, 184, 207, 211
給食センター　160, 167, 198
給食時間　93, 103, 173, 185
給水　60, 76
牛乳　18, 43, 132, 177, 194, 196
嗅覚　16, 76

きゅうり　43, 44, 78
教育委員会　165, 190, 191, 204
教育センター　166, 204
教育貧困　329
教師（教員，教諭）　4, 5, 7, 139, 141, 166,
　　174, 191, 213, 215, 216
共食　9, 10
教職員研修　164, 166, 182, 203, 210
強制　160, 179, 197, 200
きょうだい　16
協働　140, 216, 218
強迫傾向　10
恐怖心（感）　79, 82, 132, 215
拒否反応　27
魚肉類　18
魚類　144
近位感覚　17
金属音　69
緊張　13
空腹　22, 25, 31, 59, 60, 74, 75, 76, 180
空腹感　151, 196
果物　16, 19, 103, 132, 144, 175
口呼吸　14
経験知　81
継次処理　18
傾聴　3, 108, 160, 180, 197, 219, 330
鶏卵　175
血圧　10, 77, 176, 209
血管　77
欠食　193, 209
血糖コントロール　201
血糖値　38, 75
嫌悪反応　13

健康　4, 24, 27, 171, 176, 184
健常　17, 18, 26, 77, 80
下痢　11, 22, 36, 37, 77
幻覚　22, 40
言語聴覚士（ST）　165, 166, 182, 204
合意形成　25
構音　14
校外機関　165, 166, 167, 182, 183, 204,
　　210
甲殻類　144, 175
甲殻類アレルギー　39
高機能自閉症　22, 29, 30, 192
呼吸　39, 40
口腔　13, 14, 19, 20, 187, 217
口腔衛生　12
口腔過敏　132
口腔機能　14, 15, 124, 180
口腔機能発達不全症　12, 14, 15
口腔ケア　14
口腔リハビリテーション　14, 127, 131,
　　164, 165, 182, 187, 204, 210, 212, 217
口唇　13, 157, 179
香辛料　120
合成界面活性剤　41, 42
硬度　26
高度肥満　11
校内委員会　191
広汎性発達障害　11, 12, 15, 29, 30, 110,
　　144, 192
香味　61
香味野菜　63, 64
交流　177, 182
合理的配慮　25, 125, 174

誤嚥　36, 37, 63, 77, 178

誤学習　178

コーヒー　38, 39, 44, 132

コーンスープ　103

五感　76

穀類　144

固執　43, 57, 88, 115, 179, 197

個室　100

個人情報保護法　84, 110

子育て　3, 139, 216, 219

子育て不安　23

こだわり　1, 14, 20, 21, 24, 88, 115, 135,
　137, 138, 151, 172, 174, 180, 196, 202,
　218

子どもの権利条約　219

子どもの日常　332

子ども・若者　329, 330, 331, 332

個に応じた指導　185

個別課題　209

個別的指導　173, 185, 205, 206, 207

個別的対応　167, 172, 180, 183, 187, 204,
　207, 216

個別配慮　160, 198

個別の教育支援計画　186, 191, 211

個別の指導計画　147, 191, 192

コミュニケーション　1, 11

米　46, 48, 132

孤立　139, 216, 332

献立　81, 97, 125, 137, 196

〈さ行〉

魚の小骨　36, 37, 56, 151, 194

作業療法士（ＯＴ）　17, 165, 166, 182,
　204

サクランボの種　120

刺し箸　157, 197

サッカリン　41, 42

砂糖　78

寒気　38, 39

三角食べ　157, 179, 197

残菜　207, 208

サンドウィッチ　88

支援員　204

支援教育課程Ⅲ（Ｎ３）　329

塩　78

塩味　12

歯科　15, 183

歯科医　131

歯科衛生士　165, 166, 182, 204

歯科保健学　18

視覚　16, 21, 76

視覚過敏　2, 21, 214

歯茎　65

刺激物　41, 42, 78

嗜好　107

自己管理　24, 171, 184

自己理解　329

自殺　330

自傷　11, 330

視床下部　75

自傷行為　148

自信　125, 137

姿勢　88, 93, 115, 121, 135, 136, 148, 149,
　157, 177, 179, 194, 197, 209

姿勢保持　13, 178

事前説明　81

舌　36, 124, 147, 177

下あご　13, 179

舌触り　2, 17, 33, 61, 63, 66, 118, 135, 214

躾　1, 106, 120, 125, 213, 330, 332

叱責　1, 106, 125, 137, 213

児童精神科　127

児童相談所　165, 204

児童発達支援センター　330

歯肉健康　12

自閉傾向　10, 11, 18

自閉症スペクトラム障害（ASD）　2, 3,
　10, 11, 12, 14, 15, 16, 17, 18, 19, 20, 21,
　22, 24, 80, 106, 110, 144, 172, 178, 180,
　192, 213, 214

社会性　1

社会生活　4, 24, 171, 176, 184

就寝時間　88, 115

集団不適応　148

集中力　88, 115, 135, 176

主治医　165, 166, 182, 185, 191, 206

ジュース類　18

主体性　106

主体的　18, 106, 107, 218

授乳期　121, 136

巡回相談　166, 182, 210, 212, 217, 330

循環器系　29, 38, 39, 63, 65, 77

消化　66, 77

障害　134, 144, 174, 175, 184, 191, 205,
　208, 210, 211, 212, 217, 329, 330

障害特性　137, 173

障害者の権利条約　219

消化器系　29, 36, 63, 77

消化器症状　11

消化吸収　37

消化吸収能力　78

錠剤　65, 115, 135

少食　84, 111, 126, 144, 175

招待給食　191

小児栄養障害　15

小児科　127

少年院　329, 330

情報の共有・交換　163, 182, 203, 210,
　212, 217

除去食　171, 207

食育　133, 134, 167, 183, 185, 208

食感　19, 118, 127, 133, 180, 194, 214

食環境　20

食器具　1, 106

食具　93

食具操作　14, 24, 149, 177

食形態　23

食行動　16, 24, 25, 174

食支援　27, 164, 166, 182, 203

食事介助　125, 137

食事環境　1, 24, 96, 106, 213

触覚　76

触刺激　22, 79

食嗜好　3, 20, 27, 29, 43, 44, 45, 66, 67, 79,
　198

食事時間　138, 177

食事制限　84, 126

食指導　4, 10, 108, 163, 182, 203

食事指導　25

食事内容　24

食事場所　50, 51, 70, 81, 107, 214

索　引　341

食事マナー　24, 120, 147, 148, 149, 155,
　157, 177, 179, 194, 197, 209
食習慣　4, 19, 24, 171, 172, 183, 184
食事量　29, 44, 56, 68, 69, 73, 79, 82, 93,
　120, 121, 136, 194, 209, 214
食生活　11, 21, 137, 177, 191, 214
食生活指導　18
食生活の困難　26
食卓　9, 124, 127, 160
食卓用品　29, 48, 49, 56, 69, 80
食中毒　162
食に関する注意の必要な子ども　144,
　175, 191, 208
食に関する特別な配慮　26, 157, 160, 173,
　179, 181, 184, 197, 210
食発達　21, 23
食品添加物　65, 78
食物アレルギー　1, 25, 39, 84, 111, 126,
　144, 171, 175, 184, 185, 186, 187, 191,
　192, 205, 207, 211, 216, 217
食物形態（大きさ，粘度，味付け）　23,
　138
食物嗜好　17
食物選択性（偏食）　2, 15, 16, 21, 23, 24,
　25, 26, 93, 96, 97, 106, 109, 132, 144, 147,
　148, 149, 157, 174, 176, 181, 184, 193,
　194, 198, 203, 206, 208, 209, 211, 213,
　218
食欲　31, 32, 53, 54, 57, 60, 75, 76, 88, 93,
　121, 136
食欲減退・増進　45
食欲不振　147
触覚　16, 33

触覚過敏　174
触覚感度　16
食感　2, 19, 21, 22, 24, 33, 61, 63, 88, 100,
　105
食器　48, 80, 107, 214
触法　329
自立　4, 24, 171, 176, 184
自律神経系　1, 10, 106, 176, 209, 213
汁物　196
白砂糖　41, 42
新奇性恐怖　3, 21, 107
真菌　77
心身症　330
身体感覚　1, 22, 27, 75, 76, 106, 108, 124,
　172, 187, 209, 213, 214, 215, 217, 218
身体操作　93, 121
身体調整機能　22, 105, 108, 215
身体症状（身体の不調・不具合）　1, 108,
　172, 181, 213, 215, 329
身体の動きにくさ　209
身体のだるさ　88
信頼　18, 106, 108
心理士　204
心理状態　76
心理的安定　76, 79
心理的負担　137
水分摂取　84, 111, 126
睡眠困難　10, 162, 181, 329
睡眠障害　12
睡眠調節系　10
睡眠不足　12, 25, 147, 176, 193, 209
睡眠リズム　12, 79, 147, 176, 193, 209
スープ　196

スウェーデン 331
好き嫌い 24, 125, 137, 172
スクールカウンセラー 127, 165, 166, 182, 185, 206
スケジュール管理 147
ストックホルム 331
ストレス 31, 45, 53, 54, 81, 106, 133, 134, 213
ストレス軽減 17
スナック菓子 23, 138
スパイス 44, 61
スプーン 14, 48, 197
スモールステップ 20, 172
性 329
生活指導 26, 160, 181
生活習慣 10, 12, 147, 149, 176, 177, 192, 209
生活習慣病 185, 211
生活スタイル 137
生活の質（QOL） 11, 177, 182
生活の自律 9
生活リズム 79, 177
精神疾患 331
精神的安定 26
精神的症状 181
精神保健医 204
生体リズム 10, 12, 176, 177, 209
成長 96, 106, 121
生徒指導 26, 160, 181
青年 83
青年期 176
摂食・嚥下 13, 151, 178
摂食・嚥下外来 13

摂食・嚥下機能 13, 14
摂食機能（咀嚼・嚥下） 1, 12, 18, 24, 36, 63, 77, 121, 132, 136, 177
摂食機能障害 14
偏食矯正 13
摂食拒否 25
摂食困難（偏食，食物選択性，咀嚼・嚥下困難 等） 11, 15, 16, 17, 23, 27, 139, 214, 215, 217, 218, 330
摂食指導 13, 164, 166, 184
摂食障害 1, 12, 16, 26, 214, 331, 332
摂食障害センター 331
摂食中枢 29, 31, 56, 59, 60, 62, 73, 75
摂食調節系 10
摂食問題 165, 182
摂食行動 9, 25, 75
喘息 78, 115
専門家チーム 166, 182, 210, 212, 217
早期介入 14, 140, 216, 219, 332
早期支援 332
痩身願望 25, 185, 186, 191, 202, 206, 211
痩身傾向 183
想像力の問題（欠如） 19, 20
相談・支援機関 138, 216, 219
相談・支援ネットワーク 140, 216, 220
ソース 194
咀嚼 3, 11, 14, 20, 21, 132, 147, 178, 179, 183, 196, 204
咀嚼・嚥下 20, 207, 209
咀嚼・嚥下機能 13, 15
咀嚼・嚥下困難 109
咀嚼・嚥下発達 178
咀嚼筋 20, 177

索　引　343

咀嚼困難　13
咀嚼力　14
育ちと発達の困難　329
育てにくさ　3, 176
卒業生　329

〈た行〉

体温　10, 176, 209
体格指数　17
代謝　41, 42
代謝活性　176
体重　41, 42
対人関係　136
大豆製品アレルギー　40
耐性　78
代替食　207
代替食持参　198
体調　76
体内リズム　177
ダウン症候群　11
唾液　177, 178
脱水症状　120
多動（傾向）　10, 17, 138
種の配列　35
食べ方　14, 29, 46, 48, 217
食べこぼす　93
食べすぎ　68
卵　40, 46, 144
卵アレルギー　39, 40, 78
玉ねぎ　35
溜め込み　14
たれ　194
たんぱく質　17

地域療育センター　13
チェックリスト　22, 30, 83, 88, 97, 109,
　　115, 127, 141, 173
知覚　18
知覚過敏　19
乳　144
乳嫌い　17
窒息　120
知的障害　6, 10, 29, 30, 84, 110, 144, 192,
　　198
茶　38, 39, 177
注意欠陥多動性障害（ADHD）　29, 30,
　　83, 84, 109, 110, 144, 192
聴覚　76
聴覚フィルタリング　16
腸管　78
調味料　160, 181
調理　97, 127, 191
調理員　100, 103, 132, 133, 142, 172, 173
調理実習　121
調理方法　76, 97, 133
チョコレート　78
治療　331
通級指導学級　6, 12, 25, 141, 142, 143,
　　144, 147, 157, 160, 163, 164, 165, 166,
　　167, 171, 175, 176, 177, 179, 181, 182,
　　183, 184, 186, 189, 216, 217, 333
疲れやすさ　88
強い指導　200
定型発達　10, 14, 16, 21, 107
手洗い　120, 155, 179, 196
低血糖　38, 39
テクスチャー　16, 76

鉄（分）　17, 78

添加物　64

銅　17

当事者団体　30

当事者調査　5, 6, 7, 21, 29, 83, 97, 109,
　115, 121, 127, 194, 198, 215, 329

当事者調査研究　26, 214, 329, 330, 333

当事者の声　4

当事者の視点　4, 5

当事者の手記　2, 21, 26, 30, 213, 214

糖尿病予備軍　132

豆腐　124

糖分　31, 38, 44

投薬管理　147

投薬禁止食物　84, 111, 126

特異性　187, 217

特別ケア　330

特別支援学級　6, 12, 25, 141, 142, 143,
　144, 147, 157, 160, 163, 164, 165, 166,
　167, 171, 175, 176, 177, 179, 181, 182,
　183, 184, 186, 189, 216, 217, 333

特別支援学校　6, 12, 25, 141, 142, 143,
　144, 147, 157, 160, 163, 164, 165, 166,
　167, 171, 175, 176, 177, 179, 181, 182,
　183, 184, 186, 189, 192, 193, 197, 198,
　204, 205, 206, 207, 210, 212, 216, 217,
　333

特別支援教育　25, 167, 186, 191

特別支援教育コーディネーター　127,
　163, 202, 204

特別食　167

特別な配慮を要する子ども　191

トマト　2, 21, 214

泊まりの学校行事　53, 54, 81

トラウマ　139, 216

鶏肉　78

ドレッシング　61, 96, 97, 103, 201

とろみ　33

丼物　133, 172, 194

〈な行〉

ナイフ　48, 49

流し込み　13, 36, 96, 149, 177, 179

ナッツ類　78

納豆　43, 124, 137

ナトリウム　17

生野菜　19, 35, 61, 62, 72, 76, 132, 162

苦味　66, 68

におい　16, 17, 19, 33, 34, 35, 51, 52, 56,
　60, 62, 66, 72, 76, 88, 151, 194, 209

肉　41, 46, 48

日本歯科医学会　14

乳製品　18, 22, 40, 144, 175

乳製品アレルギー　40

乳幼児期　3, 23, 137, 176

乳幼児健診　139, 216, 219

認知　18, 20

尿路結石　137

猫舌　33, 34, 58, 91

のど　36, 37, 38, 56, 115, 135, 151, 194

のどごし　177

〈は行〉

歯　3, 14, 21

配食　191

排泄　9, 329

索　引　345

配膳　97, 107, 127, 133, 160, 197

配膳指導　191

吐気　34

バクテリア　77

白飯　20, 194

白米　104, 134

歯ごたえ　61

ぱさぱさ感　19

箸　48, 49, 57, 80, 88, 93, 115, 135, 137, 149, 194, 209

パターナリズム　4, 219, 330

発達　1, 9, 13, 14, 15, 21, 96, 108, 139, 172, 330

発達課題　184

発達外来　19

発達困難　5, 15, 85, 88, 108, 111, 135, 187, 215, 217, 329

発達支援　4, 27, 139, 187, 214, 216, 217, 218, 219, 329, 330, 331, 332

発達支援センター　127

発達障害支援関係団体　30, 83, 109

発達上の課題・困難　1, 106, 139, 215, 329, 329, 330

発達相談臨床　3, 330

発達特性　109, 207

発泡剤　41, 42

バナナ　91

パニック　19, 20, 23, 115, 135, 138, 160, 174, 180, 197

母親　15, 23, 24, 138

ハビリテーション　14

歯磨き　121, 155, 179, 196

歯磨き粉　41, 42

早食い　178

早寝早起き朝ごはん　177

パン　173, 196

ハンバーグ　194

反復・儀式的行動　17

ピーマン　1, 21, 66, 67, 214

鼻炎　115

ひき肉　19

被虐待　1, 106, 213, 329

非行　329, 330

ビタミンＡ　78

ビタミンＢ　78

ビタミンＢ5　17

ビタミンＣ　17, 65, 78

ビタミン・ミネラル欠乏症　39, 40

皮膚感覚　329

肥満　1, 2, 10, 11, 25, 106, 183, 211, 193, 209, 213

肥満傾向　10, 185, 186, 191, 202, 206

肥満度　10, 11

疲労　25

病気　329

病気療養児　329

ファーストチャレンジ　180

ファーストフード　64

不安感　65, 79, 132

不安・緊張・恐怖・抑うつ・ストレス　1, 3, 26, 27, 88, 106, 107, 115, 135, 213, 214, 218

風味　16

フォーク　14, 48, 49, 63, 77

不器用　77, 79, 80, 88, 115, 149, 177, 329

副作用　45

福祉的サービス　331
服薬　147, 196
豚肉　137
普通食　13
不定愁訴　162, 181
不適応　329
不登校　329
ブドウの種　120
プラスチック製食器　69, 80
プラダーウィリー症候群　178
フリースクール　127
ふりかけ　97, 127, 201
プリン　91
ブロッコリー　43, 44, 78
ペースト状　19
別室（別部屋）　100, 133, 160, 162, 181
偏食指導　19, 137, 211, 212, 217
偏頭痛　65
弁当　134, 173
弁当持参　100, 107, 127, 133, 173
便秘　77
暴力　330
保育園　121, 137
保育者　19, 20
北欧　330
保健師　165, 166, 182
保健所・保健センター　127, 164, 165, 187, 204, 217
保護者　3, 4, 5, 15, 19, 20, 21, 26, 109, 115, 125, 126, 127, 132, 137, 139, 147, 174, 185, 192, 206, 213, 214, 215, 216, 218, 219, 330
保護者支援　15, 21, 108, 139

補食　178, 200, 201
発疹　39, 40
哺乳瓶　137
ホルモン　75

〈ま行〉

麻婆豆腐　132
マグロ　137
マスタード　43, 44
混ぜご飯　194
マヨネーズ　96, 103
マルチビタミン　65
丸呑み（丸飲み）　11, 13, 14, 21, 36, 118, 132, 135, 149, 177, 179, 204
慢性疲労　65
満腹　75, 76
満腹感　11
満腹中枢　31
味覚　9, 16, 19, 21, 53, 54, 76, 97
味覚過敏　172, 174
水　13, 31, 32, 36, 135, 177
ミスマッチ　4, 219, 330
味噌汁　96, 132
ミネラル　65, 78
ミルク　3, 21, 23, 176
無添加　64
無頓着　31, 32
無農薬野菜　60
無理解　1, 106, 213, 330
無理強い　54, 55, 82, 91, 107, 132, 133, 134, 214
目と手の協応　121, 136

メニュー　24, 43, 54, 55, 56, 57, 88, 103, 115, 120, 133, 135, 137
免疫　39, 40, 64, 65
免疫・アレルギー　29
免疫機能　78
免疫・代謝・内分泌　1, 10, 106, 209, 213
麺類　42
木製食器　69, 80

〈や行〉

野菜　14, 16, 17, 18, 19, 35, 79, 96, 124, 134
夜食　54, 55
養育環境　15
養育者　138, 139
養育ストレス　24
養護教諭　10, 127, 147, 163, 180, 185, 202, 206
養護問題　329
葉酸　17
幼児期　15, 16, 19, 20, 96, 106, 121, 134, 136
幼児食　23

幼稚園　134
腰痛　88
余暇活動　11
予後　332
寄せ箸　157, 197
予測困難　13
ラーメン　132
離席　157, 197
離乳　23
離乳期　21, 106
離乳食　17, 96, 106, 121, 136
療育支援センター　21
臨床心理士　165, 166, 182
レタス　63, 64
レバー　43
連携　15, 182, 191, 201, 202, 204, 210, 212, 217, 331, 332

〈わ行〉

わがまま・自分勝手　22, 82, 97, 105, 108, 125, 133, 137, 172, 207, 214, 330
わさび　43, 44

著者略歴

田部　絢子（TABE Ayako）

1980年　東京都豊島区生まれ
2002年　女子栄養大学栄養学部栄養学科卒業　管理栄養士
2010年　東京学芸大学大学院教育学研究科修士課程特別支援教育専攻修了
2013年　東京学芸大学大学院連合学校教育学研究科博士課程発達支援講座修了　博士（教育学）
　　　　私立中学校・高校家庭科教諭，大阪体育大学教育学部准教授を経て
現　在　立命館大学産業社会学部准教授，東京学芸大学非常勤講師
　　　　日本特別ニーズ教育学会理事・編集幹事，一般社団法人日本特殊教育学会代議員・幹事
専　門　特別ニーズ教育，特別支援教育，家庭科教育，北欧の特別ケア
主　著　『私立学校の特別支援教育システムに関する実証的研究』風間書房（2014年）

髙橋　智（TAKAHASHI Satoru）

1954年　北海道岩見沢市生まれ
1978年　早稲田大学第一文学部教育学専攻卒業
1981年　東京学芸大学大学院教育学研究科修士課程障害児教育専攻修了
1986年　東京都立大学大学院人文科学研究科博士課程教育学専攻単位取得退学　博士（教育学）
　　　　日本学術振興会特別研究員，東京都立大学人文学部助手，日本福祉大学社会福祉学部助教授，
　　　　東京学芸大学教育学部助教授を経て
現　在　東京学芸大学教育学部教授（特別支援科学講座），放送大学客員教授
　　　　日本特別ニーズ教育学会代表理事，一般社団法人日本特殊教育学会理事・常任編集委員
専　門　特別ニーズ教育，発達教育学，当事者調査研究，特別教育史，北欧の特別ケア
主　著　『わが国における「精神薄弱」概念の歴史的研究』多賀出版（共著）
　　　　『城戸幡太郎と日本の障害者教育科学』多賀出版（共著）
　　　　『講座・転換期の障害児教育』全11巻，三友社（共編著）
　　　　『インクルージョン時代の障害理解と生涯発達支援』日本文化科学社（編著）
　　　　『特別支援教育大事典』旬報社（共編著）
　　　　『特別支援・特別ニーズ教育の源流（史料・日本近代と「弱者」）』全10巻，緑蔭書房（共編著）
　　　　『障害百科事典』全5巻，丸善（共訳編）
　　　　『特別支援教育総論』放送大学教育振興会（共編著）

発達障害等の子どもの食の困難と発達支援

2019年2月15日　初版第1刷発行

著　者　　田　部　絢　子
　　　　　髙　橋　　智

発行者　　風　間　敬　子

発行所　　株式会社風　間　書　房

〒101-0051　東京都千代田区神田神保町 1-34
電話 03(3291)5729　FAX 03(3291)5757
振替 00110-5-1853

印刷　太平印刷社　　製本　井上製本所

©2019　Ayako Tabe　Satoru Takahashi　　　　　NDC 分類：378

ISBN978-4-7599-2279-0　　Printed in Japan

JCOPY 〈(社)出版者著作権管理機構　委託出版物〉

本書の無断複製は，著作権法上での例外を除き禁じられています。複製される場合はそのつど事前に(社)出版者著作権管理機構（電話 03-5244-5088，FAX 03-5244-5089，e-mail: info@jcopy.or.jp）の許諾を得てください。